ÊTRE À DEUX
ou les traversées du couple

« Espaces libres »

Sous la direction
de Nathalie Calmé

ÊTRE À DEUX
ou
les traversées
du couple

Albin Michel

Albin Michel
▪ *Spiritualités* ▪

Collections dirigées
par Jean Mouttapa et Marc de Smedt

22, rue Huyghens, 75014 Paris

www.albin-michel.fr

ISBN 2-226-11511-0
ISSN 1147-3762

Sommaire

Le grand œuvre

MARC DE SMEDT

Un de mes amis, Alain Mamou-Mani, disait récemment : « Le prochain messie sera un couple. » Il parlait de la nécessaire union des contraires dans les théories et les pratiques sociales, politiques, philosophiques, scientifiques... Pourquoi, en effet, toujours diaboliser les idées de l'autre au lieu de considérer leur intérêt et leur complémentarité ? Mais son propos débouche bien sûr sur le couple humain, l'homme et la femme ou leurs rôles.

Il faut avoir connu, en sa chair et son âme, l'expérience de l'antagonisme pour savoir combien il est stérile et rend malheureux. De même il faut avoir partagé l'entente, l'équilibre, l'élan vital apportés par une relation harmonieuse, pour comprendre la fabuleuse dynamique créatrice ainsi suscitée. Pour en arriver là, il faut dépasser bien des pièges, qui ne sont en fait que ceux des projections de l'ego. Des deux egos.

Mais le travail commence sur soi : vouloir changer autrui sans se changer soi-même est un leurre. Et c'est justement là que se trouve tout le mystère alchimique du couple heureux : dans la transformation conjointe et simultanée vécue en un respect attentif. L'aimance, alors, ne se limite plus à la réciprocité mais irradie l'entourage, énergie positive et évolutive qui sait gommer les inévitables aspérités et survoler les tourbillons contraires.

L'amour alors prend son sens de grand œuvre, de réalisation essentielle vécue en son for intérieur, et à deux, et aussi en famille, avec les autres, avec l'univers.

Introduction

NATHALIE CALMÉ

« Ce qui monte en moi comme fantaisie créatrice, je peux le porter dans le monde. » Ces paroles de Rudolf Steiner font remonter en moi des lignes de mon journal intime d'adolescente. Les forces d'idéal qui vivent en nous à cet âge sont si puissantes et nos inclinations pour les grands sentiments si enflammés, qu'il n'est peut-être pas vain, à l'âge adulte, de se souvenir de ces impulsions de sagesse juvénile :

« Je ne désire rien d'autre que la possible expérience d'un couple en devenir... J'aspire à un oui au quotidien, j'aspire à la rencontre d'un compagnon de voyage, à un complice de recherche, à un ami d'éternité... J'aspire à porter à deux l'aventure d'un "nous" inlassable et bien vivant... Cela tremble en moi de conviction...

« Mais souvent les traces du passé éconduisent le chant du réel, nos blessures saturent "nos émetteurs d'amour", nos guerres internes font disjoncter les tendres promesses et voilà que nos "tu comptes pour moi" sont transformés en "comptes débiteurs" ou "comptes de faits", et l'unité du couple atteint très vite des températures au-dessous de zéro...

« Et si l'Homme essayait autre chose ? Et si l'on essayait de pacifier nos différences, de partager nos joies d'enfants, de secouer nos ailes, d'accorder nos pas à la même faim, celle d'un mûrir sans fin, sans confins... Ouvrons-nous. »

Dans ce cri d'adolescente, les germes d'une *fantaisie créatrice* exprimaient déjà leur effervescence, et les aspirations qui faisaient alors frémir mon être me dictaient en secret qu'il était possible de porter celles-ci dans le monde. *Comment s'éveiller à une vie de couple réussie ?*

Aujourd'hui, pas plus qu'hier, il n'est ni démodé ni déplacé de s'interroger sur le bonheur et les moyens d'y accéder. Vivre heureux... est une interrogation intemporelle qui nous concerne tous. Ce livre a le souhait d'en être un porte-parole. Il a été réalisé à partir des conférences du colloque « Couple et Devenir » organisé à l'Unesco et de la participation d'écrivains, instructeurs, philosophes et poètes que je suis allée interviewer.

Dans son article « Un "sacré" quotidien », Jean Letschert nous dit que « la rencontre de l'homme et de la femme constitue un acte symbolique de la complétude de tous les contraires qui sont à la base de ce vaste Univers, à la base de toute forme de vie ». Cette vision idyllique du couple pourrait constituer un modèle idéal à incarner par toute femme et tout homme qui se trouve précipité dans une relation amoureuse. Cependant, comme nous le rappelle « sagement » Arnaud Desjardins, « la relation de couple comprise dans une certaine lumière est un véritable yoga. Elle demande une déontologie ou, pour utiliser un mot plus ordinaire, un mode d'emploi ». Il est vrai, trop souvent, les rapports amoureux connaissent des drames, des rebondissements et des ruptures qui ébranlent les deux partenaires. Et les obstacles aux réelles solutions ne viennent-elles pas du fait que nous étouffons les vraies questions, que nous reportons la responsabilité de nos frustrations à l'extérieur de soi ? Amnésiques chroniques de l'incontournable réalité des différences et des notions de « connaissance de soi », nous perpétuons en nous et autour de nous les comportements infantiles liés à notre insatiable demande d'amour, évinçant très vite du « quotidien à deux » les saines attitudes préconisées par l'enseignement de sagesse dont nous nous réclamons ! Nous tournons en rond.

Comment incarner la possible expérience d'un couple en devenir ?

Comment vivre un « oui » au quotidien ?

Comment conduire le « nous » vers sa maturité spirituelle ?

Quelles sont les voies vers l'acceptation et la conjugaison des différences ?

Ce livre n'est pas le détenteur d'une quelconque bonne parole, ni une somme de recettes. Mais il rassemble néanmoins différents regards d'hommes et de femmes dont l'expérience et la réflexion se portent avant tout sur l'essentiel.

Cette coalition pluridisciplinaire témoigne d'une possible mutation de la vie à deux.

Pour Annick de Souzenelle, vivre à deux est avant tout un acte de fécondité intérieure : « Ce noyau divin de notre être, image fécondatrice, est le germe d'un “fils” intérieur, que nos épousailles secrètes font croître. » Paule Salomon conseille aux deux partenaires « d'être à la fois solitaires et solidaires, de cultiver l'art de rester indépendant tout en étant unis à l'autre ». Bernard Besret compare la traversée du couple à la gestation du papillon dans sa chrysalide : « Le couple... est une sorte de laboratoire de la vie spirituelle dans ce qu'elle a de plus exigeant, un lieu privilégié où se cherche et s'expérimente l'éveil de la véritable vérité intérieure. » Jean-Marie Pelt, affligé par le délitage tel qu'on le voit maintenant, tant dans les relations de l'homme avec la nature que dans les relations des hommes entre eux — et la relation du couple est le microcosme qui exprime cette décadence —, lance un cri d'alarme contre le prodigieux chaos d'irresponsabilité du monde actuel : « La seule loi que la nature nous enseigne est que le n'importe quoi n'existe nulle part... Il existe mille façons différentes, dans les espèces animales et végétales — même deux milles, voire trois milles —, de vivre la sexualité, et la seule qui n'existe pas c'est qu'une espèce fasse n'importe quoi. »

Aimez-vous l'un l'autre mais ne faites pas de l'amour une entrave.

Qu'il soit plutôt une mer mouvante entre les rivages de votre âme.

Pour la fidélité à ces paroles de Khalil Gibran, pour notre fils intérieur qui a faim de naître, pour le devenir de nos enfants, en mémoire à nos aspirations d'adolescents, pour la fin des guerres faites au nom des religions, du pouvoir et de notre ignorance, pour la croissance de deux destins qui se lient... ce témoignage est une offrande à tous les aventuriers de *la vie à deux*.

Seuls ensemble

Vie de couple, symbole de fécondité intérieure

ANNICK DE SOUZENELLE

En libérant l'amour et la vie de couple de leur carcan religieux, on en a évacué la dimension sacrée.

Mais ce que nous vivons aujourd'hui est d'une telle absurdité que nous ressentons le besoin de relier ce grand thème de vie à une sacralité autre que celle d'autrefois, je veux dire à celle qui le réinsère dans sa fonction symbolique et qui le relie à sa dimension archétypale.

Dans les générations précédentes, nos parents vivaient encore de concepts moraux à caractère absolu et réducteur. Notre génération ne les admet plus et exige un autre modèle. Mais nous ne pouvons mettre en place ce dernier qu'en accédant à un autre niveau de conscience. Nous ne pouvons alors faire l'économie de la profonde mutation que cela implique. Mort et résurrection, ces deux pôles d'une même réalité, sont la loi de la vie. La résurrection ne pourra se faire que dans un retour au langage des mythes riches de symboles dont chacun relie la chose dite au Verbe qui la fonde.

Le devenir du couple à la lumière de la Bible

Je suis très sensible au cri d'alarme que Jung faisait entendre au début de ce siècle lorsqu'il disait : « L'Occident a perdu ses mythes ; l'Occident est en train de mourir. »

Il était peut-être nécessaire que l'Occident meurt comme nous avons tous à le faire dans notre vie personnelle, mais pour ressusciter ; car il n'est pas nécessaire de se complaire dans le mourir. En jetant son cri, Jung nous indiquait aussi l'outil de la résurrection : les mythes.

Personnellement, je ne crois pas que l'Occident ait « perdu » ses mythes ; il en a perdu les clefs de lecture et s'en est donc détourné, mais redonnons-lui ses clefs et le chemin de reconstruction va s'ouvrir.

C'est pourquoi je vous propose de revenir vers nos mythes créateurs et en particulier celui de la Genèse pour tenter de percevoir ensemble où se situe l'origine de ce thème : « le couple ». Alors, nous pourrons aussi entrer dans la vision du juste devenir de celui-ci.

Les clefs que je vous offre pour accéder au message de la Genèse, c'est un changement de regard.

Il ne s'agit plus de voir se mettre en place l'œuvre divine en dehors de nous, dans le cosmos extérieur, mais de la situer au-dedans de nous. Ce qui ne veut pas dire que le cosmos extérieur ne soit pas concerné dans ces textes, mais très secondairement, car si cette dimension n'est pas éclairée par celle de l'intériorité, elle risque de perdre toute référence (c'est justement cela qui est arrivé en Occident !). Et le grand mot que l'on entend aujourd'hui c'est : « Il n'y a plus de repères ; il n'y a plus de valeurs ! »

Nombreux sont alors ceux qui proposent de revenir à la morale de nos pères, mais ceux-là ne savent pas qu'ainsi ils refusent de mourir et qu'ils ne peuvent connaître de résurrection par cette voie.

Non, ces valeurs sont censées avoir été intégrées, il faut maintenant aller plus loin, et aller plus loin dans la réalité de l'Homme si nous voulons percer le secret du couple.

D'autres proposent de renoncer à notre Tradition et d'aller découvrir les Livres sacrés des autres peuples, certainement plus riches que les nôtres. Cela peut être juste un temps. Mais que nous le voulions ou non, en tant qu'Occidentaux nous sommes nourris depuis des millénaires par la tradition judéo-chrétienne ; nos gènes en ont la mémoire ; nous ne pouvons la nier.

Il est important de revenir vers elle et de découvrir l'immense richesse qu'elle recèle. Qu'en est-elle ?

Vous vous souvenez peut-être de la Genèse. Dans son premier chapitre dont les Hébreux disent qu'il contient la Torah tout entière (et ils vont beaucoup plus loin en disant que tout est compris dans le premier verset, qui lui-même est dans le premier mot, lequel est à son tour dans la première lettre...), vous vous souvenez que ce premier chapitre met en place les six jours, soit les six étapes de la Création. C'est alors au sixième jour que l'Adam est créé. Or l'Adam, comprenons-le bien, c'est vous, c'est moi, c'est nous tous, l'humanité tout entière, hommes et femmes. Et cet Adam est créé « mâle et femelle ». Nous sommes dans notre sujet d'emblée. Il est créé mâle et femme, mais il vient aussi d'être dit « créé à l'image de Dieu ».

Ceci nous fait réfléchir parce que l'image de Dieu nous introduit tout de suite dans l'intériorité.

Il est bien certain que, dans l'immédiat, « mâle et femelle » désigne l'homme et la femme au sens courant du terme, mais c'est une catégorie qui concerne tout le monde animal : tous les animaux sont mâles et femelles ; tous sont capables de faire des petits. Mais l'Adam, lui, a une autre dimension. Il ne s'agit pas de nier chez lui la dimension animale ; elle est importante.

Cependant il y a un autre aspect qui n'a jamais été développé, me semble-t-il, et c'est de lui que j'aimerais parler en résumant ce que j'en ai dit dans *Alliance de Feu* :

Le mot « mâle » en hébreu est « Zacor » (prononcer « Zaror »). Ce même mot est aussi le verbe « se souvenir ». Ce qui signifie, pour l'hébreu, que moi, femme, je peux être intérieurement « mâle » si « je me souviens ».

Et si je me souviens de quoi ?

De ce qui fait l'objet du mot « femelle ». Celui-ci, « Nagov », est un contenant de l'Image divine, laquelle est scellée au cœur d'un immense potentiel d'énergies qui ont été mises en place pendant les cinq premiers jours de la Création, mais qui en un premier temps sont ténèbres.

Nous ne nous trouvons donc pas devant une dualité statique « mâle-femelle », mais devant une réalité dynamique, parce que « l'image divine », en ce pôle femelle, est douée d'un pouvoir créateur capable de transformer toutes les énergies potentielles ténébreuses en puissance de lumière, intelligence, sagesse... bref, tout ce qui constitue la « conscience ».

Ce travail d'intégration est comparable à celui d'une montée de sève dans un arbre. La sève de l'Homme, les fleurs et les fruits qu'elle donnera sont la conscience.

Nous sommes merveilleusement avertis de cela dès le premier verset de la Genèse où il est dit que « dans le principe, Dieu crée les cieux et la terre ».

Jusqu'à aujourd'hui, ces mots ne nous ont portés que vers les cieux qui sont au-dessus de nos têtes et vers notre bonne mère, la planète Terre, ce qu'ils veulent dire, je ne le nie pas.

Mais ils signifient aussi tout à fait autre chose :

Le mot « cieux », en hébreu « shamaïm » que l'on peut lire : le « shem ».

Le monde des eaux est *celui* de l'informel ; il est *celui* du potentiel dont je viens de parler, *celui* qui constitue le pôle « femelle ». *Celui*-ci contient le « shem », le « Nom » qui n'est autre que « l'Image divine », semence fondatrice de tout être humain, un Nom propre à chacun de nous et qu'il ne connaîtra que lorsqu'il le sera devenu, au terme de son travail d'intégration, mais que le récit biblique réunit tous sous le Saint Nom YHWH.

Le monde des eaux, l'humide, est ce que nous appelons aujourd'hui l'inconscient.

L'inconscient lourd de son noyau divin forme les « cieux » dont le Christ nous dit « qu'ils sont à l'intérieur de nous » ! Par rapport à eux, la « terre » est le nom donné au « sec » sorti de l'humide au troisième jour de la Genèse.

C'est dire que, en l'Homme-Adam, sous la pulsion créatrice du Saint Nom, l'humide est appelé à devenir du sec ; les cieux, une terre ; les ténèbres, de la lumière ; l'inconscient, du conscient !

Vous voyez que le concept « mâle-femelle », dans l'intériorité de l'Homme, prend une tout autre dimension !

Et finalement, cette complémentarité « mâle-femelle », au-dedans de chaque être humain, est le premier couple !

Selon qu'elle sera gérée avec justesse ou non, elle générera, à l'extérieur, une justesse ou non de la relation entre l'homme et la femme, et coextensivement à celle-ci, de toutes nos relations humaines en général.

Nous entendons en effet par « couple » celui qui unit d'une façon privilégiée l'homme et la femme vivant une sexualité transformante, non seulement pour faire éventuellement un enfant, mais aussi pour atteindre à une jouissance, laquelle est transformatrice en elle-même et peut concourir à l'accomplissement des deux êtres concernés.

Nous pouvons cependant étendre la notion de couple à toute relation humaine. Nous y trouverons alors une qualité de communication qui n'aura sa valeur que si elle fait référence à cette justesse intérieure.

Autrement dit, si chacun vit son mariage intérieur, celui du « sec et de l'humide », du conscient et de l'inconscient, de la lumière et des ténèbres, etc., quels que soient les mots que nous choisissions pour l'exprimer, ce mariage-là, archétypal, déterminera la qualité de toutes nos relations extérieures.

Mais comment le vivre ?

C'est le septième jour de la Genèse qui en donne la clef.

Au début de ce jour, nous voyons l'Homme, l'Adam qui « n'était pas pour cultiver la terre » — l'Adam ayant été créé au sixième jour, la logique du traducteur au regard extérieur ne pouvait entendre qu'au jour suivant il n'y ait pas eu d'Homme.

On a alors imaginé qu'il s'agissait d'une « seconde Genèse » écrite en un temps différent de la première, et qui n'avait rien à voir avec celle-ci racontée au premier chapitre.

Aussi, si nous focalisons le texte sur l'intériorité de l'Homme, nous découvrons alors que la qualité de l'Homme du sixième jour ne lui permettait pas de cultiver sa « Adamah », sa terre intérieure. C'est une terre en friche, marécageuse, peuplée des animaux décrits aux cinquième et sixième jours, qui demande à être travaillée. L'Homme du sixième jour est bien là, mais il est tellement confondu avec ce monde de l'humide qu'il ne le voit pas, aussi ne comprend-il pas ce que signifie cultiver cette terre-là. Il voit encore moins — car il n'en a pas l'expérience — le noyau de son être.

Dans cette optique, les deux récits de la Genèse sont parfaitement cohérents et la situation du septième jour devient celle d'un homme beaucoup plus évolué qu'à son état du sixième jour.

Au septième jour, Dieu souffle dans les narines d'Adam un souffle de vie et le Saint Nom en lui commence d'exprimer son exigence d'accomplissement ; l'Homme devient capable de cultiver sa terre intérieure.

Je trouve admirable qu'aujourd'hui nos physiciens de pointe disent que « la vie est la réalisation d'un potentiel d'énergies ». La Genèse ne dit pas autre chose depuis plus de trois mille ans, mais nous n'avons pas su la lire !

En ce septième jour Dieu ajoute : « Il n'est pas bon que l'Homme soit seul, faisons une aide semblable à lui », ce qui dans une profondeur plus grande signifie : « L'Homme séparé de lui-même ne peut s'accomplir. Faisons qu'il rencontre son face-à-face pour pouvoir communiquer avec lui-même. » Aujourd'hui, à l'ère de la communication, nous sommes dans le bavardage, parce que, comme je viens de le dire, nous ne pouvons communiquer avec l'autre, à l'extérieur, que dans la mesure où nous entrons en relation avec nous-mêmes. L'Homme d'aujourd'hui n'est encore que dans une situation de sixième jour. Il a toutes les informations pour entrer dans le septième, mais il ne les entend pas. Essayons de les écouter ensemble :

« Dieu présente alors à Adam une somme d'animaux afin qu'il les nomme ; il s'agit bien sûr des animaux intérieurs à l'Homme, de ceux qui hurlent, mordent, déchirent en nous », dit un des Pères de l'Église du Ve siècle, c'est-à-dire des puissances-énergies qui forment le potentiel à accomplir au-dedans de nous-mêmes. Dans un premier temps, ces puissances jouent sans que nous les ayons encore dominées et elles détruisent autour de nous, et en nous. Dans le meilleur des cas une bonne morale les met en cage, mais cette situation continue d'appartenir au sixième jour. Ce n'est que lorsqu'elles nous sont montrées pour que nous les transformions que nous participons alors du septième jour. Ces animaux nous sont présentés dans nos rêves, dans des rencontres dont nous avons l'impression qu'elles ne sont pas fortuites, et nous les appelons hasard... ou bien nous faisons passer l'événement à l'étage de l'anecdote, cherchant le sens, le langage de ce qui vient d'arriver. Langage de la maladie, de l'accident, langage du corps, tout est langage ! Voici nos face-à-face quotidiens. L'histoire de la Genèse n'est pas celle d'un passé mais celle d'un présent qui nous concerne en chaque instant.

Ces énergies nous sont présentées pour que nous travaillions sur elles. C'est cela « travailler la Adamah », cultiver la terre !

Cela n'a rien à voir avec le moralisme qui refoule. C'est un travail sur les énergies qui sont alors transformées en conscience-lumière, qualité d'être toute nouvelle et libérante !

Là, c'est le noyau de l'Être, le Saint Nom qui est le pôle transformateur, dans une sorte de collaboration divino-humaine.

Dans cette perspective, ce potentiel à transformer n'a rien à voir en soi avec le mal.

C'est pourquoi nous ne pouvons plus appeler l'Arbre de la Connaissance celui du « bien et du mal », mais celui de l'accompli-lumière-conscience, et de l'inaccompli-ténèbres-encore-inconscience. Cet arbre est nous-même ; celui qu'est tout homme en deux côtés de principe dont l'un scelle un pôle divin transformateur des éléments de celui-là en l'autre, jusqu'à ce que « tout soit accompli » — ce que dira le Christ sur la croix —, ce sera l'Homme devenu lumière dans la Résurrection. Ce sera la neuvième heure... ou le neuvième jour !

Nous ne sommes encore qu'au septième jour où l'Homme a nommé une partie de ses animaux, mais il ne trouve pas là la totalité de son face-à-face ; il n'a pu encore communiquer pleinement avec lui-même. Dieu le plonge alors dans ce que l'Hébreu appelle « un sommeil », c'est-à-dire dans une pénétration de ses grandes profondeurs afin qu'il prenne connaissance de la totalité de cet autre « côté » de lui (qui n'a jamais été une côte et qui sera encore moins la naissance de la femme par rapport à l'homme, mais la révélation à tout être humain de son côté obscur, inaccompli, lourd du noyau divin appelé encore « enfant divin », pour qu'il l'accomplisse) !

Ce sommeil est en réalité un éveil. Adam est émerveillé, le couple essentiel est né !

« Voici celle qui est os de mes os et chair de ma chair », s'écrie-t-il ; ce qui en hébreu veut dire : « Voici celle qui est la substance de ma substance (au sens étymologique du terme : ce qui se tient au-dessous, caché en moi) et celle qui contient mon enfant divin, le “Fils” que je dois devenir ainsi qu'une force érotique infinie pour le devenir. »

Et parce que cette « chair » est si forte et si mystérieuse, elle est scellée, cachée au cœur de ce côté révélé maintenant en tant qu'épouse demandant à être épousée : Ishah demandant à être pénétrée par Ish, lequel est devenu tout être humain conscient et, dans ce cas, conscient d'avoir son être total à accomplir !

Chez les Grecs, un récit mythique est tout à fait parallèle à celui-là. C'est le mythe de Prométhée. Il a été remis à l'épouse de Prométhée, Pandore (dont le nom signifie « tous les dons »), une boîte scellée qu'elle ne doit pas ouvrir ; elle l'ouvrira avant l'heure, en même temps que Prométhée ira dérober le feu du ciel, au lieu de le conquérir, pour le rapporter sur la terre. Les deux gestes ne sont en profondeur qu'un, analogue à celui qui constitue la chute dans le récit biblique.

Nous ne devrions pas donner libre cours à la puissance érotique avant d'avoir commencé la conquête du feu du ciel ; en termes bibliques : avant d'avoir commencé les épousailles intérieures. Donner dans ce piège est source de souffrances et de toute la tragédie du monde ; au point que, dans le mythe grec, Prométhée retournera dans la forge divine pour y reconduire le feu dérobé et commencer le chemin de sa juste conquête. Dans le récit biblique, c'est Lemekh, descendant de Quaïn, qui confessera son crime, Noé qui entrera dans l'arche (symbole du féminin intérieur), toutes prémices du Messie qui reconquerra le juste feu. Mais ce récit du septième jour de la Genèse ne fait pas encore état de la chute, laquelle se soldera par une régression à une situation de sixième jour totalement confusionnelle dans laquelle nous sommes encore.

Notre interrogation d'aujourd'hui porte sur le devenir du couple humain qui ne peut que se détruire dans la reconduction continuelle de cet état de sixième jour ; il ne peut qu'être source de fécondité que si nous passons à l'état de septième jour, source de fécondité et de lumière.

Car, en ce septième jour, continue le texte, l'Adam qui vient de s'émerveiller de ce qu'il voit de son devenir possible reçoit l'ordre de « quitter son père et sa mère et de s'attacher à son épouse afin qu'ils deviennent une chair une ».

Dans le regard intérieur, cela signifie que tout Adam, tout être humain quittera à chaque étape atteinte, à chaque champ de conscience conquis les valeurs référentielles qui constituent cette terre accomplie. Ces valeurs — père et mère — sont sagesse et intelligence inhérentes à chacune d'elles et cela signifie qu'à l'étape suivante la sagesse d'hier sera folie, et l'intelligence une lumière-vérité insuffisante.

Dans ce chemin, Ish et Ishah, l'époux et l'épouse qu'est tout être humain dans ces deux fonctions, tendent vers l'unité, vers la dimension divine.

Ainsi, ce très beau chapitre du septième jour se termine sur une précision encore apportée à cette réalité archétypale du couple intérieur : « Ils sont deux, nus — c'est-à-dire connaissant le chemin qu'ils ont à faire —, et ils ne sont plus confondus. »

C'est parce qu'ils ne sont plus confondus que l'Homme et son féminin des profondeurs peuvent prendre le chemin des épousailles. Tout est ouvert. Mais c'est aussi ce qui veut dire que lorsque deux êtres humains font couple à l'extérieur, en profondeur ils sont quatre — Jung le faisait déjà remarquer.

S'ils ne sont que deux — ils sont dans une situation confusionnelle de « sixième jour », situation identique à celle de l'animal, sans issue libérante. Parfois même, ils sont dans une situation plus confusionnelle encore, lorsque, dépendant totalement l'un de l'autre, ils forment une illusion d'unité, aliénante et castratrice.

Il est urgent aujourd'hui de sortir de ces catégories infantilisantes. La dimension animale doit être vécue mais dépassée ; réduit à cela, l'Homme va vers la maladie et la mort. La vic de couple ne peut être valorisante, et ne peut avoir de sens, si les deux ne font pas le passage à une situation de septième jour, c'est-à-dire à la grande aventure de la conscience, dans une « percée de l'être », comme le disait notre ami Dürckheim.

La vie de couple, comme nous l'avons vu, cristallise le problème de toute relation humaine, car il n'y a de véritable relation qu'à la lumière de la conscience, et celle-ci est liée à une dimension de l'amour que nous ne connaissons encore que si peu !

Cette nouvelle dimension est nettement signifiée dans un admirable récit de l'évangile de Jean, celui des « Noces de Qanah ». Il s'agit justement de noces ! Elles se passent à Qanah dont la racine est le verbe « acquérir » — ce n'est pas un hasard car ce n'est que dans ses mariages intérieurs que l'Homme peut « acquérir » la totalité de lui-même, comme nous l'avons vu aussi. Et les noces qui se vivent à Qanah illustrent ce passage nécessaire de l'extérieur vers l'intérieur des êtres.

À Qanah tout est réjouissances jusqu'au moment où le vin vient à manquer. Entendons que la vie de ce jeune couple dont on célèbre les noces, dans une perspective d'inconscience, se détériore.

L'amour, fût-il passionnel, de cette première étape est grignoté par les déceptions-irritations-revendications du petit quotidien : « Ils n'ont plus de vin », dit Marie à son fils Jésus, tous deux invités aux noces. C'est à ce moment que, faisant remplir d'eau six jarres, Jésus, « septième jarre », disent les Pères, transmute l'eau en vin, et les noces se poursuivent dans une qualité de réjouissances d'un tout autre niveau. Ce vin symbolise l'acquisition de la conscience ; il traduit, par sa présence dans les sept jarres, la présence opératrice du divin dans le sang de l'Homme lorsque celui-ci est passé à une situation de septième jour. Car le nom d'Adam est la signification même de cette présence : « Dieu dans le sang. »

Lorsque la présence divine n'est pas éveillée en l'Homme du sixième jour, symboliquement son sang n'est que de l'eau. Lorsqu'elle s'éveille, le sang est travaillé comme est travaillé le vin, ce « sang de la terre », dans le processus de vinification ; il devient porteur de la conscience et en informe jusqu'à la moindre cellule du corps. C'est aussi l'émergence d'un tout nouvel amour, dans un souffle du « jardin d'Eden », jardin de la jouissance. La jouissance est ici celle de la rencontre de l'Homme avec son dieu intérieur.

L'amour qui s'enracine dans cette expérience intérieure illumine toute rencontre extérieure, toute union ; et la jouissance nuptiale est alors exaltante et transformante. Elle est icône de la jouissance divine ; en soi elle est une finalité de la vie de couple car toute icône a un pouvoir reconducteur vers son archétype.

L'union de deux êtres peut alors être le chemin de l'union à Dieu. Mais on a longtemps posé l'enfant comme le seul but du mariage.

Là aussi on n'a parlé de fécondité qu'en termes biologiques. Si cet enfant est béni, il n'est pas pour autant le vrai but, et sa présence ne devrait pas être celle derrière laquelle nous nous cachons pour ne pas répondre à notre vraie vocation qui est de mettre au monde l'enfant intérieur. Car ce noyau divin de notre être, image fécondatrice, est le germe d'un « fils » intérieur que nos épousailles secrètes font croître.

Ceci est vrai pour l'humanité totale, le grand Adam que nous pouvons imaginer comme un seul grand être dont chacun de nous serait une cellule le contenant tout entier et ayant même vocation. Ce qui est donc vrai pour ce grand Adam l'est aussi pour nous.

Le fils intérieur de ce grand Adam est le Christ ; il est aussi au-dedans de chacun de nous.

Sur la somme totale de l'humanité, peu d'êtres sont passés à un état de septième jour. Mais en ce moment le Christ fait passer l'Adam total à cet état. Nous vivons cette mutation.

Le Christ, en qui il n'y a pas de dualité, en qui intérieur et extérieur ne font qu'un, vient au monde à l'aube du sixième jour de l'humanité, à l'aube de son sixième mois de gestation grandiose.

Il vient dans un tissu encore animal, dans une crèche entre un âne et un bœuf. Mais Il est le « Fils de l'Homme », Fils intérieur de l'Adam. À sa mère, Marie, mère biologique bien sûr, mais essentiellement mère intérieure du grand Adam, Adamah cosmique, Épouse des profondeurs appelée Ishah, il ne s'adresse qu'en l'appelant Ishah ! Si on lui dit : « Ta mère t'appelle », Il répond : « Qui est ma mère ? » Elle n'est pour lui que mère intérieure dont il est dit dans l'évangile de Luc qu'Il est « son fils premier né ». Le second fils sera désigné lorsque, lui mourant sur la croix, Il dira à Marie : « Femme (Ishah), voici ton fils » en lui présentant l'apôtre Jean, nommé « l'apôtre au secret divin ». Jean est le second « Fils » intérieur de l'humanité. Et nous continuons d'être en marche vers ces naissances intérieures.

Aujourd'hui c'est l'humanité tout entière qui est appelée à en devenir consciente.

Cet état de nouvelle conscience nous fera connaître un nouvel amour ; un amour dont on ne peut parler, mais seulement le vivre ; un « totalement autre » d'une puissance opératrice dont nous n'avons aucune idée. « Plus fort que la mort », il est l'Arme par excellence.

Car il ne s'agit pas seulement du devenir du couple, mais de celui de toutes nos relations humaines.

À la lumière de ce qui a été dit plus haut, et si nous réalisons de plus que le Saint Nom YHWH est « l'Épée » que la Bible chante depuis le livre de la Genèse jusqu'à celui de l'Apocalypse, comprenons que notre choix est aujourd'hui radical. Ou bien nous construisons en nous « l'Épée » : la vie de couple peut alors devenir exaltante, libérante, et l'humanité va vers la conscience de l'unité qui relie tous les êtres dans un amour dont nous ne soupçonnons pas encore la puissance ; ou bien nous ignorons « l'Épée intérieure », notre inconscience la fait alors se retourner contre nous dans une langue qui tue, un sexe qui épuise et des armes qui massacrent.

Le devenir du couple dans le sacre de l'amour sera tête de proue de celui de l'humanité.

Qu'est-ce qui se cache sous le mot amour ?

ALEXANDER RUPERTI

Tout être humain rencontre l'amour de la même manière qu'il se fait face à lui-même — avec la même confiance ou les mêmes peurs, avec la même ardeur ou la même inertie. L'amour nous donne ce que nous lui donnons. Il rend la beauté plus radieuse et l'avarice plus sinistre. Il n'est rien et il est tout.

Il n'est guère possible de parler de l'amour en soi ; nous ne pouvons parler que de la *rencontre* avec l'amour. On ne peut pas cerner l'amour avec des formules analytiques. On ne peut pas le décrire — le sentiment, la pulsation, la nature vibrante de l'amour — mais on peut éclairer le chemin qui y conduit.

La rencontre avec l'amour peut être une chute ou une transfiguration ; elle peut nous rendre esclave de quelqu'un ou conduire à une union focalisée avec le Tout au-dedans ou à travers le (la) bien-aimé(e).

« Tomber amoureux » est la voie de l'inconscience, conditionnée par le rythme des instincts et des glandes. « Être transfiguré » par l'amour, c'est l'expérience d'une conscience qui dépasse l'individualisme et atteint l'union avec le Plérôme. Ce que nous atteignons dans et à travers l'amour existe déjà en semence dans notre façon d'aborder son accomplissement, nous rencontrons l'amour selon notre façon de l'envisager, nous serons borné, limité ou béni. Je le répète, c'est toujours nous-même que nous rencontrons dans l'amour, dans le (la) bien-aimé(e). La qualité de notre attitude envers nous-même est la même que celle que nous trouvons au cœur frissonnant de nos étreintes.

De ce fait, il importe de reconsidérer souvent profondément ce que nous attendons de l'amour, ce que nous apportons sur le chemin conduisant à l'amour. Est-ce une fuite de nous-même — même si nous la cachons soigneusement sous des paroles grandiloquentes et des motivations séduisantes ? Ou bien cherchons-nous vraiment la transfiguration de notre personne, la participation à une vie plus inclusive, plus valable ? L'amour que nous portons à une personne exclut-il le monde ou nous permet-il de vibrer plus intensément avec l'humanité et le monde ? L'amour va-t-il signifier pour nous l'établissement de *limites* qui nous permettront de mieux intégrer les forces de notre personnalité ou signifie-t-il notre *esclavage* à un corps, à une âme, à une somme d'habitudes répétées selon les critères de la respectabilité sociale ?

Il y a de nombreux niveaux d'amour et toute union humaine a ses deux pôles d'inconscience et de conscience, d'impulsion aveugle et de vision claire. Aucun amour humain ne peut prétendre se maintenir constamment à un niveau d'inclusion et de compassion universelles. Si l'on croit que son amour est installé à ce niveau-là, gare à l'ombre de l'égoïsme et de l'orgueil spirituel !

La destinée de l'homme consiste à intégrer les opposés, à faire de son individualité une expression structurée de l'union entre l'esprit et la matière. Ce sont tout d'abord les marées inconscientes de la vie qui emplissent cette structure et lui donnent pouvoir. Vouloir chasser ces marées ou les tenir à l'écart — ce que font beaucoup de gens qui se croient spirituels en suivant aveuglément des disciplines inventées dans le passé — ne nous mène qu'à une victoire spirituellement vide de sens. On ne peut glorifier le spirituel *contre la vie* ou en excluant la vie. Mais le moi essentiel en nous peut contenir et *utiliser consciemment* ces énergies de la vie. Si nous le faisons uniquement en vue de notre propre développement, notre succès dans cette entreprise ne fait que nous aliéner spirituellement de l'univers, de l'Homme et de Dieu. Seul celui qui contient, utilise et raffine les énergies de la Vie, pour les mettre au service de Tout — l'humanité —, arrive vraiment à s'accomplir spirituellement. Et l'amour peut être une porte qui s'ouvre sur ce genre d'accomplissement, en fait, essentiellement, il n'y a pas d'autre porte.

Notre compréhension de l'amour-qualité cosmique est fortement conditionnée par la puissance, dans nos vies, des pulsions biologiques : elles sont l'expression de cette énergie cosmique que nous appelons amour, à un niveau inconscient, instinctuel. À ce niveau biologique, qui domine les règnes « inférieurs » à l'homme, « l'amour » est réglé par le rythme des saisons et représente l'expression la plus élevée de la vie. Au sens strict, la vie résulte, dans l'évolution universelle, d'une étape où l'on trouve des entités capables de se reproduire dans une progéniture. Le processus de multiplication, par division cellulaire, le sexe, une semence, est le trait fondamental de ce que nous appelons la vie. Ce qui est reproduit, multiplié n'est cependant qu'une somme de traits caractéristiques *d'une espèce* ; l'espèce dans son ensemble agit à travers la semence qui, elle, démontre l'immortalité de l'espèce. Pour le spécimen particulier, la démonstration d'immortalité est *inconsciente.*

Pendant les étapes plus primitives de l'évolution humaine, l'impulsion et le processus sexuels sont aussi inconscients. Le sexe n'est pas différencié individuellement : les particularités qui accompagnent sa pratique, l'utilisation de ses énergies, ainsi que sa valeur culturelle, sont de nature tribale, pas personnelle. Le sexe et l'amour sont réglés par des tabous et habitudes traditionnels qui sont si enracinés qu'aucun homme, aucune femme ne peut y résister *en tant qu'individu.* Toutefois, en canalisant l'impulsion de reproduction, les tabous et réglementations religio-éthiques aident à la rendre plus consciente. Dans un premier temps, la conscience naît de la répression — et de la souffrance qu'engendre cette répression. C'est ainsi que l'homme du niveau tribal émerge d'un état d'inconscience collective et devient petit à petit une conscience individualisée.

Ce n'est qu'à ce stade d'individualisation que l'impulsion sexuelle inconsciente, inhérente à la vie, atteint sa culmination et se transforme en amour psychologique. En devenant consciente et personnalisée, la sexualité développe, pour ainsi dire, des « harmoniques » supérieurs.

Aujourd'hui, ce que la plupart des gens appellent amour est grandement conditionné par cette mutation de l'instinct sexuel qui, outre son expression inconsciente, prend des formes plus personnalisées. Voilà pourquoi chacun parle de « mon » amour, de « ton » amour. Chacun projette ce qu'il ressent comme son désir de bonheur sur quelqu'un d'autre qu'il croit prêt à combler ce désir. Au lieu de rayonner l'amour, tout le monde est à la recherche de l'amour à travers un autre, d'où les luttes incessantes entre ces différentes recherches. Il y a lutte incessante parce que, pendant la phase de transition entre l'expression inconsciente de l'impulsion au niveau biologique et le désir de chacun de personnaliser cette impulsion selon ses désirs conscients et personnels, on régresse régulièrement vers la sexualité inconsciente et la soumission aux tabous tribaux.

On peut supposer que la monogamie et le principe du mariage indissoluble, prônés dans notre société, cherchent essentiellement à assurer le succès de la tendance évolutive qui vise une expérience individualisée du sexe et de l'amour. Mais, étant donné le niveau de conscience du plus grand nombre, ce but n'est ni reconnu ni enseigné dans nos écoles, de sorte que l'on ne vit pas le mariage comme une occasion, pour chacun, d'approfondir son expression individualisée de l'amour, grâce à une relation, dynamique et toujours changeante, entre ses traits, habitudes et besoins personnels et ceux de son partenaire. On le vit plutôt comme l'expérience d'une répétition in-signifiante d'actes sexuels, de gestes affectueux dont la routine et la conventionalité sont les expressions d'une inconscience personnelle et d'un vide spirituel.

Il y a bien sûr des mariages entre personnes qui veulent s'individualiser et qui œuvrent consciemment, ensemble, pour s'entraider dans cette entreprise. Mais il y a toujours le danger de vivre un égoïsme à deux, de ne voir aucun but plus que personnel à cette union. Les partenaires se satisfont mutuellement, mais leur amour l'un pour l'autre les sépare du monde. C'est un amour un-à-un, surtout s'il n'y a pas d'enfants. On peut bien entendu, dans cette union, développer la conscience, des sentiments plus inclusifs, une individualité plus marquée des partenaires et rayonner une auréole de bonheur personnel. Mais est-ce une véritable auréole ou seulement une coquille ?

Toutes les modifications, qui ont eu lieu au cours de ce siècle, dans le comportement amoureux ne montrent que le désir accru de « faire sa chose » — et, si possible, en relation heureuse avec un autre, tout aussi désireux de « faire sa chose ». Cette situation vient du fait que l'humanité, dans sa partie occidentale au moins, se trouve en plein dans le processus d'individuation dont parle Jung. Mais elle se trouve dans ce processus non pas consciemment, mais inconsciemment, de sorte que très peu de personnes réalisent la source véritable de leurs motivations profondes. De plus, au niveau socio-culturel, la pensée n'a pas encore saisi le fait que devenir un individu, au sens psychologique du terme, n'est pas un but en soi et que l'amour entre deux individus n'est pas un but final non plus, du point de vue spirituel et tout-humain.

Au niveau individualiste égocentrique, on croit facilement que l'amour est une commodité ou une denrée à laquelle on a accès. On croit pouvoir avoir plus ou moins de cet amour, on le troque contre l'amour d'un autre. Pour en recevoir plus, on n'accepte pas que l'autre aime quelqu'un d'autre. On croit ainsi accaparer tout son amour et toute tendance à aimer une tierce personne est mal vue, provoque jalousie, haine, violence ou dépit et frustration.

Pourtant, dans la tradition religieuse qui conditionne, même subconsciemment, notre comportement, le terme « amour » est utilisé pour désigner une qualité d'être qui n'a rien de personnel. Quand on nous dit : « Dieu est amour... il faut nous aimer les uns les autres comme Jésus nous a aimés », il y a, dans ce concept amour, une dimension que nous, centrés que nous sommes sur nos petits mois existentiels, ne comprenons plus.

Si Dieu est Amour, alors l'amour est une force cosmique qui *anime* toute la création, celle qui fait de l'humanité un ensemble et permet à chacun de nous de *résonner* avec cet ensemble, de sentir que nous en faisons partie. L'impulsion profonde vers l'union, vers l'intégration vient du fait que nous sommes parties d'un ensemble sans le savoir. Plus on en devient conscient et plus on sera une expression rayonnante de *l'amour qui anime toute la création.*

Nous, êtres humains, ne sommes pas mystérieusement associés pour constituer une entité abstraite nommée « humanité ». L'humanité vient en premier, nous en faisons partie, nous en sommes des expressions particulières. Le feu Amour qui anime la création anime l'humanité et nous aussi puisque nous sommes des êtres humains. Mais nous ne pouvons exprimer personnellement cet Amour divin que selon notre conscience de ce que nous sommes essentiellement. Or la conscience de ce que nous sommes personnellement ne naît et n'évolue que grâce aux relations humaines et surtout aux relations entre les deux pôles de l'humanité, les hommes et les femmes.

Cet Amour universel — qui se manifeste au niveau de l'univers —, qui anime la participation de la polarité homme-femme au vaste processus de la civilisation humaine, est beaucoup plus que l'amour qui anime l'union de deux personnes suffisantes. Cet amour n'est pas seulement l'amour d'une personne pour une autre ; c'est l'Amour du tout dont ces personnes font partie. C'est l'Amour du tout à *travers* l'un et *l'amour de l'un en tant que partie du tout.* L'amour au niveau humain est un amour qui établit des limites uniquement pour pouvoir *focaliser* mieux et plus nettement l'image de la participation du couple homme-femme au plus grand tout qu'est l'humanité.

L'amour véritable est toujours productif, non seulement inconsciemment au niveau biologique sous forme de progéniture, mais aussi au niveau psychologique et socio-culturel, sous forme de créations *conscientes* répondant aux besoins de sa communauté et éventuellement de la société et de la civilisation humaine. L'amour vrai n'est pas une abstraction, il se manifeste, comme nous l'avons dit, au niveau de la vie et du corps tout autant qu'au niveau du mental et de l'âme. C'est le feu qui anime toute la personnalité humaine, mais qui ne peut se manifester pleinement et concrètement qu'au moment où cette personnalité est pleinement intégrée. Néanmoins, il anime aussi le processus d'intégration : plus on s'intègre, plus on est capable de rayonner l'amour ; plus il y a de l'amour et plus il y a intégration et des relations significatives et créatrices.

Ainsi, une véritable relation (intégration) entre deux personnes se concrétise en un centre unique, bipolaire, d'énergie rayonnante. C'est le couple qui rayonne *comme tel* et il rayonne parce que, *ensemble,* les partenaires sont consciemment des parties fonctionnelles de l'humanité qu'ils *servent* de manière éclairée.

L'humanité vit donc un processus de mise en pratique de l'amour qui, après avoir été exprimé inconsciemment au niveau de la vie générique, est conscientisé et différencié au niveau individuel, pour devenir enfin l'amour des Compagnons. L'amour des Compagnons inclut tout le monde, il est dépersonnalisé, il n'est plus divisé en plus et en moins, il n'est plus mon amour et ton amour, il est compassion. Il nous unit par nos centres qui nous unissent énergétiquement à l'unique centre de l'Homme.

Aussi longtemps que notre expression de l'amour est limitée par notre conscience égocentrique qui nous sépare de tout le monde, nous dévions le rayonnement de cette énergie universelle, nous le déformons selon les désirs, les imperfections et l'ignorance de l'ego. C'est ainsi qu'au nom de l'amour, nous sommes prêts à des monstruosités. Là où il y a tromperie et orgueil qui érigent des barrières entre hommes et femmes, à cause d'une peur souvent non avouée ou d'un ressentiment, l'amour des Compagnons ne peut exister. Là où il y a désir de briller personnellement, de tirer subtilement profit des gens et des situations, là où il y a jalousie, mépris, arrogance masculine, aucune compréhension humaine valable ne peut voir le jour car il y a manque d'amour.

L'amour des Compagnons ne se nourrit pas de drames et de conflits, de sentiments de supériorité, d'une pensée sèche, dogmatique qui, n'étant pas créatrice, est l'esclave des opinions, interprétations et dogmes d'autrui. Son essence est paix, qui veut dire intégration des opposés et accomplissement de tout l'être. Il est chant de plénitude et de création harmonieuse, de relations harmonieuses entre homme et femme car, sans une relation pleine et significative entre des formes *différentes mais d'une même essence,* l'amour n'existe pas. L'amour véritable ne vient que de notre expérience de l'humanité commune des hommes, symbolisé par le centre de notre globe terrestre, le *même* centre pour tous les hommes et toutes les femmes. C'est au centre — et à travers nos centres personnels — que nous pouvons communier, *partager* nos différences parce que nous réalisons qu'elles émanent d'un même centre. Il faut s'intégrer au centre au lieu de vouloir détruire ou mépriser ceux et celles qui ne manifestent pas les mêmes différences que nous. Aimer c'est accepter l'existence de ce centre commun, c'est ouvrir ses yeux pour voir dans les yeux des autres notre appartenance à l'humanité commune des hommes.

L'amour n'est pas synonyme de relation, mais a besoin de relation pour se manifester. Aimer, c'est transformer notre capacité de relation avec n'importe qui et n'importe quoi. C'est la dissolution des frontières, la libération par rapport aux peurs, refus ou péchés anciens. L'amour véritable ne projette pas d'ombre parce que en aimant vraiment l'ego perd son poids. Quand on aime, on n'est plus tributaire d'un conformisme social, d'un sens rigide de place, d'âge, de fonction, de comportement habituel. Tout dans la vie est vu sous un jour nouveau ; l'ego passe par une transformation de sa signification, de sa fonction, de sa valeur, de sa raison d'être.

Un amour véritable nous met donc dans un état de crise puisqu'il y a défi de s'ouvrir totalement — à l'autre et ensuite à tous les autres, avec une absence totale de peur ou d'arrogance. Mais, si l'on n'est pas prêt à passer d'abord par les amours moindres, conditionnés par la biologie et les désirs personnels, on n'est pas prêt pour la transformation finale qui dissout toutes les particularités si chères à nos egos.

L'appel de l'amour est celui de la transformation à travers la relation. Il vise, au niveau psychologique, la même mutation que celle qui est visée, au niveau biologique, par le sexe. À aucun niveau, on ne peut aimer en restant seul, enfermé dans le cercle de son moi existentiel, identifié à ses possessions et à ses habitudes, à sa façon particulière de sentir et de penser. Celui qui a peur des sensations ne peut jamais connaître la plénitude de l'amour car la véritable communion se fait entre deux personnes qui vibrent ensemble à tous les niveaux de leur être. Si les femmes refusent d'être traitées en objets, c'est à cause de la tendance actuelle à se désolidariser de son corps — dont on veut pouvoir disposer à sa guise. Mais la « guerre des sexes » vient aussi de la mutation dans l'expression de l'amour qui devient de plus en plus psychologique au lieu d'être simplement biologique.

Dans le monde occidental, tout comme en Inde, on met principalement l'accent sur l'amour. Mais on oublie que le Bouddha mettait l'accent sur la compréhension qui est fille de la sagesse. Et le véritable occultisme nous dit qu'amour et sagesse sont deux aspects d'une même énergie.

Puisque, sur la base de leurs expériences personnelles, les hommes ont d'abord développé leurs sentiments, il y a eu un accent particulier sur le développement de ces derniers. L'amour-sentiment est devenu le moyen qui semble le plus apte pour s'unir à Dieu, au divin. On nous dit qu'il faut s'aimer, s'unir toujours plus complètement à plus de gens et de choses et ainsi dépasser son état d'isolement psychologique. Il faut avoir « du cœur », être un homme ou une femme « de cœur » ; tout doit venir du cœur, « centre » de l'amour.

Pourtant, aujourd'hui, de plus en plus d'hommes et de femmes commencent à développer une autre capacité inhérente à la nature humaine : la pensée. Cette fonction est censée nous unir selon d'autres critères que ceux nés des sentiments : des critères impersonnels — au-delà des désirs et limites de la conscience personnelle égocentrique.

Pendant longtemps nous ne comprendrons pas la véritable fonction de la pensée parce que nous sommes tous trop imbus de notre personne, donc de nos sentiments. Nous allons utiliser les fruits de la pensée à des fins personnelles, pour maîtriser la vie et les autres selon nos désirs. De nos jours, le but de la pensée est donc, avant tout, le savoir qui est toujours concret et lié à un concept d'utilité, aussi transcendante qu'elle puisse paraître. Savoir, c'est réaliser quelque chose d'utile pour celui qui sait, et celui qui sait veut, la plupart du temps, quelque chose pour lui. Néanmoins, le développement de la pensée, qui se fait surtout actuellement dans le domaine de la science, va nous permettre de développer l'aspect sagesse de l'énergie divine que nous ne concevons encore que sous son aspect amour.

C'est la sagesse qui va nous permettre de *comprendre* le sens, la signification de toutes choses, non pas seulement par rapport à nos désirs et sentiments personnels, mais par rapport à l'intention divine qui anime le plus grand tout dont nous faisons partie — l'humanité dans son ensemble et la Terre.

C'est l'amour qui nous permet d'abord de faire l'expérience de notre appartenance au plus grand tout, l'humanité. Mais c'est la pensée qui va nous permettre de connaître notre *fonction* dans ce grand tout.

En tant qu'ego, chacun de nous se centre en lui-même et n'a aucune conscience d'appartenir à quelque chose de plus global. Grâce à l'amour, et tout d'abord au niveau sexuel, nous sommes tous entraînés à une vie de relation qui modifie heureusement ou péniblement notre suffisance. Le désir de bonheur personnel, dans un contexte socio-culturel imposé du dehors, nous entraîne tous dans des expériences qui ont pour but essentiel de nous faire comprendre que nous avons quelque chose à faire ensemble et que, pour l'accomplir, il nous faut être prêts à modifier constamment notre comportement, personnellement et en groupes.

Tout d'abord, on se considère seul, face à autrui et

à la société. Ensuite, on se lie à quelques personnes pour former un couple, une famille, une entreprise, un parti politique, une ville, une nation. Et on se sent en tant que couple ou groupe, face à d'autres couples ou groupes. Mais, à travers tout, on est mû par le sentiment que « l'union fait la force » et qu'il faut s'imposer d'une manière ou d'une autre. Néanmoins, le sentiment d'être et de devoir rester séparé d'autres personnes ou groupes va petit à petit céder la place à la conviction que nous avons quelque chose à faire ensemble. L'énergie-amour fait son œuvre. L'ambition personnelle ou de groupe va céder la place à la pensée claire que nous avons tous, personnellement et en groupe, une fonction à remplir au sein du plus grand tout dont nous faisons partie.

Le couple réalisera qu'en tant que couple unissant deux polarités, masculine et féminine, il a un rôle à jouer selon les besoins de la société et aussi pour permettre le plein épanouissement des deux partenaires au sein d'un plus grand tout. À travers l'expérience de la relation, on arrive à comprendre pourquoi il y a besoin de relation. Cette compréhension ne vient pas d'un désir personnel puisqu'elle le dépasse et nous révèle l'évidence de l'existence d'une réalité plus que personnelle : la relation qui, seule, donne un véritable sens à notre individualité naissante.

La compréhension sera ce pouvoir de nous placer, pour ainsi dire, en dehors des dualismes irréductibles du moi et du non-moi, de notre individualité et de l'amour dévorant. Ce n'est pas un savoir recherché par un ego pour résoudre ses problèmes et intégrer ses conflits, dans l'espoir de pouvoir agir efficacement et globalement. Dans la compréhension, l'ego s'efface et saute au-delà de son ombre. Il a fait l'expérience de la relation et des sacrifices qu'exige l'amour. Il sait pourquoi il y a besoin d'un « autre », de relation avec lui, d'un développement de *toutes* ses sensations. Ayant fait l'expérience de l'amour, il se rend compte que rester centré dans son ego n'a plus de sens. Il est enfin prêt, grâce à la compréhension, à transcender l'ego, l'autre, l'amour et la mort qui deviennent tous des aspects d'une seule réalité. Mais il ne peut y avoir de compréhension parfaite sans qu'il y ait eu d'abord une union parfaite dans l'amour et un véritable empressement à mourir, en tant que moi séparé, dans cet amour.

Et, si l'on renaît en tant que véritable individu et devient capable de rencontrer d'autres individus, dans le mariage ou le compagnonnage, alors la compréhension qui surgit de ces relations-là sera, elle aussi, individualisée. Elle tiendra de la qualité de l'âme et d'une intelligence consciente. En elle fleurira l'élément de *signification.* Elle deviendra régénératrice. Elle ouvrira la porte sur un monde nouveau. Elle nous purifiera des suites de nos erreurs d'egos et deviendra le fondement d'une œuvre de destinée véritable.

Étant ouvert à l'universel dont il est devenu une expression particulière, l'homme ou la femme de compréhension est prêt à unir en lui ou en elle l'universel et le particulier, Dieu et la Matière. Il ou elle devient un véritable philosophe, capable de communiquer une voie de libération puisqu'il ou elle en a fait l'expérience.

L'émergence du couple androgyne

PAULE SALOMON

C'est un message d'espoir que je propose mais aussi une vision lucide sur nos possibilités et nos difficultés à vivre de manière heureuse et paisible entre hommes et femmes. Nous pouvons à juste titre nous reposer aujourd'hui quelques questions :

La vie en couple est-elle vivable dans le cadre de nos exigences actuelles sur le plan individuel ? L'évolution actuelle des hommes et des femmes rend-elle le mariage caduc, la vie en couple impraticable ? Pourquoi les divorces et les célibataires sont-ils en progression constante ? Les couples heureux existent-ils ? Que faut-il donc savoir pour avoir des chances de vivre heureux ensemble ? La réussite d'un couple dépend-elle de l'évolution des deux partenaires ? L'évolution de l'un peut-elle entraîner l'évolution de l'autre ?

Nous constatons que nous sommes entrés dans une ère de changements sur tous les plans et la transformation qui affecte la relation des hommes et des femmes est sans doute l'une des plus importantes, des plus fondamentales de notre histoire. Nous y participons tous à notre mesure, consciemment ou non. D'ores et déjà nous pouvons dire que plus nous y participerons consciemment et moins nous souffrirons. La stabilité patriarcale s'effrite, les femmes émergent, maîtrisent leur fécondité et participent à la vie sociale. Les vieux modèles de couple ne répondent plus aux besoins actuels. Il faut réinventer la vie à deux et la vie en famille. Mais tout se passe comme si chacun héritait inconsciemment des modèles de couple expérimentés au cours des âges et les rejouait dans sa propre vie. La conscience collective est encore majoritairement engluée dans le conflit et les individus ont souvent beaucoup de difficultés à ne pas tomber dans le redoutable piège du couple conflictuel. Le légendaire combat entre l'homme et la femme s'est cristallisé dans la formulation de guerre des sexes et personne n'échappe à cet antagonisme profond souvent souterrain sans une transformation personnelle.

Il y aurait beaucoup à dire et à réfléchir sur la notion de changement. Comment parvenir à se transformer au sein d'une société dont les institutions et les codes moraux ne se transforment eux que lentement. Comment aussi ne pas répondre à ce nouveau besoin de préserver le développement de l'individu au sein même des contraintes sociales. Le changement n'est pas linéaire et l'évolution non plus ; on pourrait plutôt dire qu'elle est circulaire, qu'elle prend le mouvement de la spirale, qu'elle revient sur elle-même pour mieux se propulser en avant. Il nous arrive de nous décourager quand nous avons l'impression d'être retournés en arrière. Ce n'est souvent qu'une illusion, une courte vue qui ne tient pas compte de l'ensemble. Bon an mal an, nous participons à l'évolution de l'ensemble, nous sommes freinés et nous sommes moteurs. Grande conscience et petite conscience. Nous avons sans cesse besoin de notre grande conscience et de notre petite conscience, d'une respiration entre les deux et la vision de l'ensemble dédramatise notre difficulté personnelle.

Ce que je propose procède à la fois d'une optique sociologique, psychologique, philosophique, mythologique pour dresser une carte des comportements. Grâce à elle il est possible de se situer dans la jungle des émotions et des sentiments, d'échapper à d'insidieuses cruautés, et de remonter à la racine de nos comportements répétitifs.

Pour parler de l'émergence du couple solaire ou androgyne, j'ai besoin de revenir aux premières étapes de l'humanité afin de comprendre de quel type de comportement nous sommes les héritiers, quelles sont les strates qui se sont déposées en nous, quels sont les modèles que nous rejouons sans le savoir.

Nous allons donc évoquer six étapes. Au passage nous allons nous reconnaître peut-être mais nous découvrirons aussi que certaines parties de nous-même appartiennent à une étape et d'autres à l'autre, d'où nos contradictions parfois vécues de manière souffrante. Nous allons tenter de regarder quelle est l'origine de cet antagonisme millénaire homme-femme qu'on appelle aussi la guerre des sexes et essayer de ressentir par quelle voie cette « fatalité » est dépassable.

Le nouveau rapport de l'homme et de la femme constitue le prochain saut de civilisation. La femme soumise était le portique d'une civilisation du sacrifice et de la guerre, la femme solaire ouvre sur une civilisation de paix.

Qui parle ?

Je me suis intéressée au couple parce qu'il est pour moi une voie de réalisation sur le plan affectif comme sur le plan spirituel.

« Pour l'être humain, en aimer un autre est sans doute la plus difficile de toutes ses entreprises, le critère essentiel, l'ultime preuve, le travail pour lequel tout autre n'est que préparation », disait Rainer Maria Rilke.

Je n'aurais pas pu m'engager sur cette voie d'exploration si je n'avais pas rencontré mon alter ego masculin avec qui former cette cellule d'unité dans la diversité, de solidarité dans la solitude, un couple. Je continue de m'émerveiller et de m'interroger sur le mystère de cette réalisation toujours en mouvement, de ce jardin qui se cultive avec ses temps de maturation et de floraison. Plus j'étudie le couple, plus je me rends compte qu'il représente une cellule privilégiée d'évolution. Deux êtres sont amenés à mettre en jeu des éléments très intimes qui leur révèlent les zones les plus fragiles d'eux-mêmes et témoignent de la manière dont ils ont appris à aimer et à être aimés dans l'enfance. Deux êtres cherchent et tâtonnent à travers les modèles proposés par la conscience collective : comment oser l'amour, comment lui donner une stabilité sans s'engloutir dans le quotidien, comment concilier les désirs de dépendance et les désirs d'indépendance. C'est une œuvre à part entière. Au cours de mon évolution j'ai rencontré comme beaucoup d'autres avant moi cette conviction : le sens de la vie réside dans l'éclosion de l'amour, pétale après pétale jusqu'au centre d'un rayonnement toujours plus particulier et toujours plus universel. De ma formation universitaire j'ai gardé le sens de l'envol et j'ai appris dans la vie comment comprendre par l'expérience directe, comment développer une sensibilité toujours renouvelée. Vivre c'est s'incarner toujours plus dans une volonté éveillée, dans une attention de l'instant.

J'ai publié un livre qui s'intitule *La Femme solaire.* Je suis partie d'une étude sur la femme avant d'arriver au couple qui est le sujet d'un livre en cours. C'est en creusant la femme que je suis que j'ai pu découvrir les différentes strates qui vont de la femme archaïque à la femme évoluée. Cette évolution n'est pas linéaire, chaque femme est composée d'éléments divers eux-mêmes en transformation, l'archaïsme est toujours prêt à ressurgir, mais une personnalité se stabilise dans un type de comportement majoritaire. Il y a un temps pour la soumission, un temps pour la révolte, un temps pour chercher des solutions au conflit avec l'autre, un temps pour l'affirmation parfois agressive et un temps pour commencer à s'épanouir dans l'amour. Chaque femme naît avec un certain nombre de handicaps, de limitations, venus de l'environnement, des parents, de la conscience collective du moment et elle ne pourra réussir à former un couple harmonieux que dans la mesure où elle sera parvenue à s'accepter elle-même et à accepter l'autre.

La femme solaire est celle qui est sortie de l'engloutissement d'une situation patriarcale de soumission et d'infériorisation, sortie aussi de la révolte et du désir de dominer à son tour, qui a retrouvé une sexualité rayonnante qui irrigue le cœur et l'esprit. Le message est simple et fondamental. La femme solaire est l'agent de passage d'une civilisation qui réconcilie le sexe et la spiritualité, le bien et le mal. Ce parcours fondamental ne fait que commencer. Toute femme porte en elle aujourd'hui les germes de cet accomplissement et les obstacles des temps passés. Plus elle prend conscience de l'un et de l'autre et plus elle avance. Plus elle avance, plus elle a la possibilité d'aimer véritablement et de former un couple harmonieux. « C'est la femme qui choisit l'homme », dit la sagesse populaire. Ces propositions sont à accueillir en soi avec nuance, à sucer lentement comme un bonbon, à ressentir en profondeur.

Je propose des stages de transformation pour les femmes avec la conviction qu'elles représentent une racine pivot et qu'à partir d'elles tout est possible. Quand une conscience avance, son rayonnement n'est pas mesurable. Tout se passe comme si nous étions tous reliés par un même tissu psychique qui transmet globalement l'information. L'évolution est un cadeau mutuel. Chaque conscience qui franchit des étapes peut offrir sa connaissance à d'autres. Le rôle de la carte illustre bien ce propos. Si je suis dans une forêt inconnue et que je veuille aller d'un point à un autre, je peux me perdre, tourner sans fin, errer si je n'ai pas de boussole, pas de panneaux indicateurs, pas de carte. Je vais avancer dans l'angoisse, ressentir négativement ma solitude. Par contre si je suis capable de me repérer je vais avancer gaiement, suivre un itinéraire et même évaluer la durée de mon effort. Je considère que je trace une carte d'évolution pour la femme et pour le couple. On peut alors se dire : je suis né dans une civilisation qui présente tels handicaps, j'ai vécu ceci et cela dans mon enfance, mon adolescence, mais je peux traverser ces limitations pour accéder à ma force intérieure. C'est une question de traversée et certains prendront des raccourcis. La conscience a besoin d'expériences mais la sagesse, au sens de connaître son propre centre, n'est pas pour autant réservée à la maturité. Le couple évolué peut s'incarner à 25 ans comme à soixante, et tout couple évolué contribue à l'évolution de la conscience collective. Il y a un phénomène de contagion positive. Cependant le malaise de civilisation est profond et pour le remonter il convient de s'encorder les uns aux autres. Le précipice du rapport dominant-dominé, de l'antagonisme homme-femme ne se franchit pas les yeux fermés. La carte et le guide facilitent le passage.

Six étapes et trois civilisations

Six étapes s'offrent à notre connaissance, à notre exploration, notre expérimentation. Le parcours de l'humanité depuis la préhistoire peut se découper en six modèles de couple qui cohabitent toujours dans notre société et dans notre propre vie. Le couple matriarcal, qui donnait la prééminence à la femme, a engendré le couple patriarcal, qui accorde toujours la prééminence à l'homme, suivi du couple révolté ou conflictuel, conséquence inévitable de tout rapport de force. La sortie du conflit commence avec le couple éclairé qui peut évoluer en couple lunaire puis en couple androgyne.

Nous nous pensons comme des êtres évolués et nous avons souvent des comportements archaïques surtout dans l'affectif. Nous avons aussi une chance sans précédent parce que le dessein est clair, le chemin est balisé, la tyrannie de la force commence à laisser place à l'aventure de la conscience. Pendant les trois premières étapes nous vivons sous la domination de nos peurs et pendant les trois dernières étapes nous nous efforçons de sortir de l'incomplétude et du conflit, nous intégrons l'idée de la projection sur l'autre et nous nettoyons notre vision du monde jusqu'à comprendre qu'elle n'est que le reflet de nous-même.

L'humanité a expérimenté jusqu'à présent deux types de civilisation, la civilisation de la Coupe et la civilisation de l'Épée. Une civilisation éclairée ou androgyne commence à apparaître sous forme d'îlots sporadiques. La civilisation de la coupe représente les quelque seize mille ans de préhistoire où la notion de Dieu était féminine. Ces temps de la grande Déesse-Mère sont encore très méconnus et pourtant les preuves archéologiques abondent. Les valeurs féminines irriguaient une civilisation pacifique novatrice. Le sens guerrier au contraire prédomine sous l'égide du Dieu-Père, la société se structure en patriarcat, avec la domination de l'homme sur la femme et l'enfant. Cette civilisation de l'Épée est toujours en place aujourd'hui malgré des transformations importantes. Les hommes parlent, gouvernent, font la guerre et quelques femmes, encore rares, émergent sans apporter pour autant une nouvelle forme d'esprit.

Pourtant l'idée de paix gagne du terrain, les changements profonds de société viennent davantage de la base que du sommet. Toutes sortes de courants, de la spiritualité à l'écologie, en passant par toutes les techniques de transformation personnelle, grignotent une société fondée sur les rapports de domination et tentent d'établir une société de coopération, une société éclairée. Mais la coopération de base est celle qui permettra à l'homme et à la femme de quitter la guerre des sexes. De la civilisation de la Coupe, on retiendra l'image féminine de la Grande Déesse-Mère et la souveraineté de la femme liée à sa fécondité. L'homme, lui, se vit au service de cette fécondité et le couple repose sur un équilibre centré sur la reproduction. De la civilisation de l'Épée se dégageront plusieurs types de couples : la notion du Dieu-Père s'accompagne d'un statut de dominant pour l'homme, de soumission et d'infériorité pour la femme. Inévitablement ce couple patriarcal évolue en couple conflictuel avec la menace qui constitue la révolte de la femme et le renforcement de la tyrannie masculine. Pour tenter de sortir du conflit le couple va se tourner vers l'intelligence et la compréhension, former un couple éclairé plein de bonne volonté, émerger, retrouver ses pouvoirs et se poser en dominante par rapport à un homme qui est en pleine découverte de sa sensibilité et de nouveaux modèles de comportement. Cet homme affaibli et cette femme dominante vont former un couple lunaire qui est très caractéristique de notre époque. Ce n'est qu'avec la femme solaire, l'homme lunaire et le couple androgyne qu'on parviendra aux prémices d'une civilisation éclairée.

Le couple matriarcal

Le couple des origines qui se compose d'une femme régnante et d'un homme au service de la fécondité qu'elle représente peut se vivre dans un couple actuel au moment où la femme attend un enfant. C'est une phase transitoire et bénéfique pour chacun des partenaires, la femme se sentant valorisée et l'homme incorporant un nouveau sens à sa vie. Mais certains hommes peuvent aussi se sentir paniqués par la transformation de leur amante en mère. D'une certaine manière l'homme adolescent a souvent pour la femme une forme d'adoration à travers tous les élans de la sexualité : « Tu es ma Déesse. » Mais le passage de la Déesse d'amour en Déesse-Mère ne se fait pas toujours sans difficultés. D'autant que la femme peut alors se muer en Mama et assurer son règne et sa tyrannie sur le foyer. À ce stade il y a donc un risque de domination féminine alors que l'identité masculine reste engloutie. C'est ce risque qu'il faut connaître pour le dépasser. Tous les enfants ont à traverser la domination plus ou moins abusive de leur mère qui représente la Grande Déesse-Mère. Beaucoup de problèmes psychologiques des uns et des autres prendront racine dans ce rapport affectif primitif. Comment as-tu appris à aimer à travers la relation à maman ? Certains hommes notamment gardent toute leur vie une partie d'eux engloutie dans la Déesse-Mère. La peur masculine vis-à-vis de la féminité s'alimente à cette difficulté initiale de traverser la mère au moment de l'adolescence. Le stade matriarcal est un stade qui est affronté individuellement dans chaque vie et parfois à plusieurs reprises.

Le fait que la femme fait les enfants représente toujours la grande différence entre l'homme et la femme. Tous les rapports dominant-dominé qui empoisonnent la relation homme-femme se sont toujours situés à ce niveau. Avant d'arriver à la notion d'une coopération entre l'homme et la femme autour de l'enfant, les civilisations ont achoppé sur deux écueils. Ou bien la femme a une sexualité libre, les enfants portent le nom de leur mère et les pères ne savent pas quels sont leurs enfants. Ou bien les hommes s'assurent d'une forme de propriété sur la femme et ils peuvent développer la paternité.

Actuellement notre société expérimente le début d'une troisième alternative, fondée sur la coopération volontaire, en dehors des contraintes sociales du mariage. Et un nouveau problème surgit. À qui confier les enfants en cas de séparation ? La loi tranche actuellement au profit de la mère et les hommes commencent à s'insurger et s'organiser. On parle de matricentrage de la société.

La maternité comme forme première a eu ses abus, la paternité comme forme seconde a aussi engendré d'autres abus. Tout se passe comme si ces deux formes de civilisation que sont la Coupe et l'Épée reposaient sur le réflexe primaire de la peur et de la défiance, d'où la guerre des sexes. La civilisation éclairée demande l'évolution individuelle et collective au niveau d'une tolérance, d'une ouverture et d'un sens de la paix. La relation de l'homme et de la femme s'établissant en termes de compréhension mutuelle représente le pivot de ce passage à une autre forme de civilisation.

Comment y parvenir ?

Le couple patriarcal

Le modèle du couple patriarcal, homme dominant et femme soumise, est encore le modèle le plus courant dans notre société malgré l'apparition d'autres modèles. Selon le principe initial du patriarcat, l'homme règne en maître tout-puissant sur sa femme et ses enfants sur lesquels il a droit de vie et de mort. Les trois grandes religions monothéistes justifient théologiquement cette forme d'ordre. L'homme est le représentant du Dieu-Père et de sa loi alors que la femme est une créature inférieure. L'homme est le reflet de Dieu alors que la femme n'est que le reflet de l'homme. Il ne faut pas sous-estimer ce soubassement qui imprègne aujourd'hui encore nos subconscients à défaut de notre adhésion consciente. Cette proposition — la femme est inférieure à l'homme — colore insidieusement bon nombre d'attitudes professionnelles et familiales, y compris de la part des femmes qui l'ont bien intériorisé ; d'ailleurs non seulement elles sont inférieures mais elles sont aussi coupables, séductrices, instruments de la chair et responsables du péché. L'archétype d'Ève qui constitue encore une part importante de l'identité féminine est terriblement dévalorisant et lourd à assumer pour une psyché saine. Il ne reste à la femme qu'à se soumettre, à obéir à l'homme, à se rédempter dans l'image de la Vierge Marie. Son seul salut vient de cette reddition qui la fait mère et épouse, au service de l'homme et de sa progéniture. La divinité de la féminité s'est réintroduite sous la forme de la Vierge Marie dans le règne du Dieu-Père mais il est important de remarquer combien cette figure est double : d'une part elle est coupée de la sexualité — un modèle inatteignable pour une femme réelle, car comment être mère sans connaître d'homme ? — et elle n'a d'existence que par le service et le don de soi absolu. D'autre part elle est lumineuse de bonté et d'amour, elle est solaire et s'offre comme une figure universelle de compassion.

La femme va s'efforcer de ressembler à ce modèle de femme soumise qui lui est proposée. Mais en aliénant sa liberté, elle va perdre en partie ce qui la rendait désirable. La première femme d'Adam, selon le Zohar, n'était pas Ève, mais Lilith, femme indomptable qui, plutôt que de se laisser soumettre à la volonté d'Adam, a préféré partir à tout jamais. Lilith représente l'archétype de la femme libre. Toute femme porte en elle une Ève et une Lilith. Mais les épouses et les mères étoufferont en elle Lilith. L'homme patriarcal dit qu'il attend de la femme qu'elle soit Ève mais une conscience libre a besoin d'une conscience libre pour évoluer et il va se mettre à rêver de Lilith. C'est ce qui explique la fréquence du fameux trio, mari, épouse, maîtresse. De son côté si la femme accepte et parfois admire l'homme dominateur, elle va appeler de ses vœux la rencontre avec le poète, l'homme qui saura la comprendre et la valoriser. On voit ainsi certaines femmes supporter la domination de leur mari pendant des années, jusqu'à ce que leurs enfants aient grandi et se permettre alors une nouvelle relation qui leur révèle de tout autres aspects d'elle-même. Remarquons qu'une femme soumise va développer une partie dominatrice qu'elle exercera sur ses enfants, ses domestiques ou ses subordonnés. À l'occasion elle essaiera de prendre sa revanche. Un homme peut dominer sa femme pendant dix ans par exemple et se retrouver dominé jusqu'à la fin de sa vie.

Dans l'un et l'autre cas personne n'est vraiment heureux. Dans un contexte patriarcal l'homme et la femme sont résolument ennemis, différents. L'homme continue d'avoir peur de ne pouvoir traverser la mère et d'autre part il a peur de la révolte de l'épouse. Les épithètes dévalorisants prolifèrent : goulue, harpie, méduse, vagin dévorant, sorcière, etc. La femme intériorise ce discours du dominant et nourrit un complexe d'infériorité et de culpabilité qui l'engloutit en tant qu'être et ne lui permet plus de jouer son rôle dans la civilisation. La femme engloutie, la princesse engloutie sous les eaux, tel est le thème de bien des contes et le sentiment de bien des poètes. Il caractérise une civilisation malade de guerre et de haine. Le rapport homme-femme, la répartition du masculin et du féminin, conditionne tout l'équilibre d'une civilisation.

Les répercussions sur les enfants de ce modèle patriarcal perpétuent la distance et le conflit entre les sexes. Très souvent le père va abandonner à la mère l'éducation des enfants, tout en conservant un principe d'autorité suprême dont la mère se servira de manière ambiguë pour déguiser ses interdits : « Ton père ne veut pas... » La mère va reporter sur ses fils en particulier ses pulsions de dominante refoulée, ce qui va rendre le passage de l'œdipe particulièrement difficile. La mère va être perçue comme étouffante et le fils doit trouver le moyen de sortir de son cercle d'influence pour s'affirmer comme homme. Il a parfois l'impression que la mère barre l'accès à un contact avec le père. Dans cette expérience il devient plus ou moins misogyne, il devient un dominant qui a peur des femmes, peur d'être à nouveau enfermé dans la mère. Il se coupe plus ou moins de ses émotions et de sa dimension féminine. La petite fille coupée elle aussi de son père ne peut pas former avec lui ce premier couple qui la rassurerait sur sa capacité à être aimée. Elle arrive dans la rencontre avec quelque chose en elle de non sécurisé, d'affamé, avec un conflit latent à l'homme. Dominant ou dominé, son père lui transmet un manque de confiance en elle doublé parfois d'une culpabilité à avoir vu sa mère le châtrer. Si maman était dominée, elle voudra être dominante, si maman était dominante elle voudra en tout cas au début de sa vie être dominée mais encore et toujours elle vivra dans la réaction et elle souffrira.

Au début d'une rencontre l'homme et la femme projettent sur l'autre ce qu'est pour chacun le besoin d'amour, un amour fusionnel, symbiotique qui n'a pas de face d'ombre, pas d'aliénation de liberté, pas de limite. L'homme rencontre une mère non étouffante et la femme un père qui la désire. Mais cette situation fusionnelle du début va évoluer vers une reconnaissance des différences d'identité et c'est alors que les ombres de chacun vont entrer en scène, notamment la mauvaise mère, c'est-à-dire l'idée que chacun se fait d'un amour souffrant. D'autant que le choix du partenaire s'est souvent fait inconsciemment en réponse à cette partie souffrante et dans le but de recréer son intensité. Par exemple une petite fille qui aura vécu une relation de manque affectif avec la mère reproduira souvent, devenue grande, le même schéma en choisissant un compagnon qui ne sait pas aimer. La citation fusionnelle du début évolue dans une relation dominant-dominé où chacun retrouve ses besoins et ses affirmations. Dis-moi que tu m'aimes, dit la femme plongeant l'homme dans l'angoisse. Laisse-moi me sentir libre, dit l'homme à une compagne en plein désarroi. Chacun commence alors à penser qu'il ne trouve pas chez l'autre ce qu'il cherche.

Le couple conflictuel

Inévitablement le couple patriarcal devient conflictuel. Chacun joue sur le théâtre de la conscience une peur majeure héritée de l'enfance et on a vu que cette peur n'est pas la même chez l'homme et chez la femme. Chacun projette sur l'autre des identités qu'il ne veut pas accepter pour lui. C'est toujours l'autre qui est l'égoïste, l'insensible, l'obsédé, etc. Chacun s'enferme dans le « J'ai raison, tu as tort » sans possibilité d'établir un pont de communication réelle.

La femme est en situation de révolte et l'homme se sentant menacé adopte un comportement plus tyrannique. La révolte et le conflit ne débouchent pas toujours sur un changement de situation. Trop souvent un jeu de bourreau-victime va s'installer, la révolte féminine va rester souterraine et larvée, le climat familial va s'empoisonner insidieusement et les deux partenaires vont prendre goût à une intensité perverse.

La situation de la femme dans l'amour correspond souvent à une mystification. Elle adopte vis-à-vis de l'homme une attitude de dévotion, de sublimation narcissique. Elle veut aimer et se faire aimer par un Dieu pour participer de sa divinité. C'est une façon pour elle de se mettre au centre du monde. Elle crée un amour ablatif dont elle est la victime consentante. Comme cet amour narcissique est un parasitaire de conscience, il révèle finalement son erreur par des souffrances. Le Dieu tombe de son socle et la femme qui n'aime plus se retourne contre elle-même. On entre dans le « je ne peux pas vivre sans toi, je ne peux pas vivre avec toi » bien connu. Le couple s'installe alors dans le manège effrayant du sadomasochisme. Nous connaissons tous de vieux couples qui se haïssent, qui vivent un rapport de forces, et qui ont pris goût à cette intensité négative qui leur paraît préférable à la solitude. La femme révoltée adopte un comportement stérile de récriminations sans fin. L'homme dominant se fait tyrannique. Tous deux sont de plus en plus malheureux et coupés d'eux-mêmes.

Il existe heureusement une solution qui consiste à s'adresser à l'intelligence pour comprendre et exercer une maîtrise sur des comportements d'origine inconsciente. Le couple conflictuel évolue en couple éclairé.

Le couple éclairé

La relation dominé-dominant est en voie de dépassement par le jeu de la prise de conscience et de la bonne volonté. C'est sans doute à ce stade que se produit pour les individus comme pour les sociétés un tournant décisif. Tout le travail de la psychanalyse, de la psychothérapie et les techniques d'éveil en général se fondent sur la possibilité de ce passage.

Chacun commence à reconnaître que son conflit extérieur avec l'autre a ses racines dans un conflit intérieur avec lui-même. C'est le début d'une transformation profonde. On quitte le « Tu m'empêches de faire ce que je veux » et on comprend qu'on choisit l'autre pour se donner des limites. Chacun va s'efforcer de reconnaître le niveau de sa projection sur l'autre. Chacun apprend à transformer le négatif de son histoire en positif. Le couple éclairé comprend qu'il a commencé avec un désir de symbiose, qu'il a découvert la différence et qu'il peut maintenant apprendre à s'enrichir de cette différence et retrouver une autre forme de symbiose. Mais les limites de ce couple éclairé, c'est de savoir intellectuellement les choses et de ne pas parvenir à les appliquer. Beaucoup de femmes s'efforcent de conquérir une autonomie financière et une autonomie de pensée mais beaucoup restent « penchées affectivement », développant une forme d'amour qui les décentre, les déstabilise et finalement les détruit.

Beaucoup d'hommes affichent des désirs et un respect de la femme mais continuent de dominer subtilement : les intellectuels, les politiques, les chefs en général, petits et grands, sont de ceux-là. Très peu de consciences aujourd'hui ont un regard sur la profondeur de ces conditionnements, sur l'obstacle qu'ils représentent pour un véritable changement de société.

Le couple lunaire

La réémergence de la femme est plus que jamais à l'ordre du jour et souvent la femme qui ne se contente plus d'être éclairée ou penchée va devenir dominante soit dans le domaine professionnel, soit dans sa sphère privée, soit dans les deux. Que se passe-t-il ? Elle commence à développer sa partie masculine et phallique, son pouvoir d'innovation, de création et elle imite le modèle masculin en cours qui est un modèle de dominateur. En devenant dominante à son tour elle reste coupée de sa dimension d'amour. Elle est toujours dans la peur vis-à-vis de l'homme, elle le manipule habilement, elle le méprise aussi secrètement. C'est la femme fatale décrite par les auteurs du XIXe siècle mais c'est aussi la femme de notre époque qui occupe des postes de responsabilité. À juste titre ces femmes font peur à beaucoup d'hommes qui sentent en elles une menace de castration.

Paradoxalement les hommes qui vont les chercher sont des hommes eux-mêmes en pleine mutation, qui ont abandonné le modèle patriarcal, qui se cherchent une nouvelle identité et qui sont par là même affaiblis. Ils sont eux aussi dans une phase évolutive, ils intègrent en partie leur femme intérieure mais le modèle extérieur est une femme malade de la civilisation, complexée et à moitié engloutie.

Le couple lunaire est donc formée de deux êtres en pleine transformation mais qui retombent dans le piège dominant-dominé.

Le couple androgyne : le couple solaire/lunaire

Le couple solaire-lunaire réunit deux êtres déjà évolués ; l'homme est passé de sa composante extérieure solaire à une composante intérieure lunaire et féminine. C'est *l'homme lunaire.* La femme est passée de sa composante extérieure lunaire à une composante intérieure solaire et masculine. C'est *la femme solaire.* Ce processus de complétude individuelle est en cours et il correspond au mythe de l'androgyne.

Ce couple solaire-lunaire qu'on pourrait aussi appeler couple androgyne réunit deux êtres qui ont pris conscience d'eux-mêmes et de leurs besoins, qui tentent de s'aimer eux-mêmes tout en aimant l'autre. Il semble que notre époque permet ainsi l'émergence d'un modèle de couple qui ouvre une trame de paix entre le masculin et le féminin. Il serait très intéressant de pouvoir chiffrer combien de couples se considèrent comme étant entrés aujourd'hui dans ce nouveau modèle. La guerre millénaire des sexes chercherait-elle une voie d'apaisement à travers des sensibilités nouvelles ?

Il faut reconnaître que jamais l'homme et la femme n'ont disposé d'aussi bonnes conditions de rencontre par la multiplication des terrains de rencontre et des goûts communs. Les deux sexes ne vivent plus dans des cercles séparés mais peuvent pratiquement tourner sur le même cercle d'activités et de loisirs s'ils le désirent. L'homme et la femme ne se ressemblent pas, ils gardent toutes leurs différences mais ils jouent davantage ensemble, ils se comprennent davantage, ils ont moins peur l'un de l'autre. Ils sont amis et amants et on n'a pas encore assez réfléchi sur l'importance de cette amitié, de cette confiance éventuelle qui s'établit quand on sort du biologique et qu'on s'élève vers plus de conscience.

On pourrait dire que les générations actuelles des vingt-trente ans bénéficient d'un meilleur climat général et que leurs aînés qui ont formé des couples androgynes sont une petite minorité. Mais rien ne garantit pourtant l'évolution de ces jeunes couples qui n'ont pour seul guide qu'une sorte d'instinct du bonheur. Ils se connaissent très peu eux-mêmes et ne disposent d'aucune information pour se diriger individuellement et en tant que couple. Ils vont bricoler en aveugles et rencontrer bien des obstacles à leur entente. Les combats et les souffrances vont ressurgir malgré les bonnes dispositions du départ. La conscience et l'évolution sont nécessaires pour la constitution d'un véritable couple solaire-lunaire.

Les caractéristiques de ce nouveau modèle

Les deux partenaires sont *solitaires* et *solidaires*, ils vivent une complicité complémentaire sans rechercher une fusion névrotique. Ils cultivent l'art de rester indépendants tout en étant unis à l'autre.

La rencontre des corps s'accompagne d'une rencontre des âmes. La tension érotique s'accompagne d'affinités esthétiques, de complicités de cœur et d'esprit. Toutes les joies sensuelles et culturelles sont redoublées par la présence de l'autre. Il ne s'agit plus de conquête ou de combat mais d'ouverture des cœurs et de fusion des âmes. Cet art de vivre à deux dans l'intimité et la complicité n'épuise pas la relation sexuelle ; dans la mesure où l'autre reste une liberté qui se transforme, dans la mesure où rien n'est acquis, la rencontre reste vivante. L'intériorité et l'authenticité qui s'engagent dans l'acte d'amour s'approfondissent et se diversifient à l'infini. Il n'est pas question de perdre tout désir pour son partenaire parce qu'on l'a « possédé » et que la tension accumulée dans l'attente s'est dispersée. Le couple androgyne cherche des accords intimes et subtils qui s'inscrivent dans la durée, il explore toutes les composantes de la bipolarité et joue alternativement de l'activité et de la passivité.

Dans cette symbiose du couple vécue parfois étroitement, amour de soi et amour de l'autre s'emboîtent et dialoguent. La connaissance de soi et le désir d'aller jusqu'au bout de soi-même, d'explorer ses limites, font partie de la relation. La notion de sacrifice s'évacue. Chacun cherche un épanouissement personnel aussi complet que possible et une autonomie intérieure qui lui ferait préférer la solitude à un compromis castrateur. On ne fait plus passer l'autre avant soi mais avec soi.

Les enfants sont une continuité créatrice pour le couple mais non pas l'acte créateur de base. On ne reste plus ensemble par habitude ou « pour les enfants » mais parce qu'on est heureux ensemble.

La réussite d'un tel couple demande d'investir beaucoup d'énergie dans la relation, de la considérer comme une œuvre à part entière, d'y apporter de l'attention, de l'imagination, de la créativité au quotidien. En retour, les deux partenaires découvrent non sans un certain émerveillement le bonheur d'une fraternité d'où le désir n'est pas exclu, d'une symbiose qui satisfait le désir toujours latent d'une fusion première. On peut materner l'autre sans despotisme et se laisser materner sans abus. Savoir recevoir et savoir donner. Tous les jeux sont permis à condition de rester des jeux, des situations en mouvements dans lesquelles on peut entrer et sortir.

La femme solaire et l'homme lunaire ont l'un pour l'autre tous les visages de l'amant-amante, père-mère, fils-fille, etc.

Ce couple androgyne constitue le pilier de base sur lequel peut s'édifier une civilisation éclairée. Il est notre responsabilité et notre chance.

Comment utiliser ces six stades du couple, comment accélérer par cette connaissance notre propre évolution ?

En se situant de manière aussi honnête que possible dans le tableau, en demandant aux autres comment ils vous perçoivent, en prenant conscience des stades dans lesquels on patine, en définissant l'objectif à atteindre et les moyens d'y parvenir, en suivant des stages de thérapie ou de développement personnel sur ce sujet, en répondant à la question : comment ai-je appris à aimer dans mon enfance ?

Que se passe-t-il quand une femme solaire rencontre un homme dominant, quand un homme lunaire rencontre une femme soumise ? Il y a bien des cas de figure à explorer. Le voyage ne fait que commencer. Amusez-vous à entrer dans les arcanes et les dédales du jeu masculin-féminin. Amusez-vous à vous reconnaître à chaque stade et reconnaître ceux qui vous entourent, aidez-les à se comprendre, apprenez à rire de vos mésaventures, à repérer vos niveaux de comportement. Tout est possible, même le meilleur.

Le grand passage

Pendant les trois premières étapes, matriarcale, patriarcale, conflictuelle, nous avons vu que nous sommes manipulés par la survie, la peur, le rapport de forces à l'autre et notre civilisation actuelle est en grande partie encore immergée dans ce niveau de conscience. Comment sortir de la lutte, de la guerre et du conflit ? Chaque fois qu'un individu passe cette frontière il apporte une aide invisible à la société. Le passage est difficile pour chacun à cause du poids collectif.C'est le verrou majeur.

Ce qui se joue ici c'est le problème de la projection

sur l'autre. Quand on cesse de déléguer la responsabilité de son être sur quelqu'un, on reprend la responsabilité de la relation. On cesse d'être manipulé par ses insatisfactions, on cesse de considérer que les choses nous sont dues et qu'il faut les réclamer. Le psychisme du bébé ou de l'esclave repose sur la revendication, celui de l'adulte et du maître sur la création, l'affirmation : je veux et je peux.

Dans l'affectif certaines personnes ne font jamais ce passage et restent prisonnières d'une attitude de dépendance. L'autre devient le support d'une insatisfaction permanente, il est celui qui ne donne pas ou pas assez, il est le mauvais et je suis le bon. De manière systématique et sans m'en apercevoir, je projette à l'extérieur tout le négatif. Je me blanchis par là même ou je crois le faire. En réalité je n'assume que la moitié de moi-même. Plus je projette sur les autres, plus je me coupe de ma partie d'ombre, moins je me connais et moins je me maîtrise. La notion du péché et son poids de culpabilité sont directement reliés à ces mécanismes de projection. L'exclusion du mal au profit du bien introduit une séparation dans l'existence. Spontanément je me réserve le bien et je fais incarner le mal à mon voisin. La guerre commence. La solution consiste à adopter sa part d'ombre, à savoir qu'à chaque instant nous sommes une chose et son contraire, bon et méchant, généreux et égoïste, etc. À partir du moment où je m'autorise sans culpabilité à prendre conscience de mon ambivalence, je deviens un être de tolérance, je n'ai plus de guerre à mener. Cette transformation si simple à énoncer se révèle un grand moment dans une vie. Sans doute faudrait-il apprendre ces éléments de conduite aux enfants dès l'école maternelle. À l'heure actuelle les relations implicites sont basées sur le dominant-dominé et sur l'exclusion. À mesure qu'un être développe son acceptation de lui-même et de l'autre il ouvre son cœur. Les personnes qui sont engagées dans une recherche oscillent souvent entre le plexus et le cœur. Elles n'ont pas compris clairement ce mécanisme de projection ou ne l'ont pas intégré au quotidien. Dès que cette leçon s'applique la vie change radicalement, le niveau de conflit chute parfois définitivement. Toute relation paisible avec soi-même et avec l'autre passe par cette compréhension. La logique d'exclusion laisse progressivement place à l'instauration d'une logique du paradoxe. Comment gérer le paradoxe, comment assouplir sa pensée et sa vie ? C'est une entreprise à la fois immédiate et de longue haleine. En étant attentif à soi-même on découvre à quel point on maintient un niveau intérieur de tension, d'hostilité — à soi-même, de résistance au monde extérieur et à l'inconnu. Je suis à moi-même mon propre tyran et tant que ce tyran n'est pas chevauché, il se conduira dans un rapport dominant-dominé avec les autres. Dans la logique d'exclusion, si je sers la loi du père, je sers aussi la rationalité, si je sers la loi de la mère, je privilégie l'irrationalité. En acceptant à la fois ma dépendance et mon indépendance, je laisse la place à la reconnaissance mutuelle de l'autre. L'exploration de cette logique du paradoxe est encore à vivre, à comprendre, à écrire. Plus papa et maman sont enregistrés comme deux polarités intégrables sans s'exclure, plus l'enfant a de chance d'accéder facilement en lui à cette logique du paradoxe malgré la pression sociale d'un consensus collectif qui entretient la dualité. Papa et maman tous deux puissants et respectueux l'un de l'autre, les polarités masculines et féminines valorisées également dans leur différence, tels sont les fondements d'une éducation saine. Le petit garçon pourra devenir homme sans renier la féminité de sa mère et intégrer sa femme intérieure. La petite fille pourra devenir femme sans lutter contre l'image de sa mère et sans développer de besoins compulsifs à l'égard de l'homme, elle intégrera tranquillement son homme intérieur. L'accueil des contraires à l'intérieur de soi est la garantie de ne pas tomber dans l'écueil du conflit des contraires, dans la transformation du besoin de l'autre en dominant de l'autre.

Dans la mesure où les rapports de société ont construit des identités masculines et féminines non seulement définies et séparées mais antagonistes, elles ont introduit dans le psychisme humain un terrible clivage.

Dans la mesure aussi où les idées sont devenues des instruments de domination, elles ont reçu un statut d'absolu, mystificateur pour l'être. Les idées ne sont pas perçues comme des croyances relatives, des opinions momentanées, mais comme des vérités. Ce que je perçois de l'autre devient vrai dans un tel fonctionnement. Je ne distingue plus entre mon fantasme de toi et la personne réelle. Je confonds la mauvaise mère de mon histoire avec ma mère réelle. Cette confusion, cette absence de distance à l'intérieur de moi me livre tout entière à la souffrance de mes créations destructrices sans que je puisse les identifier comme mes créations. L'observation neutre de la conscience capable de ne pas s'identifier avec ses idées disparaît et aura beaucoup de mal à se rétablir. Le poids du sérieux mis sur le malheur d'être reste le grand obstacle à l'allégement de la condition humaine actuelle. Les pionniers de la transformation personnelle découvrent cette conception de l'équilibre par lequel aucun pôle ne domine l'autre, cet équilibre qui soutient le paradoxe et développe l'observateur neutre à l'intérieur de l'être.

Une civilisation androgyne

Nous avons expérimenté au cours des âges une civilisation de la mère, puis une civilisation du père, nous arrivons au moment où nous cherchons à mettre en place quelque chose de nouveau qui naisse d'une collaboration sans précédent entre l'homme et la femme. En devenant davantage bipolaire, chaque sexe crée aussi un modèle qui n'a jamais existé pleinement dans l'histoire. Nous sommes au seuil d'une civilisation androgyne.

Pour certaines formes d'esprit, l'emploi de ces termes est une provocation. L'androgyne renvoie à l'unité primordiale, et le propre de l'incarnation terrestre — et peut-être sa malédiction — est justement de se situer dans le binaire. Comment puis-je considérer que le mythe puisse s'incarner, descendre de son statut éternel et irréalisable ? En d'autres termes comment puis-je placer et espérer sur terre un bonheur qui était censé se situer dans un au-delà ? Oui, le paradis est sur terre, la spiritualité est joyeuse, innocente, au-delà du bien et du mal. La conscience sait la sagesse. Chaque humain peut retrouver en lui cette voix intérieure, ce centre qui lui donne accès aux deux polarités masculines et féminines de son être. L'androgynat intérieur représente le cœur-pétale de chaque être. Il ne s'atteint pas au terme d'une longue ascèse, il est là disponible à partir du moment où la conscience le sollicite. Il est une complétude et un équilibre personnel à partir duquel l'amour de l'autre est possible. Autrement dit encore *le premier couple que nous formons est un couple avec nous-mêmes sur le plan intérieur et c'est à partir de cette réalisation que nous pouvons réussir un couple extérieur.* Jusqu'à présent on nous a laissé entendre le contraire. Nous cherchions à vivre à deux parce que nous étions incapables de nous suffire à nous-mêmes. Nous étions maudits, chassés du paradis terrestre et il nous fallait vivre dans l'illusion de l'amour pour nous distraire de notre vide. Une tout autre conception se fait jour. Je suis responsable de mon amour de moi-même, je suis le créateur de mes pensées, de mes sentiments, de mes états, je suis à l'écoute de mon maître intérieur, je suis habitée par une énergie de vie qui se manifeste, au sexe, au cœur et dans l'esprit. Je suis Amour. L'amour n'est pas extérieur à moi et je ne dépends de personne pour être. Je suis en contact avec l'immense réservoir d'amour qui circule dans la nature, les animaux, les humains. À partir de cet enracinement dans mon être je peux commencer à rencontrer les délices infinis de l'amour avec l'autre. Un couple équilibré est donc composé de deux êtres androgynes qui expérimentent une sensibilité, une fluidité, une transparence, une délicatesse d'approche. La sexualité n'est plus vécue comme une décharge orgasmique de l'excitation mais comme une source d'épanouissement sensuel et spirituel. Cette transformation en cours est très importante. Il y a toujours eu des élites raréfiées qui ont accédé à ce niveau mais notre époque présente des conditions entièrement nouvelles pour que ce qui était l'exception devienne la règle. *Le sens du couple passe par les sens. Les sens donnent accès à l'essence.*

La rencontre de deux individualités ne peut se faire sans que l'un au moins ait réalisé une unité intérieure. Pour qu'une rencontre ne soit pas une simple addition il faut que se forme une unité supérieure. Le Un va vers le deux pour l'accès à une unité plus vaste.

La rencontre des corps conduit à l'effleurement des âmes.

Il n'y a rien de plus troublant, de plus exaltant que de ressentir une parenté d'âme avec un autre être, avec plusieurs autres êtres. Le temps et l'espace se creusent et s'agrandissent comme si d'autres images et d'autres vies voulaient parler. Une musique d'infini se met à vibrer et nous sentons que nous approchons du mystère sans pouvoir le toucher ni le saisir. L'instant a la qualité duveteuse du rêve. Il y a des yeux dans lesquels l'âme affleure et la rencontre prolongée des regards est sans doute l'une des occasions de ressentir plus profondément l'autre. Les amoureux le découvrent d'instinct mais la plupart des gens perdent ce bonheur, l'oublient, se sentent nus et apeurés sous le regard de l'autre et n'osent plonger dans ce miroir par peur de leur propre reflet sans penser à regarder au-delà. Posé tranquillement dans ce lieu intérieur où je m'accepte, je peux aller à ta rencontre dans une ouverture, une acceptation totale. Je t'aime comme tu es. Je te donne tout l'espace dont tu as besoin pour expérimenter encore et encore les formes de la vie.

Cet amour inconditionnel permet aussi la rencontre avec l'essence de l'être. Comment définir cette essence ? Elle participe d'une demande intérieure qui se répète tout au long d'une vie, comme un son qui resterait dans la même tonalité et qui ne ferait que se moduler. Cette reconnaissance donne aux liens une subtile profondeur de qualité intemporelle.

Aventures et traversées du couple

Le couple
comme école de liberté

BERNARD BESRET

Le monde contemporain a tendance à penser la réalité à partir d'une logique binaire. L'informatique qui y occupe une place de plus en plus grande est d'ailleurs fondée sur ce type de logique qui l'amène à traduire aussi bien les informations, les images que les sons en numérique, *c'est-à-dire selon un codage en 0101, oui-non-oui-non. De plus en plus, nous sommes amenés à répondre à des questionnaires par un choix réducteur entre le oui et le non. Cela finit par s'imposer comme mode de pensée. Le bien s'oppose au mal, le vrai au faux, le bon au mauvais, etc.*

La logique binaire du couple

À vrai dire, cela n'est pas nouveau en Occident. Au temps de l'Inquisition, les princes de l'Église sommaient leurs victimes déclarées hérétiques de répondre par oui ou par non aux multiples questions dont ils les assaillaient. Jamais n'apparaissait la possibilité d'un troisième terme. Cela appartient à un passé qui semble révolu. Et pourtant, il y a à peine vingt ans, j'ai encore rencontré, lors de conférences ou de débats, des interlocuteurs qui, sur des questions dogmatiques, me sommaient encore de répondre par oui ou par non.

C'est dire que le binaire nous traque de toutes parts et que nous devons être vigilants pour ne pas nous laisser prendre à son piège. Je crois même que l'on peut dire que l'un des critères de discernement sur le chemin de la spiritualité, l'une des pierres de touche de l'authenticité de la démarche entreprise, c'est justement qu'au-delà du binaire elle fasse appel à une logique ternaire.

Alain Dunan, qui se réfère toujours aux travaux de Xavier Sallantin, est sans aucun doute, parmi mes amis, celui qui m'a le plus alerté sur cet aspect des choses. Il a d'ailleurs écrit un livre entier sur le problème du couple envisagé dans cette perspective ternaire, livre auquel il a donné pour titre, à la fois subtil et équivoque, *L'Un contre l'autre,* c'est-à-dire, à la fois *l'un tout près de l'autre* et *l'un opposé à l'autre.*

Au-delà de la dia-lectique, il nous faut donc accéder à la tria-lectique. Celle-ci s'appuie sur le fait fondamental, que nous pouvons vérifier dans notre expérience de tous les jours, que des forces apparemment contradictoires ne sont pas en réalité des forces opposées l'une à l'autre, pas même complémentaires (au sens où plus il y aurait de l'une, moins il y aurait de l'autre). Non, dans la réalité elles interagissent l'une sur l'autre de telle manière que la croissance de l'une conditionne, ou tout au moins appelle pour être source de vie, la croissance de l'autre.

Rien par exemple ne semble plus contraire à la fission que la fusion. Et pourtant, que ce soit dans le modèle actuellement proposé de la formation de l'univers ou que ce soit dans le phénomène de l'éclosion de la vie, nous constatons que la fission ne porte des fruits que si elle intervient au cœur même d'une force de fusion. L'univers ne peut s'appeler ainsi (*uni-versum :* c'est-à-dire « tourné vers l'unité ») que parce qu'une force d'unité (qui se traduit par les différentes catégories de gravitation dont parlent les physiciens) joue avec la force d'explosion initiale pour maintenir le tout dans l'unité d'un univers globalement en expansion et localement en voie de complexification.

De même, la cellule qui va donner lieu à la naissance d'un enfant est soumise à un travail fantastique de division et de multiplication, mais s'il n'y avait pas la force unitaire de l'organisme qui est en train de s'élaborer, nous n'assisterions qu'à la démultiplication de cellules autonomes. En fait, nous sommes tous le fruit de ce travail incessant de la multiplicité à l'intérieur de l'unité, de la fission au sein de la fusion, de l'ouverture au cœur du retour sur soi, de la dispersion au cœur du recueillement. Plus cette fécondation s'accomplit, plus l'être qui en émerge se complexifie. C'est ainsi que s'élabore l'organisme vivant susceptible d'être le sujet d'une conscience éveillée.

Il s'agit bien d'une logique ternaire, car du travail des deux forces opposées l'une sur l'autre, de leur devenir l'une de l'autre, surgit un troisième terme qui, dans les exemples que nous venons de prendre, sont l'univers pour le premier et l'être vivant pour le second.

Pour être réussie, la vie d'un couple doit, à mon avis, être la résultante de ce type de dynamisme.

D'un côté, nous avons en effet affaire à deux individus, doués chacun d'une pleine autonomie et donc susceptibles de vivre des expériences propres à chacun d'eux. De l'autre, nous avons leur volonté de constituer l'unité d'un seul couple. D'un côté, la tentation de l'éclatement, de l'éparpillement, de la séparation. De l'autre, l'aspiration à la communion, au resserrement des liens, à la constitution d'une cellule fortement fusionnelle. Si l'une ou l'autre de ces tendances l'emporte de manière décisive, nous pouvons pronostiquer soit la mort du couple (par explosion), soit celle des personnes qui le composent (par étouffement). Le couple ne peut vivre que si, simultanément et par un va-et-vient subtil, l'ouverture aux expériences de l'un et de l'autre s'accomplit au sein d'une puissante intention unitaire. Plus le couple est sûr de son unité, plus il peut s'exposer à des situations qui pour d'autres seraient synonymes de séparation ou de divorce. C'est un peu comme un élastique. Si l'on tire trop violemment dans deux directions opposées, il risque de craquer. Mais s'il n'est pas soumis à ces forces d'extension, il se resserre sur lui-même au risque d'étrangler ceux qu'il enserre dans son emprise. Dans un cas comme dans l'autre, le résultat est une forme de mort.

La vie, elle, est le résultat d'une respiration douce de la multiplicité, toujours accrue des expériences, dans l'unité, toujours renforcée, d'une volonté de vivre ensemble. Je voudrais pouvoir citer la chanson de William Sheller sur *les gens qui s'aiment* qui paraissent toujours un peu cruels, parce qu'ils vivent dans leur bulle, étrangers à ce qui se passe autour d'eux. Ils vivent sans doute une forme de béatitude, mais c'est la béatitude de la mort qu'aucun échange avec l'extérieur ne vient plus nourrir et enrichir.

Dans la réalité, cette phase de fusion n'est que rarement durable. Très vite le couple est affronté à la revendication de l'un ou l'autre de ses membres (ou des deux à la fois) à plus d'autonomie, à la possibilité de croître au-delà du carcan imposé par une vie à deux trop exclusive. C'est alors que la trialectique doit se mettre en œuvre pour permettre à chacun de croître et de se développer, de vivre des expériences personnelles qui viennent non pas menacer mais enrichir la vie à deux. Il s'agit de tirer tout doucement sur l'élastique et de le laisser revenir à sa position de départ pour que progressivement il desserre son étreinte tout en maintenant la cohésion du couple. Cela suppose du doigté, de l'écoute, du respect de l'autre, de la confiance mutuelle. Bref, cela suppose un véritable amour.

Cela fait penser à la gestation du papillon dans sa chrysalide. Le couple devient alors le lieu privilégié où se cherche et s'expérimente l'éveil d'une véritable liberté intérieure. Une sorte de laboratoire de la vie spirituelle dans ce qu'elle a de plus exigeant.

N'est-ce pas notre vocation d'êtres humains que de nous ouvrir toujours davantage à la multiplicité des êtres, tout en restant un seul être ? Ne sommes-nous pas tous appelés à réaliser en nous-mêmes l'unité (ce qui est étymologiquement la démarche du moine, *monos*), mais une unité ouverte et non repliée sur elle-même ? Dans cette perspective, le couple devient un laboratoire où l'on apprend à devenir pleinement soi-même tout en respectant l'unité du couple. Un couple qui s'adonnerait exclusivement à la passion de la fusion irait inéluctablement vers l'étouffement, la mort par asphyxie. Il constituerait un micro-univers carcéral. Inversement, un couple dont chacun des partenaires aspirerait à être totalement indépendant et jouerait son propre jeu, sans se préoccuper ni du jeu de l'autre ni du jeu de leur commune aventure, ne tarderait pas à se dissoudre.

Le couple est le troisième terme qui résulte de cette interaction constante de l'autonomie, de la différence, voire de la divergence sur l'unité librement choisie. Il est le fruit d'une gestion intelligente d'une certaine forme d'affrontement. D'un conflit qui, au lieu de tout faire éclater, permet d'engendrer plus de vie, plus de liberté pour chacun et, en définitive, plus de richesse partagée pour le couple.

Utopie que cette vision trialectique du couple ? Sans doute.

Mais ne nous faut-il pas toujours aspirer à quelque utopie si nous voulons avancer ?

À mon avis (qui n'est pas celui d'un spécialiste), la vision taoïste de la complémentarité du Yin et du Yang ne doit pas être interprétée de façon simpliste dans une logique purement binaire. Je pressens qu'il s'agit d'une logique plus subtilement ternaire et que la multiplicité des êtres (troisième terme) ne résulte pas de la seule complémentarité du Yin et du Yang mais bien plutôt de leur mutuelle fécondation. Chacun d'entre nous en est déjà le fruit et le couple met en œuvre une équation encore plus complexe puisqu'il s'agit de la fécondation de la synthèse Yin-Yang de l'un avec la synthèse spécifique de l'autre. Quand il y a reconnaissance de ces polarités dans toutes leurs nuances, alors s'opère le miracle de la réciprocité (qui dépasse de loin le simple « coup de foudre »), miracle de l'ouverture vers de nouveaux possibles, vers de nouvelles formes de vie. Ce mystère peut s'accomplir dans la procréation mais il peut aussi s'accomplir dans d'autres domaines. Il existe de nombreuses formes de fécondité : intellectuelle, artistique, spirituelle. Dans tous les cas, il appelle l'émerveillement et l'action de grâce. Il procure le bonheur profond de la juste articulation.

Vie de couple ou vie monastique

J'ai fait allusion à la vie monastique et il convient peut-être de pousser plus loin le rapprochement entre la vie de couple et la vie monastique. Celle-ci est, comme son nom même l'indique, recherche de l'unité intérieure. Dans la tradition chrétienne, comme d'ailleurs dans la plupart des traditions, cela passe par une certaine distance prise à l'égard de l'argent et des biens terrestres (vœu de pauvreté), à l'égard du pouvoir et du désir de domination (vœu d'obéissance) et enfin à l'égard de la vie sexuelle et affective (vœu de célibat ou de chasteté, selon la manière dont on le présente).

Est-ce à dire qu'il existe une morale qui réprouve la possession des biens terrestres, l'exercice du pouvoir ou l'établissement de liens affectifs et sexuels ? Je ne le pense pas. Je crois que tout est dans la qualité du regard, que tout est dans la qualité d'être de celui ou de celle qui pose une relation aux êtres et aux choses.

La distanciation est nécessaire pour apprendre à se déprendre des êtres et des choses, pour s'entraîner à devenir sans attache. Elle est démarche pédagogique, non une fin en soi.

La finalité, c'est de parvenir à cette pureté du regard qui traverse le réel pour parvenir jusqu'au réel ultime, à cette intensité du regard qui transfigure toute relation.

Il paraît que Maître Eckart disait : « Ce ne sont pas nos actes qui nous sanctifient, mais nous qui sanctifions nos actes. » C'est donc la qualité de l'être qui nous habite et qui nous informe de l'intérieur qui confère à nos actes leur qualité réelle. Que ce soit donc dans le célibat ou la vie de couple (et sans doute dans bien d'autres modèles), que ce soit dans le plus grand dénuement ou dans l'usage éclairé des biens mis à notre disposition, que ce soit dans le désert de toute relation ou au contraire dans une vie sociale aux innombrables facettes, ce qui compte avant tout, c'est la qualité d'être, la qualité de conscience avec lesquelles nous vivons. Qualités qui consistent à savoir s'effacer devant ce qui nous fonde, nous traverse de part en part, mais aussi nous dépasse parce qu'il est d'un autre ordre.

Célibat ou vie de couple ne s'opposent donc qu'en apparence. Nous sommes, dans un cas comme dans l'autre, dans le champ des possibles, mais l'essentiel reste ailleurs.

Vivre la sexualité comme un acte de pureté

Jusqu'à des années récentes, la sexualité a été vécue en Occident sous le mode soit de la soumission aux codes moral, social et religieux, soit sous le mode de leur transgression. Une approche historique de la question fait penser qu'il s'agissait avant tout de canaliser les énergies sexuelles vers la procréation qui, compte tenu du contexte hygiénique, médical et militaire de l'époque, était absolument vitale pour la survie des peuples. Tout autre usage étant alors perçu comme un crime sinon contre la survie de l'espèce, du moins contre celle du peuple bien précis auquel on appartenait.

Il en est résulté une vision extrêmement réductrice de la sexualité et la mise en place systématique de comportements répressifs. Cela s'est souvent traduit par une pression sociale qui a d'ailleurs alimenté, par les drames qu'elle provoquait, toute une partie de la créativité romanesque des siècles passés. Mais cela se traduisait encore plus profondément par une pression morale dans les esprits qui pouvait atteindre une extrême violence, compte tenu du caractère très intime du domaine concerné.

Au cours du XXe siècle, la société occidentale, par des assauts répétés, a en partie réussi à vaincre tous ces tabous d'un autre âge. Elle risque, par contrecoup, d'avoir terriblement banalisé la sexualité et d'avoir ainsi privé les hommes et les femmes d'un moyen privilégié d'exprimer leur sensibilité. Pour restituer à la vie sexuelle toute sa force et sa grandeur, point n'est nécessaire de revenir aux tabous ancestraux. Mieux vaut au contraire prendre conscience de la dimension cosmique et spirituelle du mystère qui s'accomplit lorsque deux êtres qui s'aiment se rencontrent. Ce sont en effet les forces de la création (dans toutes ses dimensions) qui se reconnaissent et se fécondent. C'est le moment du dépassement de soi pour accéder à la communion avec l'autre et, à travers lui, avec le monde entier.

Ce que je sais de certaines traditions orientales me fait penser qu'elles ont une vision beaucoup plus exaltante de la sexualité, y compris lorsqu'elles recommandent l'abstinence car alors celle-ci n'est pas présentée comme un non-exercice de la sexualité, comme un renoncement pur et simple, mais bien comme l'utilisation de la puissance sexuelle comme instrument d'une transformation des énergies corporelles pour une fécondation intérieure.

Nous avons trop souvent pensé notre corps et son activité sexuelle sous le mode de l'impureté. Le temps est venu de convertir notre regard, d'exorciser nos préjugés moraux et religieux et de vivre notre corps et sa sexualité sous le mode de la pureté.

Juliette, Roméo, Isis, Osiris Tristan, Yseult, Philémon, Baucis et les autres...

ENTRETIEN AVEC JACQUELINE KELEN*

La vie de couple, confondue avec le « grand amour », est recherchée par la plupart comme une solution miracle, un rêve à réaliser qui fera disparaître toutes nos angoisses fondamentales, métaphysiques. Qu'en pensez-vous ?

Personnellement, je n'ai jamais imaginé le couple comme un cocon ou un rempart contre toutes nos peurs, nos doutes et nos angoisses. La maturation commence lorsqu'on se retrouve seul face à soi-même ; personne — pas même la personne aimée — ne peut servir de dérivatif, d'excuse à cette rencontre avec soi qui est la première et fondamentale. Personne ne peut faire l'économie de cette étape, qui conditionnera justement notre relation avec les autres, et avec l'autre dans un couple.

C'est vrai que la solitude est difficile, intense et absolue, mais c'est elle notre véritable centre, notre liberté fondamentale. Dans la solitude, je ne projette plus sur l'autre, je ne m'en remets pas à l'autre, je suis renvoyée au profond et à la vérité de mon être, sans

* Entretien réalisé par Nathalie Calmé.

illusion et sans complaisance, et à ma capacité d'aimer, de donner, de partager.

Quand on passe directement d'une vie de famille, auprès de ses parents, à une vie de couple, le danger est inévitable de reproduire des schémas de sécurité et de protection qui sont illusoires. L'individu est toujours accompagné, entouré, il n'existe pas pour lui-même, il ne connaît ni sa soif, ni son véritable désir, ni sa liberté. Or, seul un être vraiment libre connaît le prix de l'engagement, est capable de s'engager, par exemple en construisant un couple.

L'aventure d'un couple n'est donc pas rassurante, confortable ?

Ah non ! C'est un voyage qui ne peut laisser indemne aucun des deux, cela dérange, bouscule, bouleverse. Je ne crois pas à une harmonie préétablie entre deux individus, c'est une œuvre de longue patience, de beaucoup d'amour, de multiples réajustements, et de grand pardon. Le couple peut apparaître ainsi comme un chemin de sainteté, de dépouillement, de remise en question totale de soi, un chemin de grande vigilance...

Mais nous portons en nous un tas de mythes dont nous sommes prisonniers, des clichés tels que « l'amour toujours », « le couple solide », « l'homme de ma vie », « l'amour fort comme la mort »... Nous prenons volontiers la rencontre amoureuse pour un état déjà réalisé, un don pleinement mûri, alors qu'au contraire cette rencontre, qui illumine un instant, n'est encore qu'intuition et promesse d'un long chemin, début d'un apprentissage et d'une connaissance réciproques. Dans l'état amoureux, on est passif, on est rêvé, on se laisse faire, tandis que dans l'amour qui mène à vivre en couple on devient impliqué, responsable et actif : il s'agit de construire ensemble ; il y faut beaucoup de respect, beaucoup de finesse, et une foi immense — ou un humour gigantesque — pour continuer au-delà des crises, des conflits et des malentendus.

L'amour dans un couple n'est ainsi jamais acquis ?

Il est ce désir de cheminer, d'évoluer, de se transformer ensemble. C'est un désir de continuité. Mais la joie amoureuse, les affinités, les goûts communs et l'étreinte des corps permettent de continuer sur une voie qui paraît souvent difficile et l'embellissent, la fortifient.

Si un homme et une femme décident d'être en couple seulement pour vivre ensemble, se réchauffer, se rassurer, voire procréer, l'amour est pour ainsi dire tué dans l'œuf. Pour moi, dans un couple, nous sommes trois : il y a la femme, l'homme, et Dieu ! Si l'on omet ce troisième Acteur, il n'y aura pas création, pas d'amour sublime, pas de voie royale. D'autre part, on ne peut oublier qu'un couple de qualité (ou exceptionnel) requiert deux êtres de qualité (ou exceptionnels). Vérité dure à entendre pour nos oreilles bercées de chansonnettes.

Quels sont les mythes du couple, qui soit nous enferment soit nous inspirent et nous permettent une nouvelle émergence ?

Nous projetons sur le couple des images culturelles et conventionnelles, véhiculées par les mythes, les légendes, la littérature, et aussi par les schémas sociaux et les médias : couple passionnel, fusionnel, amour fatal, cruel ou fraternel, quête narcissique, relation de pouvoir ou de miroir, rêve romantique, tentative d'androgynat... On citera en vrac : Roméo et Juliette, Jane et Tarzan, Tristan et Yseult, Viviane et Merlin, David et Bethsabée, Héloïse et Abélard, Isis et Osiris, Shahriyar et Schéhérazade...

De fait, il convient de faire une distinction entre couple et histoire d'amour. La grande majorité des mythes relate des histoires d'amour — tragiques, émouvantes, flamboyantes — et nous pensons les incarner dans une vie de couple au quotidien. Ces grands mythes de l'amour, ces passions intenses, entravées, souvent mortelles, sont plutôt éloignés d'un contexte conjugal où la durée, la confiance, la réalité, le dialogue et l'amitié sont souverains. Ce n'est pas le même climat ici et là, ce n'est pas la même énergie qui est à l'œuvre dans l'un et l'autre cas. Et sans doute faut-il choisir entre l'une et l'autre histoire, entre une passion et une vie de couple. Notre erreur est sans doute de nous entêter à vouloir couler l'amour (insaisissable, apatride, enfant de bohème) dans le moule du quotidien et le couler en bronze durable ; notre erreur persistante, que nous chérissons tant, est de vouloir vivre l'exaltation, le vertige et l'idéalisation propres à l'Amour, dans un projet concret, réaliste, durable, quotidien ; bref, de vouloir acclimater, sédentariser cet éternel Nomade.

Pouvez-vous préciser la nature de ces deux climats différents ? Sont-ils vraiment inconciliables ?

Spontanément, comme ça, je dirais : le couple évoque les valeurs de respect, de clarté, de construction, de confiance, de durée, de confrontation à la réalité, d'indulgence et de tolérance, d'harmonie, de paix, de bienveillance, de soutien, de compromis et de pardon ; cela passe par la dés-idéalisation de l'autre, l'humilité personnelle, et la démythification de l'Amour.

Le climat de l'amour est variable et imprévisible, il est fait d'intensité, d'émotion, de manque, de rêve et de folie, de séduction et de ferveur, d'exigence et d'intolérance, de douleur et de joie, de désespoir et d'étonnement ; il est imprévu, inattendu, discontinu, apatride, toujours en danger, toujours au bord de la perte et de l'abîme, toujours blessé, inconsolable, plein de ténèbres et fou de lumière...

Ces deux climats me semblent assez incompatibles et il paraît quasiment impossible à un mortel de conjuguer intensité et durée, exaltation et continuité. Ce qui est possible, en revanche, mais déjà très difficile, c'est de sauvegarder à la vie de couple cet esprit nomade, cet esprit de voyageur insatisfait, ce regard à la fois créatif et émerveillé. La véritable liberté dans un couple, ce serait de garder fraîche et vigilante notre capacité de nouveau, ainsi que notre regard sur l'autre ; ce serait d'abord éviter la rigidité des normes et des conventions, tout ce que la société, la famille ou la religion projettent sur le couple « normal », sur le « couple-qui-s'aime » ; ce serait balayer les schémas rassurants, faits pour l'ordre social et la bonne conscience collective.

Quels sont ces schémas, ces passages obligés ?

Un couple est toujours ensemble, il sort ensemble, il reçoit ensemble. Deux personnes qui s'aiment vivent quotidiennement ensemble sous le même toit, partagent la même chambre et le même lit ; ils prennent leurs vacances ensemble, au même moment... Bref, ils forment une « entité » indestructible dans la mesure où explose l'originalité de chacun, où abdique l'individualité de chacun, où se diluent toute qualité, tout désir ou goût respectif.

Pour vous, c'est affreux ?

Ce n'est plus de la sédentarisation, c'est de la sédimentation, de la fossilisation ! Si le couple conduit à l'annihilation de son individualité, à une mutilation réciproque, mieux vaut chercher la sortie de secours... Pour moi, selon cet esprit nomade qui est au cœur de l'Amour, le seul couple intéressant, riche, ouvert, transformateur, est celui qui exalte, renforce, embellit, épanouit l'individualité de chacun. Le couple n'est pas une instance supérieure à qui il conviendrait de sacrifier l'individu et son autonomie, pour qui il faudrait se renier, se sacrifier ou faire des accommodements afin d'en obtenir les faveurs. Le couple vécu comme un parasitage réciproque, comme une dépendance recherchée soi-disant amoureuse, est une image fausse, conventionnelle, rassurante, venant en droite ligne de notre conception de la famille, cercle clos et sacré. Je crois en un couple où l'amour et la joie de chacun offrent à l'autre de déployer toute son originalité, toute sa liberté, toute sa soif d'être.

Le couple d'aujourd'hui est donc davantage prisonnier de stéréotypes que nourri de mythes ?

Oui, hélas. Le mythe est porteur, créateur, inventif, il fait appel à notre être intérieur, à notre sensibilité, à notre imaginaire, il est multidimensionnel. Alors que le stéréotype plaque une étiquette, un conformisme, enferme et normalise, sans offrir d'enseignement.

C'est pourquoi, pour un individu comme pour un couple, il est indispensable de renouer avec ces mythes ; c'est une source claire et abondante où nous pouvons retrouver notre vrai visage, non brouillé par les images sociales et médiatiques ; où nous pouvons aussi puiser des possibilités, des jeux, plus que des solutions. Le mythe nous renvoie une image mouvante, en devenir, en transformation, une image vivante — là où le stéréotype plaque sur le vivant une carapace rigide, une définition close.

Pourquoi, en cas de situation bloquée, par exemple, un couple ne jouerait-il pas aux mythes ? Pourquoi ne s'inventerait-il pas d'autres possibles, d'autres rêves ?

Quel est, pour vous, le mythe du couple le plus puissant ?

Il demeure celui de Philémon et Baucis, tel qu'Ovide nous le raconte dans *Les Métamorphoses*. Il n'est ni excitant ni fascinant, mais il rend bien compte de ce que peut être une vie de couple accomplie. Il nous touche d'autant plus que nous vivons au siècle des divorces, des unions éphémères et des détresses de solitude : Philémon et Baucis dureront ensemble, vieilliront ensemble paisiblement et, grâce suprême, mourront ensemble...

Ils vivent à la campagne, très simplement, l'un s'occupe du jardin, l'autre de la cuisine. C'est un couple généreux et hospitalier et non pas enfermé sur lui-même, comme jaloux de son bonheur. Il y a entre eux cette volonté de croître ensemble, une dimension spirituelle qui adoucit et illumine le quotidien. Lorsque Jupiter et Mercure viennent un jour frapper à la porte de leur petite cabane, Philémon et Baucis sont déjà bien vieux, mais ils accueillent avec joie des hôtes imprévus. Lorsque les dieux révéleront leur identité et demanderont de formuler un vœu, Philémon et Baucis auront la même réponse : mourir le même jour. Ce qui est exaucé : ils sont métamorphosés en arbres, mais deux arbres différents, le chêne et le tilleul.

On pouvait imaginer qu'ils ne formeraient qu'un seul arbre — image du lierre et du coudrier, « ni vous sans moi, ni moi sans vous » —, mais c'est là mythe fusionnel, mythe de passion et non de couple. Ils sont ensemble, ils sont différents. Chacun est singulier, chacun est seul et libre, et c'est la reconnaissance de cette liberté, de cette solitude, qui fonde leur amour et permet la durée. Le mythe de Philémon et Baucis nous rappelle aussi que, chêne ou tilleul, nous sommes chacun d'essence différente : on ne peut forcer le chêne à devenir tilleul, on ne peut reprocher au tilleul de n'être point un chêne. Leçon de réalité, non pas mythe passionnel (où l'autre est comme moi, il est moi et je suis lui...).

Il y a d'autres mythes, d'autres exemples, tels Isis et Osiris (mais ce sont des dieux !) qui sont à la fois frère et sœur, amants, époux, et liés par une même quête spirituelle. Ce peut être une belle invitation à vivre un tel couple, fraternel, égalitaire et sacré. Autrement dit un couple initiatique.

On ne sait pas bien ce que devient dans la durée le couple d'Éros et de Psyché, mais on sait qu'il repose sur une union à la fois charnelle et mystique, il est de la terre et du ciel et fait place à la joie (union des cœurs, sens du mystère et du sacré, joie des corps).

On pourrait ajouter l'exemple historique de François d'Assise et de Claire, bien que ce ne fût pas un couple au sens strict mais un couple rayonnant, exceptionnel, cosmique : tendres, unis en Dieu et par Dieu, au-delà des contingences charnelles, sociales et historiques.

C'est exigeant, mais plutôt encourageant, ces mythes du couple. Mais ces histoires heureuses ne sont pas les plus nombreuses...

La plupart des mythes de l'amour sont tragiques, malheureux, et pourtant ils nous emportent, ils nous exaltent, ils nous donnent envie de plus qu'une histoire avec « happy end ». C'est comme si on rencontrait l'Absolu davantage dans l'extrême douleur, la perdition totale, que dans le bonheur humain.

Le plus connu de ces mythes est celui de Tristan et Yseult, qui a déterminé toute notre conception de la passion. Relisons le superbe livre de Denis de Rougemont, *L'Amour et l'Occident...* L'amour-passion se nourrit d'obstacles, d'impossibles, de jalousie, d'absence, et ne s'achève que par la mort. J'aime (ou je désire) d'autant plus l'autre qu'il est inaccessible, qu'il fuit ou se refuse, qu'il m'échappe, que le destin nous sépare... De là découlent bien d'autres histoires, Roméo et Juliette, séparés par leurs familles ennemies ; Leïla et Majnûn, errant dans le désert à la recherche l'un de l'autre, assoiffés l'un de l'autre, s'aimant d'autant plus qu'ils ne peuvent se rejoindre.

Mais, pour moi, ces histoires tragiques sont sauvées

parce qu'il y a amour, passion recherchés, partagés — même s'il n'y a ni construction de couple ni durée. Le plus affreux, c'est lorsqu'il y a évitement, lorsqu'il y a fuite, au lieu de la rencontre. Dois-je préciser que ces atroces histoires de rendez-vous manqués sont très nombreuses, et que le lâche est presque inévitablement un homme ?

Je croyais que dans la plupart des mythes, et aussi dans l'Histoire, l'homme était le plus souvent présenté comme un héros ?

Pâle héros, héros sur le plan profane, historique : il fait la guerre, il construit des cités, il voyage vers des contrées nouvelles. Mais, dans le domaine sentimental, face à la femme et à l'amour, il se montre le dernier des pleutres ! À vrai dire, la guerre, les exploits, les responsabilités de la cité (on dirait aujourd'hui la politique), et aussi sa carrière poétique ou philosophique servent d'excuse et d'esquive : il a peur de l'inconnu, de l'insondable, il a peur de la femme, de l'amour, et préfère s'en tenir aux choses tangibles, sécurisantes, à son image de marque, à son pouvoir.

C'est toujours la même histoire. Qui ose s'abandonner, faire confiance à l'inconnu, au nouveau ? On continue de dire qu'on « quitte la proie pour l'ombre » ; personne, jamais, n'irait imaginer qu'on peut quitter la proie pour la lumière... Alors on continue de vivre à l'étroit, en tremblant sous sa cuirasse, tout en rêvant de grand amour.

Je peux vous citer plusieurs histoires, transmises par les Grecs et les Romains. Didon et Énée, par exemple. Énée, le valeureux guerrier, revenant de Troie, est hébergé par la reine Didon qui s'éprend de lui. Mais Énée ne veut rien voir, rien entendre : il parle, conte ses exploits, et fuit la reine dès qu'il le peut, sous le prétexte qu'il doit fonder Rome. En fait il est incapable de vivre l'amour, il peut juste s'offrir une petite folie, comme un repos de guerrier. Il est, comme tant d'autres hommes (d'autrefois ? d'aujourd'hui ?) un *impuissant du sentiment* qui se croit très viril.

Autre « héros » prudent et lâche, Ulysse, qui ne veut point perdre son ardeur guerrière dans les délices de l'amour. Qu'il s'agisse de Calypso, de Nausicaa, des sirènes, ou de toute autre métamorphose et apparition de la femme, Ulysse fuit, refuse la rencontre parce qu'il craint pour son « intégrité » (entendez : ses attributs virils). Pourtant, il est déjà un castré de l'âme, un mutilé du cœur...

Autre sombre histoire, celle d'Orphée et Eurydice. On nous la rapporte souvent comme une histoire attachante, celle du poète qui va chercher aux enfers la femme qu'il aime et ne se résigne pas à perdre. En fait, moi j'interprète différemment ce conte. Orphée préfère, comme tant d'autres écrivains, ses mots à la réalité, ses poèmes déchirants à un amour présent, et son œuvre immortelle à la femme fragile comme l'herbe des champs. Il fait mine d'aller chercher Eurydice aux enfers, il n'a aucune foi en l'amour, en la femme ; il se retournera et perdra Eurydice à nouveau. Mais rien n'est perdu, il lui reste ses chants, ses plaintes, ce qu'il place avant tout. Les Ménades ne s'y tromperont pas, lorsqu'elles mettront en pièces ce petit poète incapable de vivre la joie de l'amour.

Avec Héloïse et Abélard, on n'est plus dans la

légende mais dans l'histoire. Ce n'est pas une grande histoire d'amour, c'est une histoire d'orgueil et de lâcheté.

Abélard préfère sacrifier l'amour d'une femme extraordinaire à sa renommée, à son savoir, à sa tranquillité d'esprit. L'amour le dérange, l'amour met le désordre dans ses concepts et ses plans de carrière puis, plus tard, il sera au couvent comme elle. Héloïse, elle, ne se tait pas, elle ne renie pas l'amour. Même enfermée au couvent, supérieure et religieuse, elle écrit à Abélard, lui rappelle les douceurs passées, lui dit qu'elle l'aime encore et le désire, qu'elle n'oublie rien. Et le papelard Abélard (lui aussi un châtré des sentiments avant que de l'être physiquement) de lui envoyer des missives bondieusardes, de l'exhorter au repentir, à l'humilité, à la patience.

Il revient à des femmes, comme Didon, comme Héloïse, de sauver l'amour de ses sordides ornières, de ses lâchetés indignes. Didon se tue après le départ d'Énée ; elle a aimé un médiocre mais l'amour subsiste et il est bien réel, lui. Héloïse ne se tue pas mais persiste malgré l'âge, les épreuves, les convenances, à crier son amour, à donner voix à l'Amour...

Ces histoires sont sinistres parce que empêchées de naître. L'un des deux se dérobe avant que la rencontre ait lieu ou parce que l'amour s'éveille. C est une attitude de faiblesse et de peur, mais aussi de grande violence.

Oui, c'est beaucoup plus violent qu'un face-à-face, qu'une confrontation, même dure, même impitoyable. On pourrait dire que ce n'est pas loyal mais traître.

D'une certaine façon, mieux vaut un couple avec

rapports de forces et de pouvoir, qui s'affronte, entre en conflit, que cette dérobade. Je préfère l'histoire de David et Bethsabée : elle est belle, elle se baigne non loin du palais, le roi la voit, la veut, la fait chercher, la possède sur-le-champ. C'est le désir, tout le désir, rien que le désir. Mais l'histoire continuera, faisant place à l'amour et au couple. De même, Shahriyar joue au Barbe-Bleue pour se venger de la gent féminine. Il est despote, misogyne, et décide de prendre chaque nuit une femme nouvelle, qu'il fera égorger au matin.

Schéhérazade se présente d'elle-même au palais : elle n'a pas peur, elle a confiance, elle est sage et rusée. Les enjeux sont ceux du pouvoir, c'est l'éternelle querelle entre les sexes — qui domine qui, quel est le supérieur ou le meilleur... Schéhérazade le sait : mieux vaut un homme à qui parler, dire tout son fait, que l'ombre d'un fuyard. Mieux vaut la rencontre, si périlleuse fût-elle, que la fuite ou l'enfermement. Et Schéhérazade réussira son pari. Elle fera durer le tête-à-tête au-delà de mille et une nuits.

À ce propos, j'aimerais insister sur la démarche active de la femme dans ces mythes. Elle prend l'initiative, elle est l'initiatrice, aussi. Notre folklore occidental n'a voulu retenir que le conte de la Belle au bois dormant, induisant par là une attitude passive, soumise, de la femme dans une histoire d'amour ou dans une vie de couple. Il serait temps de balayer cette image de la femme infantilisée, qui rêve qu'un jour son prince viendra. Et elle pourra attendre longtemps, et mourir en dormant, car une rencontre — faut-il rappeler cette lapalissade ? — se fait des deux côtés. L'homme et la femme qui doivent se rencontrer, s'aimer, peut-être vivre ensemble, sont des êtres en marche, des êtres qui osent lâcher leurs peurs, leurs habitudes, leurs sécurités, qui osent se remettre en question pour faire la place à l'autre et à tout ce qui peut advenir. Il n'y a pas d'un côté celui (ou celle) qui attend, qui reçoit ou qui prend, et de l'autre celui (ou celle) qui évolue, donne, avance.

Quel serait le mythe du couple de demain ?

Plutôt qu'un mythe, je verrais une image. Un couple qui s'aime (un couple de justes, dirait la Bible), qui ressemble aux bâtisseurs de cathédrales : il n'est pas particulièrement célèbre, au vu de tous. Son œuvre est immense, admirable mais humble, quotidienne, patiente. Certains ne verront pas la fin du chef-d'œuvre, mais la cathédrale restera comme témoignage, témoignage d'un amour très grand, plein de lumière, et anonyme.

Fuis-moi, je te suis, suis-moi, je te fuis : le couple impossible

GUY CORNEAU

L'homme qui vous parle est un homme de 41 ans. S'il y avait des concours pour évaluer nos performances par rapport au couple, j'aurais échoué coup sur coup. Je suis plutôt un spécialiste des difficultés du couple. Il y a 20 ans, j'étais « inutilisable » pour ce qui est d'un rapport amoureux, maintenant ça va mieux. À condition qu'on lise le mode d'emploi.

Mon livre Père manquant, fils manqué *est né de la confrontation à l'intimité amoureuse avec la femme qui nous renvoie à notre profonde fragilité. Actuellement, d'ailleurs, je travaille sur un nouveau thème : le rapport des hommes avec leur mère, le rapport des hommes avec leur partenaire. Ce deuxième ouvrage s'intitulera* La Guerre d'amour. *Pour moi, être en couple révèle un paradoxe : on se retrouve dans une guerre de territoire alors qu'on cherche l'Amour. À voir les couples contemporains on se demande même si deux personnes dans un couple peuvent avoir un territoire commun et le partager sans lutte de pouvoir.*

I. LE COUPLE IMPOSSIBLE

Ne pas être femme

Pour débuter je vous donne une image. Une femme de 45 ans vient de se remarier et dit : « Je me suis mariée avec un homme que je fréquentais depuis deux ans. Je le trouve extraordinaire, fantaisiste, créateur, chaleureux... le seul problème c'est que lorsque je m'approche de lui pour l'embrasser, il se raidit comme une barre de fer. » Pourquoi cet homme se raidit-il quand sa compagne s'approche de lui ?

Cela nous renvoie au triangle père-mère-fils. On entre tout de suite dans la proposition paradoxale suivante : des hommes élevés près des mères, dans un triangle défectueux, ne deviennent pas des hommes qui vont être plus près des femmes, capables d'intimité avec les femmes, mais des hommes qui ont peur des femmes et qui se raidissent dès qu'une femme prend l'initiative de s'approcher d'eux. Pourquoi ?

Notre identité sexuelle s'enracine, se fonde, dans le rapport au parent de même sexe que soi. Quand le père est manquant, absent d'esprit, distant émotivement, trop autoritaire, déficient ou alcoolique, les hommes, au lieu de développer leur identité dans un rapport positif avec le père, en s'appuyant et se modelant sur lui, développent leur identité par la négative, contre la mère, en devenant ce que la mère n'est pas. Qui voit-on dans une famille chanter, pleurer, crier, faire des dépressions, être joyeuse, exprimer ses sentiments spontanément et prendre soin des autres ? La mère et les sœurs. Pour un garçon qui est élevé sans père, devenir homme signifiera « ne pas être femme », c'est-à-dire ne pas pleurer, ne pas chanter, ne pas crier, ne pas exprimer ses sentiments spontanément, ne pas être sensuel, et même ne pas prendre soin des autres.

La construction du masculin dans notre société repose sur une amputation de la sensibilité et de la sensualité, une amputation du cœur et du corps. L'intimité devient difficile quand on est amputé de son cœur et de son corps. Si un homme n'a pas accès à la spontanéité de ses sentiments et de ses sensations corporelles, à son organisme physique et psychique, l'intimité s'avère difficile. Il s'ajoute à cela une dissymétrie fondamentale entre les hommes et les femmes : ils naissent égaux. Les hommes et les femmes naissent très différents d'un point de vue psychologique car tous les deux sortent d'un ventre de femme. Pour le petit garçon, s'il n'y a pas séparation d'avec la mère, le fait de devoir par la suite faire l'amour, entrer en relation avec un corps qui est de même sexe que celui de sa mère signifie une épreuve. Si les femmes qui me lisent ont du mal à concevoir cela, imaginez à l'inverse que votre père vous a portée pendant neuf mois et que vous êtes sortie de son ventre ; ce petit exercice permet de comprendre assez bien les fantasmes de dévoration qui peuvent exister du côté des hommes quand ils n'ont pas été séparés suffisamment de la mère par une présence masculine.

La complainte universelle des hommes est celle-ci : « Je me fais bouffer par ma partenaire ! » En réalité ils ne se font pas bouffer par leur partenaire mais par ce qui reste de la relation avec la mère. N'ayant pas eu de père pour fonder leur identité, celle-ci n'a pas pu émerger de la relation avec la mère. C'est d'ailleurs la raison de la mise à distance de celle-ci avec « coups et insultes » à l'adolescence. La première guerre d'amour.

La peur exagérée de se faire bouffer trahit la fragilité d'un homme par rapport à son identité. Le masculin n'a pas été humanisé par la présence chaleureuse du père. Cette fragilité donne deux sortes d'hommes. Ceux qui compensent en jouant les Rambo, les gros bras, les grosses têtes... Toutes sortes de façons de prouver aux autres qu'on est « un homme », un vrai, lorsqu'on se sent insécure intérieurement. Ou au contraire, des bons garçons, gentils, polis, courtois, incapables d'affirmer tout territoire, dont les partenaires disent après un an de relation : « Il est bien gentil, il lave la vaisselle, il fait à manger, mais il est trop mou. »

Le triangle père-mère-fille

Le triangle père-mère-fille est aussi dysfonctionnel que le triangle père-mère-fils. Prenons un exemple : une femme vient me voir en thérapie. Voilà dix ans qu'elle vit avec le même homme, ils ont une petite fille de 3 ans. La première chose qu'elle me dit est : « Je ne veux pas me séparer. » Pourtant cette femme vit avec un homme qui ne lui a pas fait l'amour depuis 3 ans. Cet homme-là est silencieux, se réfugie dans des bouquins dès qu'il est rentré du travail, ou sort le soir pour aller au cinéma, mais sans elle. Elle est institutrice.

Quand on remonte en arrière, on s'aperçoit qu'elle s'est mariée avec un homme silencieux comme son père. Et de plus il y a eu une profonde méprise : elle croyait que ce silence-là voulait dire fermeté, sécurité, sagesse. Elle s'est mariée à un homme qui est comme son père, en espérant un jour être enfin reconnue par le regard de cet homme-là, reconnue dans sa valeur propre de femme. La blessure laissée par le manque de père à ses filles est que leur différence sexuelle n'a pas été confirmée. Il y a une profonde blessure au niveau de la valeur de l'estime de soi, et de la femme sexuée. Cette femme n'a jamais reçu de mots doux de son père, et celui-ci n'a jamais joué avec elle. Aussi, pour elle, être femme signifie essentiellement être en couple et être mère. Être femme n'a pas de valeur en soi. Elle ne veut pas se séparer car elle a peur de ce que la société et les autres vont dire si elle perd son mari comme toutes ses sœurs ont perdu le leur. Elle ne veut pas être acculée à ce sort-là qui mettrait en évidence sa blessure d'identité, son vide et son sentiment de non-existence.

Le problème du père manquant chez les filles signifie bien souvent que l'homme se retrouve idéalisé, mis sur un piédestal. C'est dans la distance et le silence qui existent entre le père et sa fille, que celles-ci se disent : « Mon père ne me parle pas parce que je ne suis pas assez fine, pas assez belle, pas assez intelligente, etc. » Il y a une surévaluation du masculin et une diminution de sa propre valeur féminine. Un double mouvement qui exacerbe le besoin de voir sa valeur confirmée par un homme. C'est pourquoi pour certaines femmes le couple devient très important. Elles ne peuvent pas exister en dehors de lui.

Un autre problème posé par l'absence de père est le suivant. Beaucoup de femmes n'osent pas affirmer leur pouvoir et leur sens d'initiative. Je connais des femmes très compétentes dans le domaine professionnel qui n'arrivent pourtant pas à se voir accorder le salaire dont elles auraient besoin pour vivre confortablement. La relation des femmes à l'argent témoigne d'ailleurs très souvent du problème vécu avec le père.

Une amie me confiait à ce sujet : « C'est comme si mon père m'avait dit : tant que tu ne prends pas ton pouvoir de femme en main, je vais t'aimer. Dès que tu vas devenir une femme comme ta mère, avec du pouvoir, je ne t'aimerai plus. » Et elle s'organisait toujours dans les grandes entreprises de sa vie pour aller emprunter de l'argent à son père, comme si elle devait lui demander la permission d'aller vers son destin, d'aller vers son pouvoir.

Le père manquant engendre aussi une réaction du type « Belle au bois dormant » qui est celle de la fille qui se déconnecte complètement de ses désirs et de son corps. Il en découle souvent chez les femmes le fait que leur masculin (en elle) n'est pas humanisé (dans le sens « rendu humain ») avec ses forces et ses faiblesses. Le masculin reste très idéalisé et très archaïque. Aussi, chez beaucoup de femmes, nous avons cette sorte de clivage entre les « Rambo » et les « Superman ». Vous le voyez dans les goûts des femmes pour des hommes tantôt du genre voyou avec veste de cuir ou d'autre part pour des hommes bon chic bon genre, polis, courtois. Cet oscillement dans le goût des femmes nous parlent du manque de père. Pour les filles la blessure vient du manque de mots doux, du manque de paroles affectueuses de la part du père comme c'est le cas chez les garçons aussi. Pour le garçon, cela joue au niveau de l'identité sexuelle, pour la fille au niveau de la confirmation de sa différence sexuelle. C'est souvent à la puberté, quand les filles ont le plus besoin du père, qu'elles se sentent lâchées par celui-ci. Le père a peur de ses propres fantasmes incestueux, et il met sa fille à distance. Et elle interprète cette mise à distance : « Je deviens une femme, j'ai des seins, j'ai des cuisses, je prends des formes féminines et c'est menaçant pour les hommes. »

Fuis-moi, je te suis !

Si je résume, cela nous conduit à la dynamique suivante : « Fuis-moi je te suis, suis-moi je te fuis ; le couple impossible ! » Quand on met ces deux êtres ensemble avec le même manque de père et ayant eu trop de mère, nous constatons que les hommes ont peur de se faire dévorer à nouveau par leur partenaire et les filles, au contraire, se collent au maximum à l'homme qui leur donne de l'attention parce qu'elles cherchent le père, le regard, les mots doux qui viendraient les confirmer dans leur sexualité de femme. Si je reprends mon exemple de départ, celui de l'homme qui se raidit à mesure que sa partenaire avance vers lui pour l'embrasser, quelle est réellement son expérience ? Voit-il sa mère qui se penche sur lui et qui menace son identité ? Ou voit-il une femme ayant tant manqué de père que le vide qui l'habite est tel qu'il lui semble ne jamais pouvoir le combler ?

Ce qui, dans le couple, se revit pour l'homme

Il y a deux domaines importants : celui de la sexualité et celui de l'affirmation et de l'agressivité. Il me semble que dans les familles où les femmes ont tenté de remplir les deux fonctions, celle du père et celle de la mère, en laissant la femme de côté, les besoins qui finissent par être frustrés en elles-mêmes sont précisément les besoins qu'elles auront du mal à tolérer chez leurs enfants. Par exemple, quand une femme a complètement investi son identité dans le fait de devenir mère, sacrifiant de surcroît beaucoup de son autonomie de femme pour ses enfants, le départ de ceux-ci à l'adolescence peut devenir une véritable menace. Elle ne se rappelle plus de la « femme ». La femme en elle a été mangée par la fonction maternelle. En termes jungiens par l'*archétype maternel*.

Pour les hommes, il y a beaucoup plus d'adrénaline qui circule dans le système hormonal, beaucoup d'agressivité en jeu. Le sacrifice par la mère de sa propre agressivité — elle doit demeurer une « bonne mère » — signifie pour eux : « Ne fais jamais pleurer ta mère ! » Règle qui, transposée dans le couple, devient très vite : « Ne fais jamais pleurer ta femme ! », ce qui signifie : « N'utilise jamais ton pouvoir d'affirmation, n'utilise jamais ton agressivité. Grandis mais ne grandis pas, grandis mais reste mon petit garçon », et c'est ainsi que beaucoup d'hommes se présentent dans le couple n'ayant pas réellement grandi. N'osant pas affirmer ce qu'ils sont, n'osant pas se battre pour leur territoire et donnant le territoire à l'autre comme il le faisait dans la famille à l'égard de la mère.

Cette situation occasionne deux types de développement dans le couple : des hommes qui, victimes de ce syndrome, font des ulcères ou, au contraire, des hommes qui réagissent, explosent et qui deviennent violents. Les explosions d'agressivité verbale ou physique surviennent souvent chez des hommes dont les pères n'étaient pas là pour leur permettre l'accès à leur corps, à leur vitalité d'homme. Les hommes violents sont souvent des hommes sans corps, sans sensualité. La répression active de l'agressivité par la mère donne aussi des hommes qui abandonnent tout le territoire à leur femme, quand ils ne tentent pas au contraire de contrôler tout le territoire de leur femme, de contrôler leur épouse, de la dénigrer. La mère a pris trop d'importance. Ils se sentent en dessous. Égaliser leur rapport à la femme signifie qu'il faut piétiner l'image de la femme que l'on porte. Cela se fait à travers les blagues, les insultes et à travers les coups, parce que le féminin est resté trop menaçant. Ces hommes sont mal séparés, sevrés de la mère.

Un autre domaine me paraît important côté homme : la sexualité masculine est mal comprise et rendue extrêmement honteuse dans le milieu familial. Un exemple : une femme devenue mère ne se sent plus désirée par son mari et très vite elle remplit ses besoins affectifs dans le rapport avec son enfant : en frustrant sa sexualité et sa sensualité, elle va aussi interdire ce domaine à son fils. Ce qui donne ce que j'ai appelé « Sainte maman vierge et martyre ». Très souvent la femme déçue commence à parler des hommes comme étant les « maudits cochons ». Beaucoup d'hommes aujourd'hui sortent de leur famille en pensant que les femmes n'ont pas de sexualité, ni de désir sexuel. Les femmes ont appris à ne pas manifester qu'elles en avaient. C'est une partie de l'impossibilité. Beaucoup d'hommes pensent que les femmes n'ont pas de sexe et qu'ils sont les seuls à porter le désir sexuel et, très souvent, ils le portent comme étant honteux.

Un homme me disait : » Le seul problème que j'ai c'est que je bande quand je la caresse. » Il pensait : ça blesse ma partenaire car elle me dit que je ne suis pas capable de penser à son plaisir mais juste au mien. Là, on a affaire à un homme qui n'a pas eu droit de parler de la sexualité dans son milieu familial et dont le corps appartient encore à sa mère. Il pense encore que sa partenaire n'aime pas qu'il ait des désirs. Les hommes entretiennent des fantasmes comme celui-là, et c'est ici que leur double vie commence par rapport à la sexualité : la pornographie d'un côté et la vie rangée de l'autre.

Comment les hommes tentent-ils de faire échec à cette peur de l'intimité ?

Comme je le disais, une première attitude consiste à complètement abandonner le territoire à l'autre en devenant un homme dépendant. Cet homme se soumet à ce qu'il croit que sa partenaire veut. Et sa partenaire se sent vite seule avec un homme si mou, si servile. Une deuxième attitude des hommes pour faire échec à leur peur de la femme consiste en une attitude de fausse autonomie, de contre-dépendance : « Je n'ai besoin de personne. » Cette attitude rend le couple difficile à vivre. Cet homme a du mal à reconnaître les besoins qui le lieraient à l'autre. Un homme de ce type me confiait d'ailleurs : « Quand j'étais petit, j'étais le bon petit gars. Ma crise d'adolescence, je ne l'ai pas faite à la maison mais après. J'ai bu, je me suis drogué, marié et j'ai divorcé deux fois, j'ai laissé trois enfants derrière moi. À cinquante ans je me réveille. » Une autre façon de faire échec à la peur de l'intimité est de compartimenter la femme. Une femme pour faire l'amour, une femme pour faire la cuisine, une pour le cinéma, une autre pour la spiritualité, etc., ce qui permet des intimités intenses mais courtes. Ou bien on choisit la double vie, on se marie à la bonne sainte vierge pour faire plaisir à sa mère, et de l'autre côté on a une maîtresse. Ainsi, tout ce qui est de l'ordre du jeu, du plaisir et du corps est évacué hors du couple. La plupart des couples souffrent d'ailleurs de ce que j'appelle « le triomphe de l'esprit de sérieux ». Faire l'amour devient le moment le plus compliqué de se faire plaisir. Finalement, je dirai que les hommes n'ont pas tant peur « des » femmes, ils ont peur d'*une* femme. Vivre avec *une* femme, voilà ce qui est menaçant pour l'identité, elle n'est pas assez ancrée.

Comment les filles se défendent-elles sur le terrain de l'intimité ?

Elles pratiquent d'abord l'erreur systématique qui consiste à fermer les yeux sur les difficultés évidentes de la personne en pensant « sauver leur homme » !

Elles pensent : « Pour moi il va s'ouvrir. Il va me sourire à moi. » Elles savent qu'elles s'avancent dans une illusion totale mais elles le font quand même parce qu'elles se disent qu'il n'y en a pas d'autre. Le père a été tellement manquant que dès qu'un homme vous donne du regard, du désir, de la chaleur, il faut le garder car il n'y en aura pas d'autres. Le premier abandon a été tellement profond ! Alors on prend le machisme pour de la fermeté, les gros bras pour de la sécurité, la séduction pour de la dévotion. On se trompe car plus un homme a des opinions tranchées, plus il est insécure, plus il est fragile. Et plus ça risque d'éclater si vous êtes un peu trop créatrice. Le scénario « un jour mon Prince viendra » pourrait se traduire par « un jour mon père viendra ». Le père manquant entraîne les femmes à cultiver deux attitudes fondamentales. La première consiste à devenir une séductrice : « Je vais me plier aux fantasmes de toilette, de maquillage, de comportement que les hommes désirent chez une femme et, par là, j'aurai le regard de l'homme. » Mais il y a des femmes qui se font avoir à ce jeu-là. Voulant se confirmer dans leur valeur en se pliant aux besoins des hommes, elles s'éloignent au contraire de plus en plus d'elles-mêmes et perdent de la valeur même à leurs propres yeux.

L'autre attitude est de type « amazonien » : lutter dans le monde des hommes en employant les armes des hommes. Par exemple, des femmes qui ont eu des pères colériques, des pères de devoir et de principes, deviennent elles-mêmes des femmes de devoir extrêmement autoritaires. Tout cela pour prouver aux hommes qu'elles ont de la valeur. Quand vous les mettez en couple, c'est plus difficile. Car le jeu des projections commence. Elles se marient en général à des hommes paternalistes et elles tenteront de contrôler l'autoritarisme de l'autre. Cet autoritarisme est aussi le leur et il est au fond une blessure. Il représente la difficulté de donner de la place en soi à la vitalité, à la joie de vivre et à la spontanéité.

La plupart de nos mères ont été des femmes de devoir et de principes qui ont laissé derrière elles la partie plus joueuse et plus sensuelle de leur être pour prouver aux hommes de la génération précédente qu'elles valaient quelque chose. Elles se présentaient comme de bonnes mères solides, capables d'élever les enfants. À ce jeu-là, le plaisir, le désir s'en vont et on doit commencer à « travailler » sur son couple.

Bien entendu il est important de réfléchir sur son couple. La psychologie nous donne des outils pour résoudre certaines des difficultés que nous rencontrons mais, en même temps, elle peut devenir une histoire complètement obsédante qui ne fait qu'ajouter de la lourdeur à la simplicité des relations.

II. LE COUPLE POSSIBLE

Entre autonomie et fusion

Il faut d'abord dire que nous avons très peu de modèles de gens qui restent ensemble par amour, je veux dire qui restent ensemble longtemps. Roméo et Juliette sont morts très jeunes par le suicide et du côté de Tristan et Yseult, ce n'est guère mieux.

Le couple est le lieu du travail de l'amour dans le sens d'une Terre qui est labourée. Cette Terre que l'amour travaille, c'est nous, nos cœurs, nos esprits, notre corps. Mais la première chose qu'on oublie est que l'amour est un sentiment qui appartient au domaine du Vivant. Donc il connaît une naissance et une mort, un parcours. On voudrait que l'amour avec un petit « a » soit l'amour avec un grand « A » qui dure toujours. Nous acceptons mal que nos amours naissent et meurent. Nous perdons de vue le grand Amour qui continue sans relâche son travail par nous et à travers nous.

Un écueil commun consiste à aller vers l'autre parce qu'on se sent la moitié d'une personne. C'est un mauvais départ, car l'amour n'est pas une addition c'est une multiplication. Ce n'est pas 1/2 + 1/2 = 1, mais plutôt 1/2 × 1/2 = 1/4. Chacun des deux partenaires devient un quart de lui-même, un quart de ses possibilités, de sa créativité, prend un quart de son territoire de peur de faire de la peine à l'autre ou de faire plaisir à l'autre. Quand on entre dans l'amour ensemble on entre dans un territoire magique où il peut se produire quelque chose d'inusité ! Mais l'amour, tel un soc de charrue, va révéler tous nos points de résistance. Tout risque d'éclater. C'est un milieu où il y a une friction intense entre deux êtres. On entre dans un terrain à la fois magique et « miné ». Il va y avoir travail, peur, et résistance. Le couple exige le maintien de la tension entre deux opposés : d'un côté nos besoins d'union et de l'autre nos besoins d'autonomie. La plupart des gens entrent en couple en respectant seulement le pôle fusion : être ensemble 24 heures par jour sans laisser de place à l'autonomie. Ce couple-là s'appauvrit vite car il n'y a pas de lieu où l'on peut se ressourcer, il n'y a plus d'aventure individuelle.

La première règle serait de dire : chacun peut prendre une pose d'une heure ou deux, d'une journée ou d'une semaine pour exercer son autonomie. C'est difficile dans un couple ces choses-là. Pourtant il me semble que cela devrait être dans le contrat de base sinon il y a trop de fusion.

Le refus de maintenir la difficile tension entre fusion et autonomie a pour résultat que la plupart des couples ne se trouvent ni dans la fusion ni dans l'autonomie, mais dans une sorte de *statu quo* qui ne ressemble à rien. Pour avoir un couple possible on a besoin d'une circulation d'énergie entre une intimité profonde, une fusion profonde, et une sexualité profonde — où l'on se perd dans l'autre, où l'on s'oublie enfin — et, de l'autre côté, des moments où l'on retrouve la maîtrise de soi, où l'on est tout seul devant ses choix, devant sa famille, devant le monde. Il faut qu'il y ait circulation entre ces deux pôles sinon il y a mort du couple.

Nous avons peur du bonheur

La plupart des gens disent : « J'ai un problème de couple, je me querelle tout le temps, etc. » Mais, souvent, le problème n'est pas du tout là. Le véritable problème est que nous avons vraiment peur des limites supérieures, c'est-à-dire peur du bonheur, peur d'être vraiment uni à l'autre. On peut d'ailleurs remarquer que, dans un couple, lorsqu'on a passé trois jours d'affilée, il faut que l'un des deux provoque une querelle. Le bonheur, quoi qu'on en dise, est intolérable. L'autonomie est également intolérable : partir trois jours en laissant son partenaire est difficile, on a peur de se sentir abandonné ou que l'autre se sente abandonné.

Dans l'union profonde, on a peur de perdre son identité. Le couple devient une menace profonde à l'identité personnelle. La personne avec qui je vis, que j'aime et que je dis aimer, est aussi la personne qui me menace le plus au niveau de mon identité personnelle, de mon « je ». Il est donc possible que ce soit aussi la personne que je haïsse le plus au monde. Les sentiments négatifs naissent chaque fois que je n'ai pas le courage de respecter mes besoins d'autonomie, chaque fois que je n'ai pas le courage de dire « non » à l'autre. Le « non » est très difficile à prononcer et à recevoir dans le couple.

Mais ce qui demeure encore plus difficile à prononcer et à recevoir, ce sont les mots d'amour. Vous pouvez faire un test chez vous, si ça vous intéresse. Mettez-vous l'un devant l'autre et dites-vous des bêtises pendant cinq minutes à tour de rôle. On constate que les bêtises de l'autre, on les supporte assez bien en général. Puis ensuite vous vous dites : je t'aime et tu es magnifique. Là il se passe toutes sortes de phénomènes : la colère, l'indifférence, on n'entend pas l'autre et c'est insupportable. L'amour est quelque chose d'absolument intolérable pour l'être humain. C'est ici qu'il faut se battre, c'est ici qu'il y a une limite à franchir.

À l'homme qui avait du mal à se faire approcher tout à l'heure, j'aimerais proposer : « À mesure que ta partenaire s'approche, tu vas dire tout haut ce que tu ressens. » Il faut que le jeu soit très ouvert, et qu'il ait le droit de dire n'importe quoi. Faire une telle expérience ensemble, ne serait-ce que cinq minutes, constitue un geste révolutionnaire dans un couple. Là, nous entrons dans une intimité très profonde, nous sortons des projections. Ce n'est plus de sa part à elle : « Tu es un infirme sentimental. » Et ce n'est plus de sa part à lui : « Tu me dévores tout le temps. » Cela devient : « À chaque fois que tu te penches sur moi, je vois ma mère. »

Pour qu'un mariage soit libérateur, il doit être amené au niveau d'un mariage psychologique. Il s'agit d'entrer dans une relation avec confiance en sachant qu'on va rencontrer tout ce qui n'a pas été nettoyé en soi.

La crise : une opportunité de changement

Le couple va nécessairement nous précipiter dans des difficultés, et nous allons récapituler l'humanité à travers ces difficultés. Nous allons répéter le couple parental. Le mot crise en grec voulant dire opportunité, décision, c'est à travers ces crises que nous aurons la chance de faire un chemin. Le travail de l'amour est de purifier les gens à travers une sorte de bain, de concentré à vivre.

À partir du moment où nous savons que les choses vont se répéter dans le couple, les regarder à deux permettra du nouveau. Je ne pense pas qu'il faut avoir tout réglé pour être en couple. Cela demande de travailler sur la première difficulté, celle de s'oublier un peu, d'oublier son sentiment d'importance. Le plus difficile est de laisser tomber une querelle et de dire : ça va, on peut passer à autre chose, je comprends ou bien je ne comprends pas aujourd'hui, mais on peut continuer. Le jeu et l'intimité profonde constituent des éléments importants dans la vie du couple. Malheureusement nous avons très peu de modèles d'individus « réalisés » dans notre histoire qui sont des gens ayant vécu en couple. Ceux que nous connaissons sont des sœurs, des prêtres, ou des gens qui choisissaient de ne pas avoir de relations sexuelles. On est dans une tradition qui professe une profonde séparation d'avec la nature, le corps et la sexualité. Donc, les couples doivent lutter contre leur culture et se dire : « On peut se réaliser à travers un corps, une sexualité, ici sur la Terre. »

Notre rupture d'avec la nature profonde et instinctive

Le couple risque en fait de demeurer impossible tant que l'esprit masculin que nous connaissons actuellement régnera sur le monde. Je ne parle pas des hommes individuels, je parle du patriarcat. Ce masculin construit sur l'amputation du cœur et du corps, de la sensualité, sur le blocage de l'expression spontanée des sentiments et sur la dominance d'une raison abstraite qui impose sa loi à tous les autres registres de l'être. C'est notre participation à tous, les hommes comme les femmes, à ce mythe collectif qui nous éloigne de plus en plus de la vie et de toute possibilité d'intimité avec le monde et les êtres qui nous entourent.

La crise des couples témoigne d'une impasse au niveau même de notre façon de concevoir et de définir le monde. Notre manière de voir ne semble produire que de la distance. L'intimité avec la vie nous effraie. Tout ce qui est vivant nous dérange. Nous désirons des vies qui seraient des lignes droites. Il n'y a plus de temps pour s'amuser et pour batifoler. Il n'y a plus de temps pour aimer, pour poétiser. Mais il faut bien se rendre compte que l'amour demande du temps. Il naît dans le temps qui n'est pas occupé à produire. Nous faisons l'amour quand nous en avons le temps. L'immense frousse qui tient les hommes et les femmes loin de l'intimité s'avère une maladie de civilisation.

C'est aussi une maladie d'un moi qui souffre de son importance et qui tente de l'éprouver à tout prix. C'est pourquoi nous ne pouvons plus apprendre les uns des autres. Nous en avons perdu l'humilité. Nous ne pouvons surtout pas apprendre des femmes, et pourtant ce sont les valeurs traditionnellement féminines qui peuvent vous sauver. Je disais récemment à une amie qui s'efforçait de se prouver qu'elle n'était pas amoureuse pour arriver à tolérer les escapades de son compagnon que je n'étais pas convaincu qu'elle devait apprendre à aimer ainsi, en se séparant de son instinct le plus profond et de son entièreté. Je ne voyais pas ce qu'elle pouvait y gagner.

Un couple peut exister s'il n'est pas égoïstement centré sur lui-même et s'il se reconnaît un but plus grand que lui, par exemple l'ouverture à une dimension spirituelle vraie qui ne repose pas sur la répression du corps et de la sexualité. Une recherche « incarnée » de notre identité première la plus profonde que nous pourrions appeler Dieu. Le couple véritable c'est la tentative de participer par le mouvement amoureux à l'essence même de la création qui est une explosion d'amour, une jubilation créatrice à travers mille formes et un foisonnement infini.

Cet amour nous ouvre. En nous ouvrant, il révèle toutes nos résistances une à une et nous montre sans cesse nos limites. Alors il n'y a rien de plus précieux qu'un compagnon ou qu'une compagne de route pour nous aider à accepter ou à dépasser nos résistances profondes. Pour nous aider à dire simplement *oui* !

« Oui je veux aimer et manifester l'amour autour de moi, et je reconnais là l'essence même de mon être et de mon bonheur. »

Intimité et sexualité

La sexualité du couple dans l'attente de l'enfant

HÉLÈNE SALLEZ

C'est à la lumière d'une double expérience — la psychanalyse et l'haptonomie — que s'est constitué mon propos. La formation haptonomique vient toujours enrichir et transformer une pratique. Il n'y a pas d'« haptonomes » ! Il y a des médecins, des kinésithérapeutes, des psychanalystes, des sages-femmes, etc., qui ont ajouté à leurs formations initiales et à leurs pratiques celle de l'haptonomie, dont actuellement la seule personne qui l'enseigne en France est son fondateur : Frans Veldman[1].

L'intimité, lieu de la croissance psychique

C'est en bonne place que se situe ma participation à cet ouvrage collectif dans le chapitre intitulé : « intimité et sexualité ». Ce titre est bien choisi : il vient juste à propos aujourd'hui où nous avons pu mesurer à diverses reprises à quel point l'intimité et la sexualité étaient souvent réduites l'une à l'autre.

Pour nous, thérapeutes, cette question est vraiment grave dans la mesure où l'intimité n'étant pas toujours respectée, la sexualité n'est pas davantage à sa place. C'est un travail psychologique extrêmement délicat, exigeant parfois de faire appel à des contextes thérapeutiques particuliers, que de permettre aux personnes qui ont souffert de manque d'intimité et de confusion dans ce domaine de dépasser les difficultés liées aux situations qui n'ont jamais pu se vivre. Ces manques à être bloquent le développement de la personne dans son individuation.

Quand nous avons passé neuf mois dans le giron maternel, dans une intimité à peine imaginable avec cet intérieur de corps de mère, et non seulement l'intérieur du corps mais aussi l'intérieur de sa vie, de son être profond, et dans une intimité souvent très grande avec l'homme de cette mère et avec ses proches, il y a des ruptures provoquées par certaines naissances qui sont difficilement surmontables.

Cette intimité nous est absolument essentielle car nous ne pouvons pas nous développer sans ces deux dimensions de nous-mêmes dont nous avons besoin de faire l'expérience :

— d'abord le sentiment d'être identique, c'est-à-dire de pouvoir nouer avec un pareil ou une pareille une relation suffisamment proche pour pouvoir dire : « je suis comme toi » et sentir qu'il n'y a pas de risque de se confondre à partager à deux semblables un espace de vie ;

— puis cette intimité nécessaire avec l'autre différent, de façon que dans cette grande proximité puisse naître tranquillement le sentiment que nous sommes différents et que nous pouvons cohabiter en sécurité dans cette différence qui n'exclut ni l'un ni l'autre.

Mais avant même de pouvoir se découvrir semblable et différent, il est essentiel d'avoir été respecté, dans le mystère de cet inconnu qui ne se manifeste encore que comme vie naissante et secrète.

La confiance en la vie, dans un secret

Si cette intimité est différenciatrice, elle apporte aussi le secret nécessaire à l'accomplissement de certaines expériences humaines, et les enfants savent très bien nous le faire comprendre. J'ai toujours entendu dans la consonance du mot « secret » le mot « sacré ».

Lorsqu'un petit enfant plie en douze des morceaux de papier, les met dans une enveloppe, met l'enveloppe dans un sac, le sac dans un tiroir, et dit : « Faut pas toucher ! », c'est sacré. Et peu importe que je ne sache pas ce que c'est, ce que ça représente. Cela exprime certainement ce qui, chez tout être humain, a absolument besoin pour se développer de savoir qu'il peut mettre quelque chose à l'abri, le cacher, et que l'autre respectera cela. Alors pour moi le « sacré » commence là.

La sexualité a, elle aussi, besoin du respect de ces dimensions-là pour s'épanouir. Il y a dans le terme « sexualité » une grande difficulté, parce qu'on peut y entendre l'activité sexuée, l'activité génitale, on peut y entendre encore la différenciation sexuelle, ce qu'on pourrait appeler « sexuation », c'est-à-dire constitution, confirmation des différences et donc de l'identité de la personne sexuée. Si, bien entendu, l'intimité n'est pas indifférente au fait qu'il s'agisse de deux personnes du même sexe ou de deux personnes de sexe différent, il est nécessaire qu'il soit possible que cette intimité ne fasse pas appel à la sexualité génitale.

La « parentalité « grandit avec l'enfant

Pourquoi avons-nous besoin de cette intimité sans sexualité, prégénitale ? Parce que, et nous le constatons dans notre pratique tous les jours, la possibilité d'être père ou mère, d'être parent à son tour, est intimement liée aux expériences précoces en général, et aussi à l'expérience des parents rencontrés aux temps de la vie prénatale. Dans cette possibilité que nous avons eue ou non, d'introjecter, c'est-à-dire de mettre à l'intérieur de soi une expérience qui a eu lieu, et de la garder comme bonne pour soi, de la développer en l'intériorisant, dans cette liberté-là réside la possibilité pour nous de devenir parents.

J'utilise le terme « parent » plutôt que le mot « mère » ou « père », parce qu'à mesure que le temps passe, j'ai plus de difficulté à définir très spécifiquement ce que c'est qu'être mère, ce que c'est qu'être père ; si ce n'est que dans les tout premiers temps de l'histoire d'un enfant, cela est assez clair : c'est la mère qui le porte dans son giron, et c'est le père qui est à l'extérieur, protecteur de cette diade.

Mais lorsqu'il s'agit d'intégrer des conduites affectives, je préfère parler de « parents » parce que, en effet, quand il s'agit de « veiller sur », le premier mouvement serait de dire : « c'est du maternel ! », mais ce n'est pas certain du tout. Lorsqu'un enfant développe cette capacité de veiller, et dans l'enfance ça commence très tôt, ce n'est pas sûr du tout que ce soit chez maman qu'il ait reconnu les qualités de veille et de soin. Il faut dire que la façon dont nous vivons complique considérablement les choses.

Le père-docteur

Je suis allée visiter une jeune femme qui venait de mettre au monde son bébé. J'assistais dans la nurserie au change du bébé nouveau-né de quelques heures et la puéricultrice me disait : « Vous savez, les bébés du docteur X, on les reconnaît tout de suite ! Dans la clinique il y a quinze médecins qui accouchent, eh bien les bébés du docteur X, on les connaît : ils ne pleurent pas, ils sont calmes et tranquilles. »

Alors effectivement, cette première personne qui prend en soin et qui est du sexe masculin, la plupart du temps aujourd'hui, c'est le docteur. De sorte que lorsque les enfants jouent au docteur, on peut se demander si on est seulement dans un besoin d'exploration corporelle ou si on est aussi dans un mouvement de recherche d'un masculin paternel qui prenne soin affectivement. Tout cela commence très tôt.

Lorsqu'un petit enfant est dans sa chaise haute, et qu'au moment où il prend sa cuiller, au lieu de la mettre dans sa bouche, il la retourne vers maman ou vers papa, par ce geste qui vient au monde, avec cette conscience de pouvoir nourrir l'autre, de donner du bon à son tour, il développe sa responsabilité. Cela commence aussi dans ce geste d'un enfant qui, sentant sa maman déprimée, lui apporte son « dodo » et lui dit : « Tu sais, tu peux sucer ton pouce avec mon *dodo* ! » et il y a déjà là quelque chose dont je ne saurais dire si c'est du paternel ou du maternel ; je dirai du parental, parce que ce qui se manifeste à ce moment-là, c'est la tendresse, et je crois que la tendresse n'est pas le privilège d'un seul sexe. Elle est notre bien à tous, et certainement ce fond commun d'humanité entre nous.

C'est pourquoi lorsque j'aborde la sexualité du couple dans l'attente de l'enfant, je veux parler de cette maturation des personnes : de l'accomplissement de l'être femme, de l'être homme, dans l'expérience intime d'être ensemble.

Qu'est-ce qui change à l'arrivée d'un enfant ? Quand arrive-t-il ? À partir de quand l'attend-on ?

J'illustrerai mon propos par une petite phrase qu'une de mes patientes a un jour entendue. Elle venait de mettre au monde leur premier enfant et, lors de leur premier rapport sexuel après la naissance du bébé, son mari lui dit : « Ça ne sera plus jamais pareil parce que maintenant on est des parents ! »

Cet homme avait été marié une première fois et il avait déjà eu des enfants, mais dans ce nouveau couple il n'était pas encore père. Nous pouvons apercevoir à travers cette confidence émouvante, la subtilité de ces vécus : quelque chose était irréversiblement changé.

Je ne parviendrai pas à répondre à la question : qu'est-ce qui n'est plus pareil ? Je vais certainement poser plus de questions que je ne vais donner de réponses.

Il nous faut tout d'abord revenir succinctement au désir d'enfant.

Quand un couple se forme, il peut se constituer en miroir, c'est-à-dire : « Ah ! On est pareils, on a les mêmes goûts, on aime les mêmes choses, la même musique ! » et parfois on fait le même métier. On est donc dans cette situation de rencontre avec son pareil du sexe opposé, ce qui est extrêmement séduisant et compliqué à vivre.

On peut aussi constituer son couple sur : « Ah ! Il fait tout ce que j'aurais aimé faire, il est tout ce que j'aurais aimé être ! » Et dans cette relation-là, quelque chose de complexe et de très intense se joue car il est, lui, celui qu'elle envie ou l'inverse.

Cette façon d'appeler les parents de cet autre-là — les « beaux parents » — est peut-être beaucoup plus qu'une façon de parler ; c'est-à-dire que ce sont ces parents-là qui ont donné naissance à cet autre-là que l'on n'est pas, que l'on ne sera jamais et qui est tellement merveilleux. Dans ces épousailles où l'on va jusqu'à appeler son beau-père « Papa » et sa belle-mère « Maman », il y a peut-être le désir et la possibilité de se remettre au monde à travers cet autre aimé et les parents qu'il a.

« Parle-moi de toi, tu me parles de moi. » Nous allons, sans même le savoir la plupart du temps, nous parler l'un de l'autre en nous parlant l'un à l'autre. Peut-être l'autre va-t-il alors nous permettre de vivre certains aspects de la vie ou de soi qui jusque-là étaient inaccessibles, voire même inconnus.

C'est souvent avec le désir de mettre enfin au monde les parties de soi non nées, que le désir d'un enfant va devoir coexister dans une certaine inconscience.

J'évoquerai comme exemple un homme d'une cinquantaine d'années qui, dans sa thérapie, avait exprimé pendant de longs mois ses critiques, ses plaintes, sa haine à l'égard de sa femme. Et puis un jour, sortant de sa neutralité bienveillante, la thérapeute lui demande : « Mais enfin, pourquoi l'avez-vous épousée ? » Il répond : « C'est la seule personne au monde qui puisse tenir tête à ma mère ! » Apparemment il fallait vraiment une nature particulière pour pouvoir tenir tête à cette mère terrible. Si l'on a facilement tendance à penser qu'une épouse puisse être certainement « quelque part » une mère pour son époux, bonne ou mauvaise, ou la mère qu'il n'a pas eue, il y a aussi du père chez une femme, et en l'occurrence, il me semble que cette compagne mettait entre le patient et sa mère une limite que le père n'avait jamais su mettre.

Ce père garant de la Loi, qui peut intervenir, c'est-à-dire venir entre la mère et son enfant pour les sortir d'une relation qui tourne au duel, ce père-là avait été manquant, et c'était dans la partie masculine et guerroyante de la psyché de son épouse qu'il avait trouvé un soutien qui lui permette de tenir la tête de sa mère à distance de la sienne. Quel sacrifice faisait-il pour cela ! Il avait pendant des années renoncé à une certaine attente de la vie en couple, simplement pour être, ou plutôt se croire, à l'abri de sa mère ; pour qu'une forme de présence paternelle advienne enfin, besoin d'enfant non satisfait.

Désir d'enfant, désir des origines

Il nous ramène très loin en arrière, et parce qu'il se constitue différemment pour nous tous, je prendrai encore un exemple : je parlerai d'une jeune femme qui, au cours de sa thérapie, s'est souvenue que dans son enfance, sa mère l'emmenant à l'école en voiture, les jours où elle ne le pouvait pas, elle lui confiait une petite fille du voisinage à emmener à pied à l'école. Cet événement l'a beaucoup marquée. Dans l'esprit de cette mère, à partir du moment où sa fille tenait la main de la petite voisine, elle était plus en sécurité que seule. Sans doute n'avait-elle pas tout à fait tort. On voit aujourd'hui beaucoup d'enfants paraître rassurés par un chiffon qu'ils tiennent à leur main ; bien sûr ce n'est pas n'importe quel chiffon, il a une odeur, une histoire, il est animé... Dans le cas de cette petite fille, la compensation à la perte de protection de l'accompagnement maternel était, en protégeant un enfant à son tour, d'être reconnue comme protectrice et portée par cette confirmation. Et en effet, dans le souci de conduire la petite fille, elle se savait responsable de la petite et d'elle-même et cela rassurait la mère... Alors peut-être bien que le désir de veiller sur un enfant, de mettre au monde une vie nouvelle, fait partie des réparations de ce qui nous a manqué, de cette délégation que nous faisons parfois à un autre ; parce que nos projections participent à notre projet de vie.

Et puis je crois qu'il y a au fond de chacun de nous le désir profond d'être lié à un autre, d'être responsable, de veiller à la vie qui nous porte et que nous transmettons.

Dans ce couple et dans leur relation qui peut prendre toute la vie à être réparatrice l'un de l'autre, un espace se crée, un espace entre, un petit vide au milieu ; et quelque chose commence à ranimer en chacun des deux le désir d'enfant sous une autre forme ; le désir d'enfant enfoui en chacun devient un projet d'enfant à deux.

Lorsque ce projet d'enfant à deux se dit, c'est un moment de très grande émotion, une confidence inouïe. C'est reconnaître l'autre digne de porter et partager le besoin de procréer, de créer en avant, de poursuivre la vie humaine au-delà de soi : c'est avec lui ou avec elle que l'amour de la vie peut s'incarner. Ils se font confiance pour enrichir leur expérience humaine et ouvrir le cercle de leur amour à l'inconnu(e), à l'étranger familier : leur enfant.

À ce moment-là, ils commencent à en parier, à en rêver, de celui-là et aussi des autres, d'une famille ; et à travers toutes ces rêveries, ces échanges, commence à se dessiner l'enfant imaginaire qui va porter beaucoup, beaucoup de souhaits mais aussi beaucoup de refus : « Je ne veux pas qu'elle ressemble à ma mère ! » « J'aimerais tellement qu'il ait tes yeux ! » Et puis des peurs aussi : cet homme qui disait : « Je voudrais une fille avec des mollets de rugbyman ! » Pourquoi ? La mère de cette fille hypothétique, qui n'était pas encore conçue, avait de fort jolies jambes et c'était beaucoup trop inquiétant d'imaginer une petite fille qui ait aussi de jolies jambes ; là déjà se disait une peur du père, de confondre, d'être séduit par une fille qui manifesterait sa féminité de ses belles jambes.

Du désir d'enfant à l'annonce d'un enfant

Lorsque tout va bien, à ce projet d'enfant succède une annonce d'enfant. C'est d'abord la femme qui est confirmée, par le constat de l'autorité médicale, dans la maternité qu'elle porte en elle. Elle pourrait la garder pour elle et confisquer cette information à son compagnon. C'est-à-dire que dès l'instant où elle sait qu'elle porte un enfant en elle, elle a aussi la possibilité de ne pas le garder ou de rester seule avec lui. Intervient alors ce que certains ont appelé avec beaucoup d'humour : l'annonce faite au mari. La femme est inséminatrice à son tour : ce sont ses mots et leurs images qui vont venir féconder la pensée du père. Dans un premier temps c'est cette phrase-là, comme elle sera dite mais surtout comme elle sera entendue, qui va se nicher dans la pensée du père et nourrir en lui les pensées d'enfant.

Comment cela s'annonce-t-il ?

C'est un moment grave, des paroles gravées, inouïes, inoubliables, inaudibles quelquefois, sur l'instant en tous cas, tant elles peuvent bouleverser, et je n'entrerai pas dans le secret de ces confidences.

Ce que j'ai entendu récemment dans mon cabinet, c'est la façon dont une jeune femme en traitement avec moi après beaucoup de difficultés à être enceinte me l'a exprimé. Elle est arrivée en me disant : « Ça y est ! Je suis habitée ! » Nous avons effectivement beaucoup travaillé ensemble sur cette difficulté pour elle à accepter d'être habitée et à supporter de l'être.

Demeurer en sécurité chez soi, en soi, n'est pas toujours aussi simple qu'il y paraît et la présence du bébé peut conforter ou ébranler ce sentiment ; elle est révélatrice en tous cas.

Certaines femmes peuvent déclarer qu'elles se sentent si bien quand elles sont enceintes qu'elles voudraient le rester longtemps, d'autres deviennent invivables. Ce sentiment d'être « habitée vraiment » peut parfois permettre de donner enfin de l'importance à sa vie à travers l'enfant porté ; certaines femmes ne se l'autorisent pas avant la grossesse. Enfin je crois qu'une femme est convoquée dans son corps, ou plutôt dans sa « corporalité animée » comme la nomme F. Veldman, par l'enfant qu'elle porte. Elle ne peut plus vivre à l'extérieur de sa corporalité lorsqu'elle est confirmée par la présence d'un être en devenir chez elle : il l'invite à y être aussi. Il y a parfois à ce moment des émotions très fortes, et cela peut être insupportable : il nous faudra y revenir plus loin. Mais voici que bébé a bougé ! D'être habitée surtout dans sa tête par l'annonce qu'elle est enceinte, elle va sentir qu'elle porte un enfant quand il bouge. Ce mouvement autonome lui signifie l'existence du bébé différente de la sienne ; c'est un étonnement devant une réalité qui s'installe. Par le mouvement l'enfant signifie sa présence, et c'est quelquefois une inquiétude ou même une angoisse s'il reste trop longtemps sans bouger. C'est ainsi que certains bébés sont hyperstimulés : il faut qu'ils rassurent l'angoisse, maternelle le plus souvent, en bougeant.

Il bouge, oui, il est vivant. On peut alors l'imaginer comme un poisson dans un bocal ; il glisse, il tourne, il s'agite... Mais il n'est pas comme un poisson dans l'eau. Il est avec son cordon et son placenta, enraciné dans une grotte de chair rose : il est attaché. Il bouge, mais bien plus bouleversant encore, il répond, et lorsqu'il sent qu'il n'est pas seul au monde, il recherche cette confirmation : il est relié au monde.

Lorsque la femme invite le père et lui dit : « Sens ! il est là ! » et que ce père parvient à transformer sa grosse main si active, parfois un peu caleuse, souvent trop nerveuse, en une main douce et paresseuse qui se pose et ne fait plus rien que dire « Je suis là ! » et attend seulement un signe, quand, à ce moment-là, à l'intérieur du ventre de la mère ça tressaille, ça roule, pour venir se placer sous la paume de la main, à ce moment-là ce n'est pas par le mouvement du bébé dans le giron, il est à peine visible, c'est dans les yeux du père qu'on sait qu'il a répondu. Ils n'oublieront jamais cela.

Quand le bébé répond au père, il le confirme responsable : ce sont des mots de la même famille, et à cet instant ils sont tous les trois de la même famille. À partir du moment où un tout petit bébé dans le ventre de sa mère répond, et il peut répondre aussi à une tante, à un frère, à une sage-femme, à un médecin ou à un thérapeute, il y a connaissance mutuelle et manifeste d'un lien, dans son expression la plus primitive qui dit : « Je viens vers toi », « Je suis là pour toi ». Il n'y a rien à faire, c'est pour ne rien faire que d'être ensemble, affermis par cette rencontre, confirmés dans l'humanité qui nous lie et s'exprime sous la forme d'une communication affective primitive.

J'évoquerai un bébé qui était dans le giron de sa mère depuis plus de cinq mois et qui s'était installé ce jour-là d'une façon fort inadéquate pour le confort maternel. La personne qui accompagnait le couple dans la préparation de la naissance de leur enfant dit à la maman de l'inviter à se mettre de l'autre côté du giron. La maman invite son bébé, l'accompagne avec sa main et toute sa présence mais, lorsqu'il s'agit de passer de la droite à la gauche du giron, le bébé ne veut plus se déplacer. Alors on essaie de comprendre, de sentir ce qui se passe, et on réalise que le papa est à droite ; alors on demande au père de venir à gauche de son épouse... et le bébé le suit !

Ce fut une prise de conscience partagée et très impliquante pour les deux parents. Lorsqu'une femme porte un enfant elle a vraiment besoin de savoir, de sentir qu'elle n'est pas seule à le porter, ni seule responsable ; qu'il est attaché à elle mais aussi à lui dans cette communication tactile, par un cordon affectif.

Dans ce temps de la rencontre du bébé dans le ventre de la mère, se constitue le « giron » : cet enfant d'abord imaginaire, puis l'enfant du ventre qu'on a senti bouger, vivant, va devenir maintenant l'enfant du cœur.

Ce passage de l'intuition à la sensation, à la pensée et enfin au sentiment, est une évolution que l'homme et la femme ont besoin de faire ensemble. À un moment ou à un autre, ils portent tous les deux l'enfant dans leur tête, à un certain moment la conscience est très aiguë que c'est seulement dans le ventre qu'il est niché, mais très vite il est dans le cœur des deux : et c'est là qu'il est le mieux !

Dans cette rencontre psychotactile du bébé *in utero*, il y a parfois des émotions très fortes, car dans cette sensibilité primitive où nous nous mettons pour placer toute notre présence dans la paume de notre main, et aller simplement dire : « Je suis là pour toi », il est fait abandon de beaucoup de choses ; et dans ces temps où nous abandonnons beaucoup du « faire » pour « être » seulement, et « être avec », surgissent des états d'âme. Je les nomme ainsi car je sais que c'est de cela qu'il s'agit. Ces états d'âme sont liés à notre histoire d'enfant.

Quand nous venons placer notre main et toute notre présence sur le ventre de la mère et que nous nous relions par ce cordon affectif au bébé *in utero*, c'est aussi le bébé en nous qui est touché, celui que nous portons toujours, bien souvent à notre insu. Cela peut être une révélation de soi, une confrontation d'une intensité difficile à supporter si on a été soi-même empêché de vivre les émotions et les demandes de ces temps de la vie. Ce vécu d'un contact signifiant la présence affective d'un autre est très rassurant, mais il est difficile de rendre compte de la sécurité qu'il procure hors de l'expérience qu'on peut en faire.

Le père : l'ouverture au monde

J'aurai du mal à trouver les mots justes pour évoquer ce qui peut être beaucoup plus qu'une intuition quand on travaille dans l'haptonomie, mais qui est tout de même d'un registre difficile à décrire avec les repères de notre sensibilité aérienne adulte : ce contact de l'autre sur le giron donne consistance à l'enveloppement maternel, et de la profondeur de champ à l'existence.

Je veux dire que le bébé *in utero* est dans un monde-mère, l'univers est matriciel, c'est le Maternel... Mais lorsque la main du père, ou d'un(e) autre vient fermement signifier qu'il y a un extérieur à ce monde-mère, alors quelque chose d'une sensation très profonde, qui n'est pas vraiment la prise de conscience que je peux faire aujourd'hui en en parlant, se signifie et s'inscrit sous la forme d'une expérience sensorielle primitive de connaissance qui peut se dire ainsi : « Il y a un dehors à ce dedans », « Il y a une limite épaisse », « Il y a de la vie dedans et au-delà »...

Lorsque c'est le père qui le signifie, on ne peut espérer mieux. Pourquoi ? Parce qu'à l'origine, dans l'œuf, le père est présent : il est promis du paternel autant que du maternel. Et dès qu'il se manifeste fidèlement à la promesse du début, l'enfant est apaisé ; son élan vital est conforté et nourri par cette affirmation : « Je suis là pour toi, je t'accompagne dans ta venue au monde. » Et l'enfant le confirme par :

— son apaisement au contact du père, que la mère seule ne parvient pas à donner,

— sa recherche de nouveaux contacts avec lui et les proches qui l'ont rencontré.

Nous sommes confrontés à une évidence complexe : il perçoit les différences et les apprécie. L'état fusionnel : mère-enfant fondus, confondus, appartient à la pathologie ; il s'agit seulement d'une symbiose relative, au sein de laquelle le bébé est sensible à la qualité de l'investissement affectif de ceux qui l'approchent.

C'est ainsi que le père peut signifier son extériorité, en se profilant, en se présentant fermement à l'extérieur et différent de la mère, mais avec elle dans une intimité tendre. Inviter l'enfant avec son cœur sans rien faire qu'être soi dans son authenticité est parfois une épreuve pour la virilité agissante d'un homme ; cela peut aussi être une révolution tranquille : pour la première fois on n'attend pas de lui qu'il découvre l'Amérique ou qu'il prenne la Bastille, mais seulement qu'il soit là. Et c'est bon pour les trois.

Par cette présence à l'extérieur, il est déjà dans sa position d'éducateur, dans le sens du mot *éduquer : « conduire à l'extérieur »*.

Freud disait que c'est le père qui fait sortir l'enfant de la mère ; bien sûr, c'est l'érection fœtale, héritage paternel, qui pousse l'enfant hors du ventre maternel ; mais lorsque le père s'est présenté et qu'il y a déjà entre le bébé et lui une connaissance sur un mode extrêmement profond et qui laisse des traces, celui du *tact*, c'est effectivement aussi vers son père que l'enfant va en naissant. C'est l'ouverture au monde que le père initie.

Ni la mère ni le père ne l'expulse, il est accueilli par eux. Une collègue analyste disait un jour : « Les enfants pleureraient beaucoup moins en allant à l'école le jour de la rentrée si c'étaient les pères qui les y conduisaient ! » Cette vocation du père de guider hors de la mère peut éviter le vécu d'expulsion, terme utilisé en obstétrique.

Expulser l'enfant, c'est nier l'instinct qui pousse à la

relation : à connaître l'autre et le monde qu'il annonce, et meut le bébé *in utero* vers le contact affectif qui lui est offert, puis vers le monde dont il a senti qu'il saura trouver le chemin.

C'est bien sûr l'affaire du couple, et c'est à ce point que nous mesurons la complexité de l'approche de l'enfant par son père, dans l'accès que la mère favorise ou non, et la possibilité qu'elle donne au père d'être aussi bon et aussi important qu'elle pour l'enfant, même si leur nature est différente. C'est dans la qualité de leurs échanges amoureux que s'initie le plaisir partagé dans les jeux prénataux, et réciproquement.

Une jeune maman disait : « En ce moment je n'ai pas envie qu'il rencontre le bébé, ça me dérange parce qu'il n'est pas tendre avec moi, il travaille trop ! Ça m'agace qu'il veuille jouer avec le bébé alors qu'il n'a pas de temps pour moi... Et puis il est trop brusque... Je me sens toute seule ! »

Il y a une question latente dans mon titre, à savoir « la vie sexuelle du couple pendant la grossesse ». Je ne donnerai pas à cela de réponse. C'est une question subtile et personnelle. Il est certain que tout ce qui affecte la sécurité affective, le sentiment de bien-être de la mère et du père aussi, aura des résonances chez l'enfant.

Lorsqu'un acte d'amour entre un père et une mère qui attendent un enfant s'accomplit dans la joie, le respect, la tendresse, il ne me semble pas que cela puisse porter préjudice à l'enfant, au contraire. Peut-être même cela anticipe-t-il ces moments où les parents s'aimeront dans « la chambre d'à côté », où les échanges de ce couple viendront bercer le sommeil de l'enfant ou le réveiller dans les cris. Lorsqu'un enfant se réveille la nuit en hurlant au moment de la rencontre sexuelle de ses parents, ce n'est pas seulement pour les empêcher de jouir de leurs ébats, comme on pourrait l'interpréter à la hâte ; mais peut-être parce que de l'angoisse circule, et il n'est pas impossible qu'il y ait méprise dans la rencontre amoureuse du couple.

Ce qui est certain, c'est que « ça ne sera jamais plus pareil ! » et si l'expérience d'attendre l'enfant se vit dans la tendresse, nous changeons.

Dans le rappel en chacun de nous de cette sensibilité prénatale que nous gardons tous et que nous pouvons retrouver, c'est ce que l'haptonomie nous montre, il n'y a rien à faire : seulement à reconnaître ce que nous avons été et que nous avons oublié que nous étions. Lorsque nous venons ou revenons dans cette sensibilité originelle, cette « intelligence primitive » dans laquelle le geste, le contact affectif et les sentiments communiquent beaucoup plus que nous ne le pensons, l'être-homme, l'être-femme sont transformés, et nous découvrons ce que nos parents ont laissé en nous de traces de la parentalité et de l'amour.

L'invivable bonheur

Au tableau assez idyllique de l'attente d'un enfant que j'ai dépeint au long de ces lignes, il manque quelques réflexions autour de certains comportements qui surgissent parfois de façon tout à fait inattendue et nous dévoilent une ambivalence qu'il faut considérer.

Le premier, c'est la fuite.

Un certain nombre de signes de fuite peuvent apparaître à l'annonce de la grossesse : l'homme refuse, s'en va, abandonne sa partenaire ; il fuit dans le travail, il écrit un livre qui l'absorbe complètement, son travail l'envoie à l'autre bout du monde. La femme aussi peut fuir : elle peut interrompre sa grossesse, la fuir en se mettant à faire tant de choses qu'elle ne pourra ni sentir ni penser à ce qui se passe en elle. De fortes angoisses peuvent surgir à ce moment-là : des angoisses matérielles liées à tout ce qu'il y a à résoudre comme difficultés pour accueillir un enfant, mais aussi des angoisses existentielles devant cette expérience très belle, trop belle parfois, de porter la vie en soi. J'ai beaucoup travaillé sur cela avec une jeune femme qui, après de nombreuses fausses-couches, a pu exprimer du plus profond d'elle-même : « C'est trop beau pour moi ! » Il y avait quelque chose d'extrêmement blessé et dévalorisé qui ne pouvait pas tolérer la beauté de l'enfant en elle.

Une autre jeune femme s'interrogeait sur un souvenir étrange : après la naissance très réussie d'un bébé tant attendu, et après un instant d'intense communication avec son nouveau-né, les yeux dans les yeux, elle avait éprouvé le besoin de reprendre la lecture d'un livre terrible mettant en scène des atrocités de la vie : comme s'il fallait revenir de cette émotion esthétique hors du commun pour ne pas décrocher de la réalité, fût-ce par l'horreur...

Un autre avatar de cette attente se situe sur *le registre de l'envie*.

Il y a l'envie de ce qui nous fait défaut et que nous

voyons ou que nous savons chez l'autre, mais aussi l'envie de la vie de l'autre, l'envie d'être l'autre, de la relation que l'autre a avec le monde, avec le bébé *in utero*, par exemple.

Lorsqu'un petit enfant veut prendre la voiture de son petit voisin qui joue à côté de lui dans le sable, et qui fait « vroum, vroum » en grimpant la côte, ce n'est peut-être pas tant la voiture dont il a envie, mais de cette animation magique qu'il y a d'un seul coup dans le tas de sable quand l'autre joue. Les fabricants de jouets ne s'y trompent pas en présentant à l'image des jouets qui bougent et font du bruit. Mais quand l'enfant se retrouve avec la voiture qu'il a enfin prise à son voisin et qu'elle ne bouge plus et ne fait plus de bruit, il est très déconcerté ; parfois il la jette avec rage, dans l'incapacité d'animer, de faire vivre sa relation à l'objet.

Lorsqu'un père enfante dans la douleur aussi...

Je vais faire une allusion rapide à un phénomène qu'on appelle « la couvade »[2].

Dans certaines traditions, c'est une pratique tout à fait ritualisée, qui chez nous n'existe pas, mais que certains pères ont à leur insu. Il m'est arrivé de recevoir des hommes qui, au moment de la naissance d'un enfant, s'étaient trouvés contraints à prendre un congé de maladie, pendant la grossesse de leur femme ; c'était à cause d'un accident, d'un ulcère, d'une hernie, d'une colite ; c'était une sorte de « bébé digestif », car c'est plutôt dans le tube digestif que cela peut se vivre pour un homme, et c'était étonnant de sentir que cette prise en charge collective (par la Sécurité Sociale) permettait de vivre une « envie de giron », pourrait-on dire, et mettait en actes un congé de maladie équivalant au congé de maternité de la mère.

Dans la couvade, c'est le mari qui se couche, qui souffre, qu'on plaint et qui reçoit des cadeaux. Il peut même rester alité deux mois, son bébé sur le ventre, et on respecte cela. Tout est bien ritualisé, ce qui permet de comprendre l'événement dans un contexte de normalité, de le contenir au sein du groupe. Il arrive parfois à certains hommes de découvrir, mais sans pouvoir l'exprimer, que mettre un enfant au monde soulève des émotions énormes qui les renvoient à leur propre naissance. Nous savons que certaines femmes ont une dépression « post-partum » probablement liée à une dépression primaire du nouveau-né qu'elles ont été, passée inaperçue à ce moment-là. Aussi je ne vois pas pourquoi un homme ne vivrait pas lui aussi une dépression « post-partum », puisque la très grande proximité de la naissance de son enfant peut ranimer la sienne, et le renvoyer à des situations de détresse que certains bébés traversent en se séparant du corps de leur mère.

Sans doute cette période est-elle un moment privilégié pour renouer avec une vie émotionnelle dont beaucoup d'hommes déplorent d'être coupés. Il faut que ce soit bien mis en scène, bien ritualisé, cette couvade, pour qu'un homme ait le droit de faire une vraie « déprime » après la naissance de son bébé, et de rester corps à corps, peau à peau avec lui, suffisamment longtemps pour pouvoir réparer, en l'approchant ainsi, ce que sa femme a eu la chance de vivre, que lui n'aura jamais la chance de vivre de la même façon, et qui, de surcroît, a pu manquer au bébé qu'il a été.

Nous en venons au point le plus important à mon sens : si la différence des sexes est visible très tôt pour la petite fille, c'est-à-dire que très tôt elle peut constater que le petit garçon a quelque chose qu'elle n'a pas et n'aura jamais, il faudra peut-être beaucoup de temps pour que le petit garçon devenant homme puisse sentir, parce que cela ne se voit pas, mais se devine lorsqu'elle est enceinte, ce que la femme a en elle, qu'il n'a pas et n'aura jamais. Je ne peux pas envisager que ce « deuil » à faire de ce qui nous manque n'ait pas à être accompli par l'homme aussi quand il le découvre.

Mais s'agit-il encore de « deuil », dans ces conditions ?

L'intimité du couple autour de l'arrivée de l'enfant engendre la tendresse qui porte les trois. Le père y trouve sa place spécifique : aux côtés de la femme qui abrite l'enfant. Ces neuf mois de découverte mutuelle, de prise de position paternelle et d'entrée en relation avec son enfant lui éviteront de faire « comme » la mère. Lorsque aujourd'hui certains pères portent leur bébé contre leur poitrine, ils constatent souvent un mouvement de fouissement qui signifie la recherche du mamelon, car le contact avec la peau est irrésistible. Mais si cette expérience est émouvante et confrontante pour un père, elle n'occasionne malheureusement qu'une déception : Papa n'allaite pas ! Et sans doute a-t-il à donner à son enfant autre chose d'essentiel : le soutenir fermement en le tournant vers le monde et non vers lui. J'entendais une adolescente dire :

« Quand je sors le soir et que mon père me dit de bien me couvrir parce que je vais avoir froid, ça me rend folle ! Je n'ai pas besoin d'une deuxième mère, ni d'une nounou, je veux un père, je veux mon père ! » Aujourd'hui où la violence se manifeste à découvert partout autour de nous, il est urgent de comprendre que les premières violences que nous subissons peuvent être perpétrées sans coup, ni bruit, ni effusion de sang, seulement dans l'amputation invisible des besoins fondamentaux de l'être humain : recevoir avant tout la reconnaissance de ce que nous sommes : la vie humaine en devenir, qui s'accomplit à travers nous, enfant de deux êtres différents et unis, ne fut-ce qu'un court instant. Je sais que l'intimité possible autour de la naissance transforme et rapproche les couples ; beaucoup en témoignent après avoir accompagné ainsi leur enfant, c'est un enrichissement du langage érotique, dans la sécurité affective, un déploiement de la personne humaine, homme et femme. Et puis alors que nous pouvons croire avoir choisi librement notre partenaire, nous pouvons aussi découvrir que nous sommes encore bien souvent « mariés » par nos parents, à notre insu ; je veux dire par notre histoire, celle du clan familial, du « socius » ; mais il peut advenir que nous choisissions d'accomplir ensemble le chemin qui reste à faire vers l'individuation, et que nous travaillions à trouver plus de liberté à être la femme, l'homme que nous sommes, à aimer autrement et ensemble. C'est dans la reconnaissance de nos besoins et attentes d'enfance que nous pouvons vivre pleinement une sexualité adulte délivrée des fixations infantiles.

Nous sommes doués d'affectivité[3]

C'est dans la restauration en nous de la sécurité affective qui a pu nous manquer en différents temps cruciaux de notre développement que l'haptonomie poursuit l'accompagnement qu'elle propose autour de la naissance, et jusqu'à la fin de la vie quand elle permet à l'affectivité de soutenir l'accomplissement du dernier acte humain : mourir vivant.

Cette rencontre proche permet aussi de faire la différence entre intimité et intériorité ; c'est lorsque je suis très proche de l'autre que nous pouvons sentir la différence entre ce qui se passe entre lui et moi, dans un « nous » d'amour, ce qui se passe à l'intérieur de lui et que je ne connais pas, et ce qui se passe à l'intérieur de moi et qu'il ne connaît pas non plus. De sorte que ce qu'il peut y avoir de fascinant dans l'accueil de la vie naissante puisse aussi nous permettre de reconnaître ce qui, de cet éblouissement, appartient à la rencontre de cet enfant-là et ce qui appartient à celle de notre véritable nature, cachée, enfouie quelque part au fond de nous, révélée et ranimée par la rencontre, enrichissant d'une nouvelle expérience la vie du couple.

J'aimerais rappeler ici un très beau texte de Martin Buber extrait de son livre *Je et Tu*, malheureusement épuisé dans son édition française (Aubier-Montaigne, 1981) :

« C'est l'instinct de la relation qui est primitif, c'est lui qui se creuse et se gonfle d'avance, comme la main où vient se blottir le partenaire [...] Au commencement est la relation qui est une catégorie de l'être, une disposition d'accueil, un contenant, un moule psychique ; c'est l'a priori de la relation, le TU inné. Les relations réelles sont les incarnations du TU inné dans le TU rencontré [...] Dans le besoin tactile (besoin d'entrer en contact d'abord tactile puis visuel avec un autre être), le TU inné se manifeste de très bonne heure et exprime de façon de plus en plus nette la réciprocité, la tendresse... Le développement de l'âme chez l'enfant est intimement lié au développement du TU, aux satisfactions ou aux déceptions qu'éprouve cet instinct, au jeu de son activité et au sérieux tragique de son désarroi [...] L'homme devient un JE au contact du TU. »

J'ajouterai seulement que si l'amour circule entre deux êtres, c'est dans ce temps où ils sont vraiment comme des pôles, père et mère, reliés à la terre et au ciel. Et en effet dans cette présence partagée où chacun des deux peut être en sécurité dans l'authenticité de soi, un sentiment d'appartenance à l'humanité vient nous rappeler qu'il s'agit d'abord d'amour...

NOTES

1. F. Veldman, « Haptonomie, science de l'affectivité », 7e éd., P.U.F., Paris, 1998.

2. *Guide du futur père*, in *Naître et grandir* n° 1, janvier 1992.

3. Revue *Syngof* (Cahiers du Syndicat des gynécologues-obstétriciens), n° 17, mars 1994, « Haptonomie, affectivité confirmante : aube de la vie humaine », par Frans Veldman.

Pour une écologie de la sexualité

HENRI JOYEUX

J'ai presque tout appris des jeunes. Tout d'abord je dois vous dire comment je suis devenu conseiller d'une école tout à fait nouvelle créée par des jeunes, elle s'appelle EVA, l'École de la Vie et de L'Amour.

C'était en Languedoc-Roussillon, il y a deux ans et demi, à la sortie d'une conférence sur la prévention du cancer et du sida, cinq jeunes viennent me voir et me disent :

« On veut vous voir... On veut te voir à part, à part des adultes.

— Pourquoi ?

— Parce qu'on voudrait que tu deviennes conseiller de notre école. »

Je pensais un collège, un lycée. Je me suis trompé car une jeune fille d'environ seize ans me dit : « C'est moi le proviseur. » Je me suis dit : « Il y a des jeunes précoces, pourquoi pas ? » Du coup je la vouvoie, je lui dis : « Qu'attendez-vous de moi ? » Et alors à ma droite il y avait un jeune qui farfouille dans un sac, je lui dis : « Qu'est-ce-que tu fais, toi ? » Il me dit : « Je vais vous tester. » « Et comment vas-tu me tester ? » Alors il met un casque sur ses oreilles et il me dit : « Voilà, on a préparé des questions, on va vous enregistrer, les questions et les réponses, et si ça ne va pas on vous le dira. » « Il est onze heures et demi du soir, j'ai encore 50 bornes pour rentrer à Montpellier. »

Les jeunes c'est tout et tout de suite. Et heureusement que j'ai répondu « d'accord », parce que sinon, je n'aurais jamais tant appris. « Alors quelle est la première question ? » Et la jeune fille proviseur me dit : « Que pensez-vous de la masturbation ? » Je dis : « Vous parlez des garçons ou des filles ? »

« Commencez à répondre pour les garçons, on verra après pour les filles. »

Alors je commence à répondre et puis j'arrête pour voir si j'ai bien été compris et j'entends une réponse quasiment unanime :

« C'est nul !

— Pourquoi c'est nul ?

— Parce que tout ce que vous avez dit, on le sait. Mais continuez donc. »

Alors je m'aventure et puis j'entends rapidement : « C'est demi-nul. » Je me dis : « Tu progresses vite. » Et j'ai rapidement compris ce que voulaient ces jeunes : ils voulaient *tout* savoir. Depuis, c'est un pacte moral que j'ai avec eux : *tout* leur dire.

Ces jeunes ont eu une idée « géniale » : « Nous voulons une école de la Vie et de L'Amour ! Au lycée, on nous bourre la tête avec l'histoire, les fleuves, la philo, et la biologie... Mais l'essentiel de la vie ne nous est pas dit. »

L'amour est assimilé à un jeu, et ses dimensions sentimentales et spirituelles sont occultées, comme les responsabilités personnelles et sociales qui peuvent en découler.

Plus de quinze mille questions : tout dire, mais comment ?

C'est certainement sur les problèmes de la vie et de l'amour qu'ils sont le plus sensibles, le plus réceptifs. Ils ont en effet conscience au fond d'eux-mêmes qu'il s'agit là des points clefs de leur vie future. Adolescents et pré-adolescents savent très bien que la sexualité est un des aspects essentiels de leur personne, qui les différencie les uns des autres. Ils en perçoivent déjà, dans leur corps comme dans leurs cœurs, des appels fréquents.

Alors j'ai répondu à leurs questions. Plus de quinze mille questions de jeunes. Ils m'ont fait beaucoup progresser. Les questions posées par les enfants de quatre à dix ans sont :

« Dis, maman, comment il vient le bébé ? » Ou bien : « Papa, j'ai remarqué, quand je me lève le matin que mon zizi est tendu. Dis, papa, y a un os dans mon zizi ? » Le père : « Non, mon fils, tu n'as pas un os dans ton zizi, tu as envie de faire pipi. Tu fais pipi, ton zizi redevient normal. Quand ton zizi est tendu on dit qu'il est en érection. » Le petit de 6 ans : « Dis, papa, y a que quand on a envie de faire pipi qu'on a un zizi tendu, là, comme tu dis, en érection ? » Le père :

« Écoute, je vais m'occuper de la bagnole au garage, va voir ta mère. » Mais le père est inquiet, il dit à sa femme : « Qu'est-ce qu'on a dit à ce petit à l'école ? » Le petit continue : « Maman, j'ai remarqué que quand je vois à la télé un homme et une femme qui s'embrasse sur la bouche, ou une femme qui se déshabille, ou un homme et une femme qui font de la fesse, ça me donne une petite érection. » Le père : « Chérie, il est précoce le petit ! »

Avec les petits en CP je me régale car ils veulent tous parler. Quand ils sont plus âgés, ils n'osent pas parler, ils écrivent sur des papiers. Les petits me disent : « Je veux te dire quelque chose. » Ils prennent le micro. L'un d'entre eux me dit : « Papa, il a Canal +. »

Je lui dis : « Oui, c'est pour regarder les matchs.

— Non, c'est pour regarder des films !

— Oui, des films que tu regardes avec papa.

— Non, il ne veut pas !

— Mais tu les regardes quand même ?

— Oui, bien sûr !

— Comment tu fais ?

— Dans le trou de la serrure...

— C'est quoi ces films ?

— C'est des films de cul... »

À cinq ans, les petits savent parfaitement où se trouvent les livres, les bandes dessinées, ils savent appuyer sur la bande vidéo. Avez-vous imaginé que, dans le troisième millénaire qui se prépare, ce sont vos enfants qui seront les acteurs principaux ? Ils reçoivent chaque jour un grand nombre d'informations de toute sorte qu'il leur est bien difficile de sélectionner. Toutes ces images qu'ils reçoivent, quels impacts ont-elles sur eux ? Qu'enclenchent-elles sur leur évolution psycho-affective, dans leur évolution psycho-sexuelle ?

Nous devons nous poser ces questions. Et notre rôle est de les aider à évacuer, par le dialogue et l'écoute, les traces de cette sur-information inadéquate à leur développement.

Annoncer la puberté avant qu'elle n'arrive

Dix-treize ans c'est l'annonce de la puberté.

À Genève, il y a un an, lors d'une rencontre avec des jeunes, une maman dit : « Je voudrais poser une question aux jeunes : quand pensez-vous que j'ai reçu ma première rose ? »

Un jeune crie dans le fond de la salle : « Ton fiancé ! »

« Non avant ! Le jour où je suis devenue jeune fille, mon frère aîné, trois ans de plus, m'a offert une rose ! »

Vous voyez la délicatesse de cœur du frère et l'intelligence des parents dans l'information qui lui a été donnée. L'explication négative que l'on rencontre trop souvent à l'arrivée des règles :

« Chut, aujourd'hui ta sœur faut pas lui parler, elle va pleurer...

— Pourquoi ?

— Tu comprends, aujourd'hui pour ta sœur... c'est les règles...

— C'est quoi les règles ?

— C'est du sang...

— Elle va mourir ma sœur ?

— Mais non elle ne va pas mourir ta sœur. »

Cette explication négative doit être transformée dans une explication positive, telle que : « Ta sœur est devenue de petite fille, jeune fille, c'est-à-dire capable de transmettre la vie. »

Des jeunes ont testé d'autres jeunes. Ils leur ont fait lire une page sur Louis XIV et une page de n'importe quelle page du petit livre *L'Annonce de la puberté* : « Qu'est-ce que tu as lu sur Louis XIV ? » Ils ne savent même pas si c'est Louis IX ou Louis XII, ils s'en foutent. Ils vous disent : « Il est mort. » Par contre dans *L'Annonce de la puberté*, ils ont tout reconnu, tout, pourquoi ? Parce que c'est leur jardin secret. Parce que c'est leur puissance d'amour qui est en train de se mettre en place. Une puissance aux mille sentiers, une puissance fantastique qui très tôt déjà est présente.

L'amour, une puissance fantastique

Il est important de faire prendre conscience à l'enfant de cette puissance d'amour fantastique quand il est tout jeune. Il va mettre du temps à discerner pour lui la *une* de sa vie, et pour elle le *un* de sa vie, qu'ils cherchent consciemment et plus souvent inconsciemment. Car tout petit que nous sommes, nous cherchons l'autre, pour une éternité d'amour. Mais avant d'être dans l'éternité, nous sommes bien sur terre, donc nous cherchons sur terre l'autre. Chercher l'autre sur terre n'est pas si facile, surtout si on ne reçoit pas les informations qui vous permettent de grandir, de choisir.

Une jeune fille m'écrivait récemment : « Aidez-moi à faire comprendre à ma mère que je veux savoir qui est mon père. Elle me dit que c'est trop tôt... J'ai l'impression qu'il me manque la moitié de moi. » Elle signifiait bien qu'il lui manquait une racine.

Que veulent-ils aujourd'hui ? Une information les prenant réellement au sérieux, c'est-à-dire tout simplement les responsabilisant. N'oublions pas que nous aussi, à cet âge, nous aurions voulu être pris au sérieux... avec raison, d'ailleurs.

Il ne s'agit pas seulement d'être aimé, il s'agit d'être compris, entendu, accepté comme interlocuteur valable, capable aussi d'avoir sa propre réflexion, peut-être même sa propre conception, même si elle n'est qu'à l'état de germe.

Les enfants, les adolescents attendent de nous que nous leur parlions des « choses de la vie et de l'amour ».

Pourquoi tant de blessés de l'amour ? Les vraies questions : d'où je viens, où je vais ?

À l'École de la Vie et de l'Amour, nous recevons beaucoup de lettres de jeunes, des jeunes blessés, des jeunes mal informés, des jeunes qui n'ont pas leurs racines, qui n'ont pas leur réponse à cette question : « D'où je viens ? » « Tu viens de l'amour de ton papa et de ta maman. »

Dans cette petite cassette *Raconte-moi quand j'étais bébé,* je suis devenu un conteur. Oh ! Blanche-Neige et les sept nains, ça les fascine mais leur histoire avant leur naissance est bien plus passionnante. Vous avez des jeunes qui vous disent : « Raconte-moi quand j'étais plus petit qu'un grain de sable, raconte-moi quand j'étais dans le berceau-piscine de maman au bout d'un élastique et que je faisais des cabrioles, raconte-moi le jour de ma naissance, le jour où mon papa m'a pris dans ses bras et où il pleurait de joie, raconte moi... mes *racines.* »

Et après dix ans, que cherche l'enfant : « Où je vais ? »

Certes il veut être jardinier, soldat, pompier, je ne sais... Il cherche son *avenir.* Et son avenir, il le lira en partie dans son papa, dans sa maman, dans ses éducateurs, dans son environnement.

Très tôt, l'enfant veut savoir d'où il vient, et comprendre comment il a été conçu. Ce n'est pas lui mentir que lui expliquer son existence, sa présence bien avant sa naissance, dans le ventre de sa maman. Pendant plusieurs mois, il s'est préparé — dans un milieu adéquat qu'il faut décrire presque en détail — à venir à la vie terrestre.

Il faut, en même temps, lui faire bien comprendre que sa venue a été le résultat, le fruit de l'amour, de l'union corporelle complète de sa mère et de son père, explications qu'il faut donner entièrement, au moins avant l'âge de dix ans.

Aujourd'hui, savez-vous qu'il y a des suicides d'enfants qui ne sont pas des suicides liés au fait que le proviseur, ou le directeur d'école a donné une mauvaise note ou une punition ? Non, ça c'est la goutte d'eau qui a fait déborder le vase. Ce sont des enfants qui n'ont pas eu la réponse à « d'où je viens ? » et qui ne savent pas où ils vont. Ils nous disent : « Je ne veux pas vivre ce que les adultes vivent, cette vie-là n'est que souffrance. » Ils ne supportent plus, alors ils ne trouvent pas d'autres solutions pour arrêter leur souffrance que d'arrêter leur vie...

Aujourd'hui le sujet le plus urgent à traiter est certainement celui des « blessures d'amour ».

Le sida et les carences affectives

À treize/quinze ans : les trois grands « S » de notre société : Sentiment, Sexualité et sida.

Le sida ! Si vous m'aviez demandé il y a dix ans ce que je pensais du sida, je vous aurais dit : « C'est pas mon problème, je ne crains ni pour moi, ni pour mes enfants, c'est pour ceux qui mènent des vies spéciales : drogués ou autres. »

Aujourd'hui, je l'avoue, j'ai changé d'avis parce que j'ai rencontré des jeunes atteints. J'ai fermé les yeux pour l'éternité à treize d'entre eux. Le plus jeune avait dix-sept ans, le plus ancien quarante ans. Je m'étais trompé. Je pensais qu'ils étaient responsables de leur maladie. Qui est responsable ? Le virus ? Il y en a deux. Oui bien sûr, mais le virus, c'est de la pathologie ? C'est de la médecine. Le responsable, c'est moi, c'est nous, c'est chacun d'entre nous qui avons notre part de responsabilité dans le monde d'aujourd'hui car le sida, c'est une *carence affective majeure*. Le sida, c'est une méconnaissance totale des choses de la vie, des choses de l'amour. Oh ! les jeunes savent beaucoup de choses troubles sur les choses de la vie et de l'amour. Vous n'avez rien à leur apprendre dans ce domaine. Mais sur ce qui est *sain*, ils ont besoin d'être informés.

Les jeunes m'ont demandé : « Quand penses-tu que nous sommes majeurs ? » J'ai répondu « dix-huit ans », comme les politiques. « Non, c'est nul, ça c'est les politiques. Non, nous sommes majeurs à quinze ans. »

J'ai réfléchi beaucoup avec eux. Ils ont raison. À quinze ans les jeunes doivent *tout* savoir sur les choses de la vie et sur les choses de l'amour. Faut-il avoir les expériences ? Non, pas nécessairement. Il n'est pas nécessaire de mettre les pieds dans le feu pour savoir que ça brûle. Les jeunes doivent être informés et bien informés sur les choses de la Vie et de l'Amour.

Mais que reçoivent-ils comme informations ?

Il y a des comités spéciaux, il y a des associations spéciales... et le résultat de toute l'éducation sexuelle — quel en est le résultat ? Je caricature un peu car c'est le révélateur de cette vie sociale-là. C'est le sida, ce sont les MST, c'est-à-dire l'augmentation faramineuse du nombre des maladies sexuellement transmissibles, et le cancer de l'utérus chez les femmes jeunes — je suis cancérologue, bien placé pour le savoir — et aussi les cancers du sein qui sont de plus en plus nombreux ; ce sont des cancers hormonaux dépendants. Il y avait 7 000 nouveaux cas de cancer du sein il y a vingt ans en France, 27 000 vingt ans plus tard. Nous n'avons pas progressé quant au diagnostic, nous avons les mêmes moyens diagnostics et, en 1987, nous avions 27 000 nouveaux cas. Les années 90 ont vu une augmentation des cas du cancer du sein chaque année.

Les jeunes posent énormément de questions :

« Dis-moi, j'ai une question terrible à te poser, je suis amoureuse, me dit une jeune fille d'environ dix-huit ans, d'un garçon qui a le sida.

— C'est bien, tu aimes.

— Oui, mais il a le sida !

— Quel est ton problème ? Dis-moi, c'est le premier garçon que tu aimes ?

— Non...

— Le combientième ?

— Troisième.

— Parle-moi du premier, tu l'as beaucoup aimé ?

— Oh oui, beaucoup.

— Pourquoi tu ne l'aimes plus ? Combien de temps l'as-tu aimé ?

— Je l'ai aimé sept mois, sept mois et demi et puis, j'ai eu un doute... il sortait avec une autre fille.

— Et alors ?

— Quand j'en ai eu la certitude je l'ai largué ! »

L'amour est exclusif. Il l'était il y a trois mille ans, il l'est toujours, il le sera encore dans trois mille ans. Si vous connaissez quelqu'un qui est content que celle qu'il aime aille avec un autre, vous m'appellerez. L'amour est exclusif, c'est l'autre, ce n'est pas une union de sexes. Tout sexe masculin va dans tout sexe féminin, c'est de la balistique, ça. C'est de la balistique coïtale. C'est la prise de courant mâle qui va dans la prise de courant femelle et le courant passe, mais cela n'est pas l'amour. Alors je dis à cette jeune fille :

« Je comprends pour le premier. Et le second ?

— Je le hais.

— Pourquoi ?

— Il m'a exploitée.

— Quoi ?

— Mon corps.

— Je comprends. Et le troisième ?

— Je l'aime.

— Pourquoi l'aimez-vous ?

— Je l'aime parce qu'il m'écoute et je l'écoute. Il me comprend, je le comprends. Nous parlons de littérature, d'art, de tout.

— Depuis quand le connaissez-vous ?

— Six mois.

— Depuis quand savez-vous qu'il a le sida ?

— Quinze jours.

— Il doit beaucoup vous aimer !

— Comment le savez-vous ? Vous me connaissez à peine, vous ne le connaissez pas ! Comment savez-vous qu'il m'aime ?

— Mais c'est très simple, il vous a livré le plus secret de ses secrets et c'est ça l'amour. »

L'amour c'est d'abord : je te donne mes secrets à toi seul, parce que j'ai une confiance très grande en toi. Je ne te donne pas tout d'un coup, comme je déballerais des paquets, non, un par un. C'est une véritable stratégie amoureuse. *Le jeu de l'amour, c'est d'abord une union progressive des cœurs. Cela demande du temps.*

Alors je dis à la jeune fille : « Quel est donc le problème ?

— Le problème est que nous nous aimons tellement qu'il me demande tout mon corps et moi j'ai peur de lui.

— Oui, je comprends, vous avez peur du sida. »

Alors moi, homme de santé, je suis obligé de vous dire : « Assistance à personne en danger. » Préservez-vous. Si dans votre liberté, si vous avez décidé de prendre et d'aller vers le don et l'offrande de votre corps à celui que vous aimez, alors je suis obligé de vous dire : « Assistance à personne en danger »... Préservez-vous, préservatif.

Mais savez-vous qu'il y a cinquante marques de préservatifs en Europe ? Il y en a dix qui fonctionnent bien. Je pensais qu'elle me demanderait le label des bons préservatifs, je le lui aurais donné. Elle ne me l'a pas demandé. Elle m'a demandé :

« Comment faire pour que de séropositif, il ne devienne pas sida-maladie ? Que dois-je lui donner à manger ? Que dois-je lui donner comme conseils pour vivre ? »

Nous avons longuement parlé. Elle est partie apaisée.

Que de situations différentes, et qui démontrent chaque fois la même chose, le manque d'information. Les jeunes ont soif de vrai, de réel... Donnons-leur d'abord les clefs pour comprendre leur corps et celui des autres.

La dissociation sexualité-amour est un non-sens humain qui traduit une grave méconnaissance des immenses qualités de l'individu masculin ou féminin. Un tel non-sens empêche une véritable maturation physique et sexuelle. Les jeunes le savent de plus en plus tôt. Ils ne veulent plus polluer leur corps. Ils se tournent naturellement vers l'écologie.

L'écologie n'est pas seulement réservée à la nature environnante. L'écologie humaine et sexuelle, en particulier, est une réalité concrète qui implique et traduit un retour au bon sens, aux rythmes biologiques qui sont à la source de l'équilibre humain.

Une société qui a perdu la boussole du bon sens. Nous en sommes tous responsables

Nous sommes dans une société qui a perdu la boussole. Ce n'est pas moi qui le dis, ce sont les jeunes.

La notion de responsabilité dans le vaste domaine de la sexualité est en train de prendre forme dans la conscience de la jeunesse. Certes, la liberté « modèle 68 », le « fais ce que tu veux », ou « faites l'amour mais pas la guerre » sont encore prédominant et restent le moteur d'un grand nombre de leurs actions. Cependant, comme un bourgeon qui montre sa tête, on peut observer nettement chez certains groupes de jeunes bien informés que la notion de responsabilité fait de plus en plus la balance avec la notion de liberté. Ils seront les véritables moteurs du troisième millénaire.

Il est essentiel et urgent de faire prendre conscience à tous que le sida n'est qu'un « révélateur » de notre vie sociale et que la responsabilité ne retombe pas seulement sur l'individu atteint, mais aussi sur la collectivité qui n'a pas trouvé les moyens adéquats pour l'éviter.

Notre société ne vit-elle pas la même évolution décadente vécue à Athènes et à Rome ? Les dérapages de la sexualité du temps de Socrate et de Néron auront aujourd'hui les mêmes effets... Ils sont et seront mortels pour ceux qui se feront prendre ou ne sauront résister à leurs fantasmes, aux pulsions animales qui peuvent annihiler l'esprit.

Il n'est pas trop tard pour en prendre conscience mais le temps presse. À quelle époque le problème a-t-il eu une ampleur comparable ?

*Spiritualité et sexualité**

Le sexe n'est pas une prothèse.

La sexualité humaine part de la tête et du cœur, et elle y revient ; elle exprime la relation à l'autre comme autre, irréductible à moi-même : féminin, masculin, deux dimensions merveilleusement complémentaires de l'humain. C'est pourquoi homosexualité et sexualité consommatrices sont des blessures de la personne ; elles fabriquent la violence.

Or c'est par son moi, intérieur et extérieur, que la personne humaine est unique : deux vrais jumeaux, et pourtant si différents ! Pas de paysages à la chaîne pour les « jardins intérieurs ». Le « jardin intérieur » qui pense, qui veut, qui se souvient et qui désire, appelons-le — avec tant de courants de pensée — dimension spirituelle, spiritualité humaine.

---

* *L'Éducation sexuelle par le dialogue parents-enfants,* H. Joyeux, éd. O.E.I.L.

C'est clair : sexualité et spiritualité sont très liées : pas de sexualité humaine sans engagement du « jardin intérieur », du spirituel ; pas de « jardin intérieur » florissant sans gestion cohérente de la sexualité.

Toutes les traditions religieuses ont perçu ce lien qui fait de la sexualité un lieu où homme et femme se font et se défont.

Derniers messages : la jeunesse crie la vie

Je termine par deux messages des jeunes.

Premier message : tu diras aux jeunes et aux adultes que tu rencontres : « Finalement la société d'aujourd'hui c'est la société du chômage et des B : Bouffer, Boire, Bronzer, se Baigner et Baiser. À l'École de la Vie et de l'Amour, ce que nous voulons construire est la société des A : Attendre, Apprendre, Agir, Aider et Aimer.

Deuxième message : « Tu me dis qu'il y a deux virus du sida — HIV1 et HIV2. Dans HIV il y a les sigles, les lettres des voies du sida : H = Hétéro, sexualité à multiples partenaires, homosexualité également à multiples partenaires. I = Insouciance, Ignorance, Incompétence, soit ne rien savoir. Et V = Viol, Vol, Vice, Violence. Et les jeunes d'ajouter : « Tu sais, il y a HIV3. C'est le sigle de la prévention du sida : 3, c'est Troisième millénaire. » Nous y sommes.

Vous avez vu dans les huit derniers mois un million de nouveaux cas de séropositifs. En l'an 2000, 40 millions de morts avec le sida. J'ai rencontré le directeur de l'OMS qui me disait : « Le vaccin contre le sida il faut attendre dix ans... » Quand on dit : « En recherche il faut attendre dix ans », ça veut dire qu'on ne sait pas. On sait parfaitement faire des vaccins, on connaît parfaitement le virus du sida. Mais quand on vous dit : « Le vaccin c'est pour demain », ce n'est pas sérieux !

Alors HIV3 : H, c'est l'Humilité, c'est savoir où est ma fragilité. C'est Honnêteté, c'est le copain qui va au supermarché, qui vole un disque :

« T'es pas capable d'en voler deux !

— Maintenant on va ramener le disque ou bien tu le payes. »

I = Initiative, Intégrité. Je peux vous assurer qu'il y a des jeunes fantastiques, mais nous, adultes, nous ne savons pas suffisamment leur faire confiance. Des jeunes sont capables d'initiatives merveilleuses, capables de désirer l'intégrité au sens de leur cœur, au sens de leur corps, tout en sachant les difficultés, bien sûr. Et V = Vie et Volonté. N'est-ce pas avec l'Intégrité, l'Humilité, la Vie et la Volonté que l'on construit un Homme ! C'est ce que m'ont appris les jeunes, alors je vous laisse sur leur message :

« La sexualité humaine est à un tournant. Beaucoup de voies ont déjà été prises. À l'aube du troisième millénaire, la sexualité sort de l'adolescence comme on sort d'une période troublée. Le sida peut nous aider à voir clair, à choisir. C'est l'heure des questions fondamentales, des choix fondamentaux. Bien comprise et bien vécue, la sexualité humaine est un moyen prodigieux de communication et de paix entre les hommes. Une ère nouvelle est à notre porte ; ce n'est pas une chance à saisir, c'est un monde à construire, avec nos enfants... »

Sida et liberté

ROBERT KEMPENICH

> *Il me semble ce soir, mon amie, qu'à travers les mondes innombrables où déjà nous vécûmes, nous avons, vous et moi, laissé le souvenir de notre union. Quand je lis des légendes anciennes inspirées par des passions éteintes aujourd'hui, il me semble que jadis nous ne fîmes qu'un, vous et moi, et que la mémoire nous en revient avec la mémoire des temps...*
>
> Rabindranath Tagore, *La Fugitive*

En pleine époque de libération sexuelle, le spectre de la souffrance, de la mort et la peur panique de la contagion font irruption dans la conscience collective par ce qui a souvent été présenté par les médias, non sans accent hystérique, comme la grande épidémie du XXe *siècle : le sida. Il atteint ce qui garantit la présence de l'individualité par rapport au reste du monde : le système immunitaire. Il dépasse de loin les seules interrogations médicales et scientifiques, il touche l'intimité de la nature humaine en remettant en question la relation individuelle au sexe et à l'amour. Il bouleverse ainsi des modes de comportements qui semblaient acquis depuis quelques décades.*

Ce texte a été écrit il y a une dizaine d'années. Aujourd'hui, certaines parties auraient été rédigées différemment. La recherche scientifique concernant le VIH ainsi que les traitements ont beaucoup évolué depuis.

La maladie dans les pays occidentaux a changé de visage, elle s'est presque banalisée. Les interrogations et l'éveil qu'elle avait provoquée se sont estompés. A-t-elle rempli sa mission pour autant ? C'est sous l'angle de cette question que les pages qui suivent doivent être lues.

Il est très délicat de parler de cette maladie car il n'existe pas de domaine dans lequel la recherche scientifique avance aussi rapidement. Nous n'allons pas nous substituer aux articles spécialisés, ni en faire le commentaire, mais allons tenter d'approcher cette maladie par une autre méthode que celle de la seule biologie. En ordonnant phénoménologiquement les caractéristiques biologiques et cliniques de la maladie, les traits particuliers du milieu socio-culturel et des individualités qui en sont atteints, en nous interrogeant sur la relation de cette maladie avec notre époque, sur le sens qu'elle peut avoir pour la collectivité en général et pour chaque être en particulier, nous essaierons de laisser se dégager quelque chose de l'archétype spirituel, de l'« être » de cette maladie. En effet, si elle prend tant de place en cette fin de siècle, c'est qu'elle en fait intimement partie et qu'elle doit y remplir une fonction importante. Comme pour les autres maladies de l'immunité (allergies, maladies auto-immunes, cancer) caractéristiques elles aussi de notre époque, la compréhension du sida nous paraît indissociable du diagnostic et de la prise en compte de l'arrière-fond historique dans lequel il s'inscrit : en ce sens il est une maladie de civilisation. Et inversement, en comprenant mieux le sida peut-être comprendrons-nous mieux notre époque.

L'épidémie

Le sida n'est pas une épidémie au même titre que l'étaient la peste, le choléra et le typhus en Europe au Moyen Âge : ni par le nombre des malades atteints ou des morts, ni par son mode de transmission (Markus Treichler). Rappelons tout de même que la lèpre en Afrique touche actuellement dix à vingt millions de personnes et qu'en Inde cent à deux cent millions de malades sont atteints de malaria (paludisme). C'est par la voie des fonctions vitales que les « épidémies classiques » se répandent : la respiration et l'alimentation, (ou encore par des piqûres d'insectes, bien difficiles à éviter). La contamination nous apparaît chez celles-ci comme dépendante des conditions de l'environnement. Ces épidémies touchaient beaucoup plus massivement la population entière que l'individu particulier. Il partageait davantage la maladie qui touchait son peuple qu'il ne vivait la sienne propre. Dans le sida, c'est dans le sang, le sperme et les sécrétions vaginales que se retrouvent les plus fortes concentrations du virus. La première voie de transmission est la relation sexuelle, il faut que le sperme ou les sécrétions vaginales entrent en contact avec le sang par l'intermédiaire d'une lésion des muqueuses. La deuxième voie de transmission est celle de la seringue infectée du toxicomane : elle est directement sanguine. La contamination par le virus HIV est donc en relation étroite avec des aspects de la vie humaine qui sont sous la dépendance de l'individualité et qui mettent plus ou moins en jeu sa responsabilité, sa liberté, son accord ou son refus.

Les contaminations accidentelles (transfusions sanguines et piqûres par le personnel soignant avec du matériel contaminé) sont relativement rares (4 %), tout comme la contamination périnatale du nourrisson par le sang infecté de la mère. Le sida est, par ailleurs, une maladie à large prédominance masculine (homosexualité) : près de 90 % aux États-Unis et en Europe. Le chiffre va diminuer par l'augmentation de la contamination hétérosexuelle (50 % des malades en Afrique sont des femmes).

Toutefois il est important de souligner le mode d'entrée qu'a choisi la maladie parmi les 150 premiers malades connus aux États-Unis (à New York et à San Francisco) : 149 d'entre eux étaient homosexuels ou bisexuels, presque tous toxicomanes dépendants de la seringue.

Comparées au sida, les autres maladies de la sexualité ont l'air anodines, et pourtant l'une de leurs caractéristiques communes est de pouvoir transmettre la mort.

L'hépatite B peut entraîner une hépatite chronique active mortelle ; les papillomavirus responsables des condylomes génitaux peuvent induire un cancer du col utérin (cancer sexuellement transmissible), les chlamydiae peuvent provoquer une stérilité chez la femme ; la stérilité par son impossibilité à transmettre la vie peut être vue comme une sorte de mort.

Ces maladies mettent en relation de proximité la sexualité, l'amour, la mort et la responsabilité individuelle.

Le virus, l'atteinte de l'immunité et la maladie

La biologie du virus HIV : Chemin inversé

Le sida est une maladie virale dont l'agent appartient à la catégorie particulière des rétrovirus. Comme tous les virus, il est composé d'un matériel génétique (dans le cas particulier ANR viral) entouré d'une membrane ou capside particulière. S'il n'était vivant, on le prendrait presque pour de la matière inorganique. Comme tous les virus également, il ne peut développer de vie autonome que dans un milieu qui lui est propre, il lui faut une cellule hôte dans laquelle il pénètre, qu'il parasite et dont il soumettra le métabolisme à ses propres lois. Si c'est le matériel génétique qui modifie la cellule hôte, c'est sa membrane lipoprotéique qui la reconnaît et qui permettra sa pénétration à l'intérieur. Il existe une parenté, une analogie de structure entre la membrane virale et la membrane de la cellule hôte. Tout se passe comme si le virus et l'organe hôte étaient dérivés d'un même modèle. Le virus abandonne alors son « manteau » et pénètre uniquement sous forme de matériel génétique accompagné de quelques enzymes dans le cytoplasme cellulaire.

Mais — et c'est là sa différence d'avec les autres virus — le virus HIV ne se contente pas seulement de coloniser le cytoplasme cellulaire, il va pénétrer dans le noyau cellulaire, se glisser et se fondre dans le matériel génétique de celui-ci.

Le noyau viral HIV n'est pas constitué par un matériel génétique analogue à celui des autres noyaux cellulaires à l'organisme (ADN) mais d'une modification, d'une transformation de celui-ci sous forme d'ARN. Normalement, cet ARN agit dans le cytoplasme cellulaire pour activer la synthèse protéique spécifique à chaque cellule spécialisée. Dans la norme, la synthèse de l'ARN découle toujours de la modification de l'ADN nucléaire : ce mécanisme est appelé transcription.

Jusqu'à la découverte des rétrovirus, ce mécanisme était le seul reconnu. L'inverse, la synthèse d'ADN à partir de l'ARN, était considéré comme impossible. Le HIV va inverser la séquence, à l'aide d'un enzyme spécifique, la *transcriptase reverse,* il induit la synthèse d'ADN à partir de son ARN : c'est-à-dire du véritable matériel nucléaire. Celui-ci va s'introduire dans le noyau de la cellule hôte et se fondre dans la masse du matériel génétique de celle-ci.

La synthèse habituelle d'ARN actif dans le cytoplasme cellulaire à partir de l'ADN du noyau cellulaire nous illustre un chemin qui part du centre et se dirige vers la périphérie. Par analogie nous pouvons dire que l'activité est dirigée à partir de la tête (le noyau cellulaire) vers l'activité métabolique périphérique (le cytoplasme cellulaire, lieu de l'activité métabolique). Le virus HIV suit un chemin inverse, de retour, il vient de la périphérie métabolique pour aller s'inscrire dans le lieu d'origine, la tête qui dirige l'activité cellulaire. En quelque sorte, en remontant au noyau dans lequel la vie se trouve cristallisée, ramassée, condensée, il remonte à un stade antérieur à celui de la manifestation plus dispersée du métabolisme cellulaire.

En s'insinuant dans le noyau et en se « recombinant » avec le matériel génétique de la cellule hôte, le HIV reproduit ce qui ne se passe normalement que dans la reproduction sexuée, par la fécondation de deux gamètes mâle et femelle : l'interpénétration de deux matériaux génétiques différents.

Dans son comportement et dans sa structure, le virus HIV fait penser — comme le signale Thomas McKeen — au gamète mâle, le spermatozoïde nature. Celui-ci n'est constitué que d'une espèce de noyau contenant le matériel génétique à inclure dans celui de l'ovocyte. À l'un des pôles du noyau se condense une excroissance pointue, l'acrosome, contenant une enzyme très puissante, l'hyaluronidase, destinée à lyser la membrane de l'œuf (zone pellucide). À l'autre pôle, ce qui reste du cytoplasme s'est condensé en flagelle. Il va faire effraction dans l'œuf et unir son matériel génétique à celui-ci. Le comportement du virus HIV revient à imiter ce qui se passe dans la norme, à l'état de santé, dans la reproduction sexuée lors de la création d'un nouvel être qui s'incarne dans la vie cellulaire. Il va ensuite par la méiose assurer sa transmission, sa pérennité. Mais ce faisant, au niveau biologique, il ne donne pas la vie à un nouvel être, il féconde la mort de la cellule hôte, et de l'être qui l'héberge. Le nouvel être à venir est en fait une injection mortelle avec pénétration d'un génome étranger dans le sang. Outre son neurotropisme, le HIV montre une affinité quasi spécifique pour le système immunitaire et, en particulier, pour les lymphocytes T4, les cellules « helpers ».

L'atteinte immunitaire et la biologie de la liberté

Les lymphocytes T4 ne sont pas des cellules quelconques du système immunitaire circulant, ils sont une sous-population lymphocytaire qui dirige les lymphocytes B et T, donc l'ensemble des cellules immunocompétentes, pour la production des réponses immunitaires spécifiques. Sans les T4, le système immunitaire ressemblerait à une armée sans chef. Les T4 représentent la tête, le pôle de conscience du système immunitaire, le cerveau circulant de celui-ci. En atteignant les T4, le HIV supprime ce qui coordonne tout le système immunitaire, celui-ci va dérailler dans des réponses incohérentes.

La réponse immunitaire par production d'anticorps contre le virus, tant qu'il n'a pas pénétré les lymphocytes, est inefficace de par sa rapidité de mutation : sa membrane change trop vite de structure et dépasse la capacité de réponse adéquate du système immunitaire. Lorsqu'il a pénétré les T4, il est au centre de ce qui dirige les défenses, il va se multiplier en eux, avec eux, il est à l'abri. Il entraîne en plus la modification de la membrane des lymphocytes T4 eux-mêmes, provoquant ainsi leur destruction par une réponse immunitaire dirigée contre eux.

Sur le plan biologique, il apparaît clair maintenant que toute tentative d'auto-guérison est vouée à l'échec et aboutit en fait à une autolyse. En thérapeutique, le médecin qui veut stimuler le système immunitaire ne fera que multiplier les T4 infectés et propagera l'infection. Freiner l'immunité revient à faciliter la tâche à l'HIV, donc à amener une faillite encore plus rapide du système immunitaire.

Le processus immunitaire peut être vu comme un « processus de conscience inconscient » (Klaus Dunke). Parmi les cellules immunocompétentes, certaines sont spécialisées dans la perception du corps étranger ou de l'antigène, d'autres le mettent en mémoire, d'autres encore sont responsables du mode de réponse immunitaire à donner, elles sont les décideurs, d'autres enfin passent à l'activité proprement dite. Perception, mémoire, décision, passage à l'activité — voilà un processus qui se rapproche de celui de l'activité consciente. Au cours de ce « processus de conscience inconscient » se reflète l'activité biologique de l'individualité ou, comme l'appelle Rudolf Steiner, de « l'organisation du Je ».

Ces cellules sont issues de la moelle osseuse : réserve médullaire du sternum et de l'épine iliaque en particulier. Mais initialement, pendant la vie embryonnaire, elles naissent dans la rate, avant que celle-ci ne cède son activité hématopoïétique à la moelle osseuse. Les T lymphocytes sont ainsi dénommés parce qu'ils sont thymodépendants, c'est-à-dire qu'ils sont « mâturés » dans le thymus. Or, la rate et le thymus font partie du système réticuloendothélial (SRE), tout comme la substance intercellulaire fondamentale. Le SRE est issu de la partie la plus périphérique de l'œuf fécondé, le trophoblaste. Rate, thymus et substance fondamentale amorphe résultent de la pénétration en profondeur vers l'intérieur de cette membrane la plus archétypique, la plus originelle qui soit. La substance fondamentale amorphe constitue ainsi, par son immense surface (elle entoure toutes les cellules de l'organisme, elle n'est pas chiffrable), la périphérie universelle intériorisée. Elle est optiquement homogène, c'est-à-dire qu'elle ne réfracte pas la lumière, elle la laisse passer sans la modifier et la vecte ainsi, jusqu'aux confins du monde cellulaire. Elle est la structure la plus riche en silice qui soit, et devient ainsi la porteuse de structure dans le monde vivant. Dans l'Univers aussi, la silice est responsable de la structure (les cristaux de quartz nous le laissent entrevoir : forme cristalline très marquée, transparente). De nombreux travaux scientifiques dans le monde minéral et biologique étayent maintenant les indications données initialement par Rudolf Steiner (H. Heine). En plus de la forme et de la structure, la silice intervient également dans la faculté de perception sensorielle... Pensez aux cristallins de l'œil, à la richesse de la peau en silice, etc. Comme le SRE, elle aussi provient de la périphérie. Par sa richesse en silice le liquide amniotique embryonnaire en est un exemple. Le système originel, d'où sortent tous les organes de l'immunité, est donc un organe qui vecte la structure, qui laisse passer la lumière et qui est un organe de perception.

Le SRE garantit notre forme humaine individuelle conformément à notre archétype, à notre image originelle, il la dirige jusque dans le domaine cellulaire qu'il va différencier. Il est un organe de perception tourné en permanence vers le haut (l'archétype lumineux de notre Soi) et vers le bas (notre organisme biologique). Le SRE est un véritable cristal vivant intériorisé.

Le système immunitaire en garantissant la présence

de notre individualité, selon la terminologie des biologistes, différencie le Soi du non-Soi, c'est-à-dire l'individualité humaine de toutes les autres substances de l'univers. C'est à travers lui que l'individualité humaine manifeste sa « spécificité unique ». Parmi les espèces vivantes c'est le système immunitaire de l'homme qui est le plus perfectionné, le plus achevé, le plus différencié. Dans l'espèce humaine, chaque homme possède le sien propre. Il est possible de suivre une évolution du système immunitaire à travers les règnes vivants. Depuis sa quasi-absence chez les végétaux et sa différenciation de plus en plus marquée à travers les hiérarchies du règne animal jusqu'à l'homme, cette évolution est le reflet d'une individualisation, d'une libération de plus en plus grande, d'une forme d'émancipation par rapport à la nature universelle. L'évolution du système immunitaire à travers les espèces prépare la vie possible d'une individualité autonome et libre, consciente d'elle-même au milieu de l'univers. Plus une individualité sera différenciée et manifestée, plus son système immunitaire le sera. C'est donc bien « l'être individuel » qui différencie son système immunitaire : il prépare son terrain. L'animal nous apparaît souvent parfait dans son comportement par rapport à celui de l'homme, mais il y est limité et contraint, alors que l'homme dans son imperfection a une possibilité d'évolution individuelle. Le système immunitaire des mammifères, par exemple, est dans sa plus grande partie prédéterminée, celui de l'homme est hautement individualisé. En ce sens, il devient possible de parler d'une « biologie de la liberté » (Wolfgang Schad). Lorsqu'il avait en vue l'évolution de l'ensemble des règnes de la nature et de l'homme, Rudolf Steiner parlait d'une « physiologie de la liberté ».

Le HIV et la maladie du sida s'attaquent essentiellement à ce processus qui garantit et permet l'évolution de l'homme vers sa présence individuelle dans l'univers (il est à noter que le sida n'existe pas en tant que tel dans le monde animal).

La maladie

La maladie elle-même se déroule en plusieurs phases. Après la contamination puis la phase de latence ou d'incubation (plus ou moins longue, pouvant aller jusqu'à une dizaine d'années) au cours de laquelle de multiples modifications sanguines se manifestent, avec en particulier la diminution régulière des T4 et l'augmentation de l'antigénicité HIV, la phase de maladie apparaît. Les premiers signes sont ganglionnaires : les polyadénopathies, puis les signes de l'ARC (*aids related complex*) se manifestent : perte de poids, asthénie, sueurs nocturnes, multiples maladies infectieuses, atteinte neurologique, atteinte de la crase sanguine avec hémorragie. La maladie entre alors dans sa dernière phase, celle du véritable effondrement immunitaire. À ce stade, dans lequel les perturbations psychiques sont fréquentes, les infections multiples — en particulier la pneumocystose — voisinent avec les tumeurs, les sarcomes de Kaposi (cancers de la peau).

Toute l'étendue des pathologies est possible au stade terminal du sida, c'est ce que montre la polarité entre inflammation et tumeur. C'est la coexistence de ces deux pathologies qui, en attirant l'attention des médecins américains, avait révélé la maladie. Dans la pneumocystose carinii pneumonie, c'est le monde extérieur qui par l'intermédiaire du système bronchique et respiratoire fait irruption à l'intérieur et se met à y pulluler. Dans le processus cancéreux, les sarcomes de Kaposi, c'est le propre monde cellulaire du malade qui se met à pulluler, à s'indifférencier et à se comporter comme s'il était en culture à l'extérieur de l'organisme. Nous assistons ici à la dissolution, à la disparition des limites entre le monde intérieur et le monde extérieur, entre le Soi et le non-Soi. C'est la mort de l'individualité.

En atteignant le pôle de conscience du système immunitaire, la maladie du sida compromet l'évolution et la différenciation d'une individualité humaine autonome et libre. Pour se faire, le rétrovirus HIV mime un geste physiologique sain, celui de la fécondation. L'aboutissement n'est pas une naissance, mais après une gestation mortifère survient la dissolution du Soi dans le non-Soi.

Le sida et le développement de la liberté

> *Toute distinction est étrangère à Dieu, dans la Nature et dans les personnes. La preuve en est que la Nature est UNE et cela une même chose que Dieu, et toute personne est UNE et le même UN que la Nature.*
>
> Maître Eckhart

La sexualité et la séparation

Mis à part les aspects moralisateurs proposés en général par les différentes Églises (l'épée de Dieu en conséquence du péché), toutes les études et les explications du sida ne portent jusqu'à présent que sur ces aspects extérieurs : la biologie du virus HIV et comment se protéger de son intrusion.

La libération sexuelle qui, autour des années 1960, a démasqué avec raison les interdits de la société bourgeoise et de ses tabous sexuels, est devenue de nos jours le nouveau tabou. La réflexion à propos du comportement sexuel est immédiatement considérée comme suspecte et qualifiée de réactionnelle. On ne se demande pas si la libération sexuelle par rapport à la société bourgeoise est suffisante, et s'il ne conviendrait pas de la compléter par une libération intérieure par rapport à nos propres pulsions et obsessions. Toujours est-il que la seule proposition concrète à propos du sida est la pratique du préservatif — « Safe Sex » ou « sortez couvert ». Bien loin de critiquer sa nécessaire pratique, rien ne nous empêche de réfléchir à son propos. Le préservatif sert à protéger ; dans un passé encore récent, il servait uniquement à protéger d'une éventuelle naissance, de nos jours il sert à protéger de la mort que l'amour sexuel pourrait inoculer.

Par le sida et la sexualité, la mort — « cet aspect de la vie auquel nous feignons de ne pas penser » (Pascal) — vient de faire irruption dans la conscience sociale actuelle qui semblait l'avoir reléguée en dehors des préoccupations dignes d'intérêt.

Grâce au sida, les deux portes de la vie terrestre, la naissance et la mort, sont à nouveau mises en relation avec la sexualité. Nous avons déjà montré que la contamination par le virus HIV reproduisait un processus normal physiologique, celui de la fécondation : mais nous avons souligné le côté mortifère de ce qui devrait donner la vie. Nous voulons souligner ici que la maladie, selon Rudolf Steiner, n'est qu'un processus sain, normal, à la mauvaise place. C'est l'un des fondements de sa pensée médicale. En d'autres termes, la pathologie apparaît lorsque le processus qui lui donne naissance ne s'exerce pas à l'endroit qui lui convient. Par la sexualité, la maladie du sida touche l'homme en lui révélant des aspects fondamentaux de son existence. Mais les concepts de naissance et de mort dépassent le plan strictement individuel, ils font partie du niveau culturel, collectif, qui organise une société. La manière dont une société considère la maladie, la naissance et la mort (donc également la médecine) est révélatrice de la conception qu'elle a de l'homme et de sa destinée. En touchant profondément l'individualité humaine sur tous les plans de son être, le sida a un sens particulier pour chaque destinée, mais il n'en est pas moins une maladie de civilisation.

Pour que l'homme puisse développer une individualité ayant une possibilité de liberté, une séparation d'avec le reste de l'univers, une différenciation d'avec le monde divin originel a été nécessaire. L'anthroposophie de Rudolf Steiner nous enseigne que cette séparation s'est faite progressivement au fil des civilisations, de l'histoire de l'humanité. Les yeux de l'homme en devenir se sont fermés à la perception du divin en lui-même et dans la nature, au fur et à mesure qu'il s'est découvert individu séparé autonome. Le spirituel a disparu du regard de l'humanité, voilé par la seule perception du monde matériel sensible. « Les peuples primitifs, selon les termes de Lévy-Bruhl, ne se différenciaient pas nettement de leur environnement et vivaient en participation mystique : ce qui arrive en dehors arrive aussi en dedans et vice-versa » (cité par Frieda Fordham). Cet état pour l'homme occidental est révolu. En même temps que la séparation, en lui naquit la nostalgie de l'origine, nostalgie d'un état primordial — d'avant la manifestation des formes du monde, d'avant l'histoire et d'avant la rupture. Un état d'indifférenciation primitive dans lequel tout ce qui était vécu était Dieu. Les écoles ésotériques, les centres de mystère, les religions lui indiquant le chemin de retour jalonnent l'histoire. Mais le retour, maintenant, ne peut se faire que par le détour de l'existence individuelle. « S'il y a retour à l'origine, la situation originaire se trouve alors enrichie de la liberté et de la transconscience », nous dit Mircea Eliade à propos des chamans, des yogis, des mystiques, de l'homme libre, accompli, de toutes les époques. Ce retour à l'origine, de l'individualité dans la conscience de sa liberté — qu'il se fasse par le chemin de la philosophie, de la métaphysique ou par la pratique d'une discipline spirituelle —, est un geste, un mouvement d'universalisation : l'homme séparé, exilé, retrouve une place dans la totalité universelle. Si elle nous semble plus courante dans les époques passées, pour l'homme d'aujourd'hui cette réalisation est exceptionnelle.

C'est par la séparation que nous pouvons ressentir notre différence et notre personnalité et c'est la perception du non-Soi qui la souligne. Mais c'est également parce que la séparation existe que la recherche de l'unité est possible. La dualité se détache sur l'arrière-fond de l'unité. C'est dans cette tension polaire entre le dualisme dans lequel s'inscrit la vie quotidienne et l'appel de l'unité au fond de l'être que se joue le drame humain à la fois dualiste et moniste.

Lorsque le geste de séparation nécessaire à l'individualisation se manifeste unilatéralement, sans que le mouvement d'universalisation n'apporte son ouverture, la solitude intérieure de l'homme d'aujourd'hui apparaît. Ce dernier est contraint de trouver en lui-même les déterminants de sa propre destinée. Notre époque signe la fin des traditions et des rites, témoins des liens unissant l'homme et l'univers, la fin de la famille, la fin des couples « anciens modèles ». Il est d'ailleurs intéressant de noter que l'impossibilité grandissante de vivre en couple (explosion du nombre des divorces) est un reflet de ce geste de séparation. Les individus se séparent sous prétexte de réalisation personnelle et « c'est bien évidemment » l'autre qui les en empêche. Dans ce cas précis, ce geste de séparation qui aurait dû permettre la prise de conscience individuelle, active au sein du couple, va se manifester sur un autre plan et consommer la rupture.

L'individualité, à notre époque, est abandonnée à la responsabilité de sa propre destinée. Elle ne peut plus prendre appui sur les anciennes structures sociales. L'homme contemporain se sent séparé, mutilé, déchiré, profondément insatisfait de sa condition. Il ne se rend que rarement compte de l'origine de son malaise. Parfois, dans son mal-être il entend un appel. Il comprend alors que la sensation de sa déchirure est un langage, qu'elle vient lui dire quelque chose... Dans ce cas, il ressent qu'il est séparé d'une partie essentielle de lui-même, d'un état inaccessible que pourtant il pressent. Rien aujourd'hui, dans le monde social, ne vient répondre à cette interrogation fondamentale. Lorsque aucune réponse n'est donnée ou qu'aucune démarche n'est entreprise, la « névrose du vide » de C. G. Jung ou la « vacuum neurose » de Kretschmer apparaissent. Très souvent, ce vide va être comblé par les anxiolytiques, l'alcool, la toxicomanie ou la sexualité. En effet, si la sexualité est devenue une des obsessions d'aujourd'hui, c'est parce qu'elle donne accès à une autre qualité d'énergie que celle de la vie ordinaire. Elle permet la dissolution momentanée de l'angoisse et l'oubli de soi-même dans l'état primordial originel d'avant la séparation.

La sexualité et l'androgyne

Comme la nostalgie des origines naît de par la séparation d'avec le monde divin, la nostalgie de « l'âme sœur » — de l'autre moitié — naît dans l'âme de par la séparation des sexes. Dans les deux cas il s'agit d'une tentative de réintégration de l'unité-totalité.

Les mythes de la séparation de l'homme d'avec son origine divine, de la séparation des sexes et de la réunification dans la totalité une et primordiale se répètent au cours des différentes civilisations de l'histoire. Les mythes sont comme des cristallisations d'images qui condensent des lois cosmiques conformément à l'environnement socioculturel (donc du niveau de développement de conscience de l'humanité) dans lequel ils se manifestent.

Le mythe de l'androgyne est celui qui souligne la réintégration possible de l'unité par-delà la séparation sexuelle.

« C'est l'être tout entier qui est engagé quand on écoute les mythes et les légendes, consciemment ou non, leur message finit toujours par être déchiffré », dit Mircea Eliade. Dans *Méphistophélès et l'Androgyne* il étudie les différentes manières dont l'androgyne s'est manifesté à l'humanité. Pour Nicolas de Cuse l'union des contraires, la *coincidentia oppositurum* était la définition la moins mauvaise de Dieu. Les cosmogonies expliquant la création par la fragmentation d'une unité primordiale sont illustrées par les mythes de toutes les civilisations depuis la préhistoire de la philosophie, à travers toutes les époques jusqu'à Goethe (le *Faust* et Méphistophélès), Balzac (Séraphîta et Séraphitüs), ou C. G. Jung (*anima et animus,* le Soi et la double nature de l'homme).

Dans l'ancienne Chine, le Tao était androgyne (Ying-Yang). En Inde, la Création est représentée par l'éclatement de l'unité primordiale en deux principes polaires : Shiva et sa Shakti. Dans l'iconographie, ils sont masculin et féminin. Zerman, l'ancien dieu du Temps chez les Iraniens, était androgyne. Parmi les dieux de l'Antiquité grecque, Héphaïstos, Zeus, Aphrodite, Dionysos ont été à de multiples reprises les divins représentants de l'androgynie. Platon, dans *Le Banquet,* décrit l'homme premier comme un être bisexué à forme sphérique ; pour les gnostiques, l'androgynie de l'homme parfait représente la totalité divine ; Simon le Nuage et saint Hippolyte nommaient l'Esprit Primordial *arsenothelys* : « mâle-femelle ». Pour

Érigène, la séparation des sexes faisait partie d'un processus cosmique : la séparation des substances d'avec Dieu va de paire avec la séparation des sexes. Chez saint Paul, l'androgynie fait partie de la perfection spirituelle : « devenir mâle et femelle ». Pour les alchimistes de la fin du Moyen Âge et jusqu'à beaucoup plus tardivement Jacob Boehme, l'androgynie était au commencement. La Vierge Divine se trouvait dans l'homme primordial, elle se détacha de lui mais elle laissa des traces dans son être. C'est pour cela que lorsqu'un homme aime une femme, il désire toujours secrètement cette Vierge Céleste. Le mariage alchimique est le symbole de la restauration de l'androgynie primitive. *Séraphîta* de Balzac est la dernière grande création littéraire européenne ayant comme mythe central l'androgyne, nous dit Eliade : « Sa signification métaphysique se dégrade et finit par se perdre dans la deuxième moitié du XXe siècle. Les représentations ultérieures d'androgynes deviennent hermaphrodites. Par la diversité de leurs organes génitaux, elles n'offrent plus qu'une multiplication des possibilités érotiques. » L'important dans ce raccourci historique est de noter à toutes les époques la qualité bisexuelle ou suprasexuelle de la divinité. Sur ces fondements, se sont élaborées des pratiques de réintégration de la totalité primordiale. La recherche de l'unification, de la réintégration de la totalité, du dépassement et de l'abolition de la rupture s'est exprimée par des moyens variés. Les hommes ont tenté cette démarche différemment selon les civilisations et les cultures. L'androginisation initiatique rituelle a été pratiquée dans de nombreuses peuplades primitives (Australie, Polynésie, etc.), mais également dans le monde de la Grèce antique. Les orgies cérémonielles, les rituels orgiastiques avaient comme finalité la réintégration des contraires dans un chaos indifférencié, source de toute vie, dans lequel les individualités se dissolvaient « mais ressortaient suprêmement régénérées par un accroissement prodigieux de puissance ». L'orgie était pratiquée selon un rythme saisonnier précis, en présence du chaman ou de l'initié, pour accroître la fertilité de la terre ou vivifier l'année naissante. Elle n'était pas destinée à assouvir le désir sexuel « privé », mais dans un acte de transcendance, se mettait au service de la communauté.

Un des traits caractéristiques de la sexualité qui a donné naissance au sida est sa tendance à l'anonymat (M. Debus). Depuis l'extinction des traditions, l'autre n'est plus perçu comme la moitié extérieure de mon être intérieur, mais de plus en plus fréquemment comme partenaire sexuel, objet sexuel. Dans certains milieux homosexuels, les « dark rooms » sont prévues pour éviter la reconnaissance de l'autre, pour faciliter la multiplication des rapports sexuels et des échanges, sans qu'une relation d'être à être puisse s'installer. Les « dark rooms » sont là pour garantir l'anonymat... Pour empêcher l'individualité de participer consciemment.

Faut-il souligner le caractère orgiastique de ces pratiques ? Il s'agit ici non pas d'un rituel ayant une finalité sacrée mais de sa manifestation sur un autre plan de l'être, d'une reprise par le plan pulsionnel de ce qui était orienté dans le passé de l'histoire vers le culte du spirituel. Bien que la dissolution dans un état impersonnel soit également incontestable, annulant ainsi l'angoisse existentielle, il s'agit dans ce cas d'une régression, d'une « dédifférenciation » avec l'abandon de la responsabilité individuelle devant la fonction sexuelle. Cet aspect des choses est encore souligné par la pratique de la toxicomanie intraveineuse. Il est clair que ces personnalités présentent souvent, bien avant la contamination, une structure individuelle très fragile, la plupart du temps intriquée dans une situation existentielle difficile.

Rudolf Steiner met la séparation des sexes en relation avec la différenciation individuelle au cours de l'évolution de l'humanité. La séparation des sexes est allée de paire avec la séparation d'avec le monde spirituel, au fur et à mesure que l'homme émergea du Chaos primitif, et de l'assèchement de celui-ci. C'est par la différenciation sexuelle que l'homme part à la découverte de son individualité autonome. En d'autres termes, lorsque la séparation des sexes apparaît, s'organise la différenciation individuelle et l'ouverture au monde matériel sensible. L'élément masculin est le principe différenciant de cette évolution, plus activement tourné vers la manifestation. L'élément féminin reste plus spirituel, plus archétypique. L'activité fécondante du spermatozoïde qui pénètre l'œuf en est le reflet biologique. Nous n'allons pas entrer ici dans leur description physio-psychologique. Voilà, peut-être, une autre esquisse d'explication de la prépondérance masculine au début de l'épidémie du sida. Le principe masculin est l'initiateur de la manifestation différenciée, de la création et de la procréation.

La sexualité ne s'est que progressivement mise sous la responsabilité de chaque individu. Dans les premières phases de l'histoire, nous dit R. Steiner, la fonction sexuelle était supra-individuelle, soumise à des lois qui dépassent l'individu, dans lesquelles il n'avait pas de possibilité d'ingérence personnelle, tout comme pour le rythme cardiocirculatoire, le fonctionnement du pancréas ou la croissance de son organisme physique aujourd'hui encore. La sexualité s'exerçait uniquement en fonction des lois universelles divines, dans lesquelles l'homme se trouvait harmonieusement inséré. À une étape ultérieure de l'histoire, la sexualité reste protégée dans les centres de mystères. Les initiés enseignaient aux hommes la fonction sacrée de la sexualité et prévenait celle-ci du monde profane en devenir. Dans la dernière phase de l'évolution, lorsque la sensorialité matérielle est devenue la seule réalité, la sexualité « tombe dans le domaine privé » de chaque individu, en s'en remettant à sa seule responsabilité. C'est alors que, séparé du monde divin, l'égoïsme de la personnalité s'est introduit dans l'amour sensoriel et que le niveau instinctuel et pulsionnel (Freud) s'est emparé du sexe. De sacrée et de supra-individuelle, la sexualité est devenue profane et privée. Les conditions sont remplies pour que la maladie puisse y apparaître.

Le sida : spiritualité inversée

Nous pouvons nous demander si le contexte socioculturel dans lequel est né le sida n'a pas préparé le terrain à l'éclosion de celui-ci. Que la sexualité dépende de la vie et du comportement individuel, qu'elle soit devenue privée est un fait historique. La psychanalyse freudienne a largement contribué à le montrer. C'est ainsi qu'elle est actuellement à sa place. Mais en même temps que la psychanalyse s'est répandue, souvent déformée et vulgarisée, la sexualité a quitté le domaine strictement privé, s'est éparpillée à la périphérie (affiches, cinéma, journaux, télévision...). En débordant ainsi du domaine individuel — sa place normale —, elle devient pathogène. Actuellement, l'obsession et les fantasme sexuels, en se manifestant au grand jour, en deviennent presque qualités. Dans ce contexte nous finissons par croire que cet état de chose est la norme. Nous assistons là à une espèce de paradoxe : d'une part la tendance de la sexualité individuelle à devenir de plus en plus anonyme et d'autre part à son expansion sociale. Le paradoxe se résout lorsque nous percevons que dans les deux cas la « présence » de l'individualité est absente. L'anonymat des « dark rooms » laisse la fonction sexuelle s'exercer au niveau instinctuel et pulsionnel sans la présence du « Je » individuel. Elle s'exerce alors au niveau infra-individuel comme une fonction collective qui est l'image inversée de ce qu'était la fonction sexuelle au début de l'évolution, lorsqu'elle était supra-individuelle, sacrée. Là encore, un processus sain vient se manifester sur un autre plan de l'existence, mais également à une autre époque. L'ancienne fonction sacrée, dans laquelle l'individualité n'avait pas de participation en tant que telle, fait partie de l'histoire de l'humanité et s'est inscrite dans notre inconscient collectif. Elle peut ainsi ressurgir et devenir pathogène.

Tout comme elle se trouve déplacée, au-dehors, dans la société, la sexualité s'exerce fréquemment sur un plan qui n'est pas le sien dans le monde intérieur de l'homme. Elle envahit le domaine de la pensée et assujettit l'homme contemporain à l'érotisation de ses images intérieures. Il en est prisonnier.

Le but poursuivi par les multiples et diverses pratiques d'androgynisation symbolique a toujours été la transformation de l'homme. Il est évident que l'unité-totalité réalisée par un rituel orgiastique est différente de celle atteinte par la pratique spirituelle individuelle. La pierre philosophale ou l'androgyne hermétique naît des noces chimiques de Sol et Luna (masculin, féminin) dans le monde intérieur de l'alchimiste. « L'union du couple divin Shiva et Shakti à l'intérieur de son propre corps transforme le yogi en androgyne, libéré de la dualité et de la souffrance terrestre. » Ces pratiques mettent en évidence la possibilité de métamorphose de l'énergie sexuelle en réalisation spirituelle individuelle. C'est sur cette possibilité que se fonde également l'abstinence monastique occidentale ou la « brahmacharya » de certaines « sadhana » hindoues. C. G. Jung considère la libido comme une énergie générale naturelle, servant d'abord les buts de la vie mais pouvant être transformée par un travail intérieur en connaissance. Cela signifie que l'énergie sexuelle est la même que celle qui permet le développement de l'individualité. Elle peut se métamorphoser en activité sur tous les plans de la manifestation individuelle mais pour cela, la participation active et consciente est exigée. Ce qui nous importe ici n'est pas de conseiller ces pratiques comme remède en réponse au sida, mais de souligner la relation profonde entre le développement de l'individualité et de la sexualité. Toutes ces pratiques recherchent différemment selon les époques la réalisation de l'homme dans la conscience de sa liberté (en sanskrit un « jivan mukta » signifie un libéré vivant).

Autrement dit, elles tendent toutes à l'actualisation du Soi, de l'archétype individuel, qui est en relation intime avec l'organisme de l'immunité, avec le RSE, le thymus, la rate et les lymphocytes. C'est l'activité intérieure de l'individualité au cours de son développement vers la liberté qui renforce et différencie son support spécifique : le système immunitaire. Ces pratiques, tout au long de l'évolution, font partie intégrante de ce que Rudolf Steiner appelle la « physiologie de la liberté ». Elles prolongent celle-ci sur le plan de l'individualité et de la spiritualité pour arriver à une « philosophie de la liberté ».

Ce que nous pouvons lire dans le comportement des premiers malades (ceux des groupes « à risque ») atteints du sida, est une sorte de régression au niveau infra-individuel (au niveau instinctuel et pulsionnel). Ceci aura son reflet au niveau biologique.

L'abandon de la responsabilité individuelle aura comme corollaire l'affaiblissement du système immunitaire. C'est ainsi que se prépare le terrain de la contamination HIV. Le virus n'est que la cause déclenchante de la maladie.

Un argument fréquent consiste à dire : « on ne peut s'abstraire de l'époque dans laquelle on vit, on fait partie de l'humanité, alors vivons la sexualité comme elle est aujourd'hui », signifiant par là que l'individu ne peut se guérir des contraintes de la société, de celles imposées par le genre humain. Rudolf Steiner, au chapitre XIV de la *Philosophie de la liberté,* répond : « Les traits typiques de l'espèce ne lui sont que des moyens grâce auxquels il (l'individu) arrive à exprimer son entité personnelle. Les qualités spécifiques données par la nature lui servent de base, et il les façonne d'après les tendances de son être le plus intime. Dans les lois de l'espèce on cherchera en vain la source des manifestations de son être intime. Nous avons affaire à un individu qui ne peut s'expliquer que par lui-même. »

La relation sexuelle relie deux êtres et permet la rencontre dans un état énergétique qui dépasse la dualité des deux partenaires pris séparément. L'expérience de la rencontre englobe celle des deux partenaires. C'est le passage de la dualité à un élément qui la dissout dans le trois : nouvelle unité (M. Debus). La sexualité n'est qu'un aspect particulier du processus de la rencontre. La rencontre est le contraire de l'anonymat. La qualité de la rencontre dépend de la qualité de présence des deux êtres, de leur capacité d'ouverture à l'autre. S'ouvrir à l'autre, c'est accepter de mourir à certains aspects de soi-même. C'est mourir à nos propres pensées, émotions et désirs, qui sans cesse engloutissent notre attention. C'est à cet endroit-là que le geste de séparation est justifié et qu'il trouve sa place : accepter de nous séparer de nos propres encombrements. La tension peut devenir disponible à l'autre. La dualité peut ainsi s'effacer et la rencontre vivante naître. Accepter la spécificité, les traits irremplaçables de l'autre, sans les colorer de nos propres jugements, alors l'amour commence à vivre selon sa vraie nature.

N'est-ce-pas là le début de l'amour, la réelle nature de l'individualité ?

La maladie : processus de conscience

La maladie vient toujours se proposer pour qu'une prise de conscience puisse se faire. Elle vient dévoiler certains aspects de nous-mêmes que nous n'eussions jamais découverts sans elle. Elle vient nous arrêter, nous éveiller dans le sommeil de nos convictions et tout remettre en question. Le sida, par le choc qu'il provoque lorsqu'il fait irruption dans une biographie, hiérarchise d'une façon nouvelle toutes les valeurs. Par les souffrances et la « mort promise » qu'il inocule, il vient éveiller l'être à une nouvelle dimension de lui-même. L'individualité peut se remettre en route, renaître à la vie d'une façon nouvelle. Cette route est difficile, la remise en question des valeurs dans la brutalité de sa survenue force souvent à devoir penser l'impensable. Pour éviter le naufrage psychologique de l'individualité malade (et même son suicide) la chaleur, l'affection et l'attention d'autrui sont particulièrement nécessaires. Celles-ci sont les conditions d'un nouveau développement sans lesquelles le malade ne peut sortir de son isolement anonyme. C'est dans la rencontre et le partage de la vérité qu'il peut trouver les fondements de la renaissance. La compassion réelle, lorsqu'elle s'allume dans le cœur, est souvent une grande découverte, autant pour l'accompagnateur que pour le malade.

De ce point de vue, la réelle maladie était, avant le diagnostic, dans les conditions qui l'ont fait apparaître. Les situations individuelles et socioculturelles qui préparent le terrain au sida sont déjà la maladie. Lorsque le sida se déclare, il est en quelque sorte le processus curatif. Cependant, il est évident qu'il faut tout tenter pour arriver un jour à guérir l'infection.

Mais chaque malade est un cas particulier. Le sens qu'a pour lui la rencontre avec le sida ne peut être éclairci qu'après l'étude approfondie de sa biographie. Il n'est en aucun cas possible de généraliser.

De nombreux malades ne semblent avoir aucun point commun avec les groupes « à risque » du début de « l'épidémie ». Rudolf Steiner nous signale à l'occasion de cas analogues que « ces malades portent et partagent une lourde partie de leur époque », du destin collectif général. Ils apparaissent comme les sacrifiés de notre époque ; mais l'injustice qui semble les frapper cache en réalité une maturation très profonde de leur être au travers de cette « inacceptable épreuve ».

Les stoïciens parlaient déjà de la façon saine d'être malade. Et plus près de nous, Nietzsche, dans *Le Gai savoir,* parlait de la « grande santé » par-delà la maladie. Si le sida, en touchant l'homme dans ce qui lui appartient en propre, son individualité, ouvrait le chemin vers la liberté intérieure, peut-être remplirait-il une fonction importante aujourd'hui, vers la « grande santé ».

Lorsqu'une réelle prise de conscience se fait, l'individualité se rend compte de la vulnérabilité, de la précarité, de l'inconsistance de son mode de vie et de ses convictions, que la révolte contre la réalité dévoilée par le destin serait absurde. Le moi égocentrique ne peut maintenant que sacrifier ses prérogatives et ses revendications de « liberté absolue » dans lesquelles il se drapait. Il vient de comprendre qu'il est mortel et que cette liberté n'était qu'une illusion, elle se révèle comme n'étant en réalité que séparation et repli confiné dans une petite partie de la vie personnelle. Grâce à cette maladie de l'individualité, s'effectue une poussée du Soi, de l'individualité réelle et totale. Le moi personnel perçoit que la liberté ne devient possible que s'il participe à la vie universelle. S'il accepte de se prêter à l'activité de celle-ci, en abandonnant ses volitions personnelles, il devient créateur de lui-même. Il prolonge la création de lui-même dans le Soi, il participe ainsi au devenir et ne s'en exclut plus. Le moi s'incline devant ce qui le dépasse infiniment, il ne meurt pas mais au contraire peut devenir responsable de la tâche humaine par excellence, celle de s'achever elle-même. Le moi contenu dans le Soi se met à son service et trouve la place qui lui revient. Dans l'amour pour cette tâche il découvre la réelle liberté. Devient alors possible une libération intérieure (relative, progressive) de son automatisme mental, des émotions et volitions qui l'obligeaient. Libération intérieure mais également extérieure : il se détache des contingences sociales auxquelles il adhérait. En se développant dans le Soi, il découvre de nouvelles lois mais elles lui laissent la liberté de devenir lui-même. « Tout être possède son concept inné (la loi de son existence et de son activité)... La nature se contente de faire de l'homme un être naturel, la société fait de lui un être agissant conformément aux lois, lui seul peut se transformer en être libre » (Rudolf Steiner, *Philosophie de la liberté,* chap. IX).

Ainsi grâce à la maladie du sida, le renouveau de la relation entre le moi ordinaire (principe de séparation) et le Soi (principe d'universalisation, le moi supérieur, selon R. Steiner) permet à l'individualité de se donner une immunité supérieure.

BIBIOGRAPHIE

M. Treichler, W. Schad, M. Debus, T. Mc Keen, *AIDS*, éd. Urachhaus, Stuttgart.
K. Dumke, *AIDS. Die tötliche Befruchtung*, éd. Verlag Freies Geistesleben, Stuttgart, 1988.
M. Eliade, *Méphistophélès et l'Androgyne*, Paris, Gallimard 1962 ; *Aspect du Mythe*, Paris, Gallimard, 1963.
J. Evola, *La Métaphysique du Sexe*, Paris, Payot, 1960.
F. Fordham, *Introduction à la psychologie de Jung*, Paris, Payot, Imago, 1979.
M. Fougerau, *La Reconnaissance immunitaire*, éd. La Recherche, nov. 1991.
C. G. Jung, *L'Énergétique psychique*, Paris, Buchet-Chastel 1956 ; *Psychologie de l'inconscient*, Paris, Buchet-Chastel, 1953.
Kretschmer, *Sensibilité et Paranoïa*, coll. Imago Mundi, P.U.F, 1963.
Nietzsche, *Le Gai Savoir*, Paris, Gallimard.
I. Roitt, *Immunologie*, éd. Pradel, 1989.
D. de Rougemont, *La Part du diable*, Gallimard, 1981.
W. Rozenbaum, *Sida, guide pratique*, éd. Impact Médecin, 1991.
R. Steiner, *Le Moi et son évolution*, éd. EAR, 1991 ; *Philosophie de la Liberté*, Genève, EAR, 1979 ; *Physiologie occulte*, Genève, EAR, 1980 ; *Science et Vérité*, Genève, EAR, 1978.
R. Tagore, *La Fugitive*, Gallimard, 1948.

« Nous » autour d'un projet

ENTRETIEN AVEC JEAN-MARIE PELT*

« Les frontières de l'espèce délimitent le territoire inviolable à l'intérieur duquel s'éveillent les désirs et les pulsions du sexe : territoire où se déploie le vaste arsenal des stratégies et stratagèmes que la nature a inventés bien avant nous pour séduire ; car chaque espèce est enfermée dans ses propres barrières : l'attrait sexuel ne se manifeste qu'entre ses membres : les autres êtres ne provoquent aucun émoi ! On ne tombe jamais amoureux d'une poule ou d'un éléphant. Pas même d'un chien ou d'un chat. On s'y attache certes, on les aime, mais autrement.

« La quantité d'énergie dépensée à canaliser les pulsions et les impulsions que notre vieux cerveau laisse monter comme des bulles à la surface de la conscience est impressionnante. Elle suffit amplement à nous angoisser et à nous distraire. Elle témoigne en tout cas de la force primordiale de la sexualité qui est la flèche et l'aiguillon, et le dard de la vie. Énorme investissement dans un domaine où la vie ne lésine pas sur ses moyens dès lors qu'il s'agit de son propre avenir. »

---

* Entretien réalisé par Nathalie Calmé.

Dans ces quelques lignes, tirées de votre livre Les Plantes : amours et civilisation végétales (Fayard), *vous évoquez l'essence biologique de la sexualité des espèces. D'après vous, dans quelles frontières la sexualité de l'espèce humaine se délimite-t-elle aujourd'hui ?*

Je crois que la sexualité est une force très importante qu'il faut surtout éviter de piétiner ou mettre un couvercle dessus. C'est l'erreur fatale qui a été commise au cours du XIXe siècle du point de vue religieux. Ceci étant dit, je crois qu'il est impossible de vivre un couple sur la seule base de la sexualité. C'est une chose absolument impossible. Il faut qu'il y ait un réseau de valeurs d'un autre ordre qui s'imbriquent et qui sont de l'ordre de l'*esprit* et de l'*âme*. L'autre n'est pas un objet à consommer. Ce que l'on consomme abondamment finit par se consumer. La consommation aboutit toujours à la consumation. L'autre est à prendre corps, âme et esprit. De sorte que si la sexualité est très importante, le reste l'est tout autant. Mais c'est souvent, très souvent oublié ! On peut vivre avec la formule de la réconciliation sur l'oreiller un enfer toute une vie !

Dans la nature, on trouve des compatibilités et des incompatibilités fondamentales. Par exemple, il y a des champignons qui ne vivent qu'avec une seule espèce d'arbres, les truffes et les chênes, ou les bolets et les mélèzes. Ce sont de beaux exemples de compatibilité et de fidélité, car ni l'un ni l'autre des partenaires ne peut vivre seul. C'est l'effet mycorhize. C'est-à-dire que les filaments du champignon alimentent les racines de l'arbre.

Ce sont des modèles de compatibilité très stricts,

qui ont peu de souplesse, car si l'un disparaît, l'autre disparaît aussi. Cependant, on ne peut pas s'arrêter à ces derniers lorsqu'il s'agit de chercher des modèles pour l'homme car, dans de telles associations, la sexualité n'est pas en jeu. Mais l'homme peut retrouver dans la nature des lois qui président au fonctionnement de sa propre espèce.

Et la loi des compatibilités et des incompatibilités est un monde très important. Lorsque nous avons une attirance vers quelqu'un, cette attirance doit être bien pesée, bien conscientisée. Le monde humain est un monde très diversifié. On peut presque comparer chaque individu à une espèce différente, tellement les diversités culturelles sont importantes, et de même qu'il y a des incompatibilités de pollen entre espèces végétales par exemple, il y a autant de compatibilités et d'incompatibilités d'entente entre les individus. Il faut en être très conscient et ne pas forcer les relations, ne pas les dénaturer. Il y a des incompatibilités de fond essentielles qu'on ne dépasse pas. Mais évidemment, il y a la tromperie du désir qui est le piège suprême... Depuis Adam et Ève c'est le piège et il est trompeur car en tant que « condition nécessaire » il le faut, mais en tant que « condition suffisante » certainement pas. Le désir est nécessaire mais insuffisant. Et là, il faut savoir que nous marchons tous sur des chemins initiatiques qui sont des chemins à épreuves, et que nous sommes invités à sauter les épreuves les unes après les autres. Il faut savoir aussi que la vie n'est pas un paradis terrestre... Le paradis c'est pour avant et c'est pour après ! L'idée qu'on peut se faire que la vie est un paradis est une erreur ! Ça n'existe pas !

Et la nature, d'ailleurs, nous l'enseigne ! Elle est très sévère. C'est la compétition partout, la lutte pour se faire une place au soleil ; c'est souvent la loi du plus fort, du plus malin. Parfois du plus gentil... Et nos sociétés fonctionnent également avec des systèmes de compétitions, de coopérations, de crises, de disharmonies. La nature nous donne un modèle de comment « ça fonctionne ». Et nous fonctionnons « comme ça ». Mais nous avons l'intelligence en plus. Donc, nous devons à la fois « connaître le comme ça » et « émerger du comme ça ». « Connaître le comme ça » c'est « se connaître » et « connaître les autres », et « émerger du comme ça » c'est se dépasser. Nous sommes à la fois appelés à nous connaître et à nous dépasser. Ce sont deux mouvements qui se fondent dans la même dynamique.

Pensez-vous qu'il y ait un lien entre l'effondrement des valeurs qui déterminent l'unité familiale (et donc l'unité du couple) et la crise écologique qui marque dramatiquement le divorce de l'homme moderne d'avec la Nature ?

Dans toute crise il y a sans aucun doute l'abandon, le refus des traditions, quelles qu'elles soient, et la crise écologique n'échappe pas à cette règle. Les schémas culturels du passé sont bannis, peut-être à bon droit d'ailleurs pour certaines choses, mais ne sont pas remplacés par de nouveaux schémas appropriés. Et je crois que la crise du couple manifeste le fait que nous n'avons plus une culture qui nous est propre.

La culture qui nous échoie actuellement est une sous-culture : la culture des séries télévisées américaines. C'est ça, la culture officielle de l'Europe actuelle !

La crise du couple est elle aussi liée à la perte de l'enracinement culturel et se trouve donc entièrement à la merci du n'importe quoi. La seule loi que la nature nous enseigne c'est que le n'importe quoi n'existe nulle part, et que chaque espèce a véritablement son patrimoine génétique, son génome qui détermine son comportement, ce qui fait que ses comportements ne sont jamais désordonnés. Ils correspondent à la loi de l'espèce. Or, l'homme prétend s'être libéré de la nature et donc être en dehors de toute loi qui s'imposerait à lui. C'est ce qu'il dit !

Et c'est ce qu'il pense au nom des philosophies qui prônent la libération de l'homme de l'emprise avec la nature. Or, il serait la seule et unique espèce qui pourrait enfreindre généreusement toutes les lois de la nature qui, somme toute, sont des lois structurantes ! On peut ne pas penser cela et penser au contraire qu'il a sa loi intérieure à laquelle il est tenu d'obéir. Cette loi intérieure est un code de valeur qui se résumerait assez bien dans le « ne fait pas aux autres ce que tu ne veux pas qu'on fasse à toi-même », qu'on retrouve dans toutes les grandes religions. Le n'importe quoi n'existe nulle part. Il existe mille façons différentes dans les espèces animales et végétales — même deux mille, voir trois mille... — de vivre la sexualité, et la seule qui n'existe pas c'est qu'une espèce fasse n'importe quoi. Puisque aucune espèce ne fait n'importe quoi, pourquoi irions-nous nous imaginer que l'homme puisse faire n'importe quoi ? Il a une loi intérieure qui est la loi de son espèce, la loi de son émergence, et il faut qu'il obéisse à cette loi. C'est à la fois une loi de l'espèce et une écoute intérieure. Le n'importe quoi qui m'arrange n'arrange pas forcément l'autre, et s'il est rare que le moi soit atrophié, il est par contre courant qu'il soit hypertrophié. Le danger, dans le monde actuel, vient plus de l'hypertrophie des « moi » que de leur atrophie. C'est ainsi que l'autre n'existe plus. Et par conséquent, on constate que les couples, eux aussi, n'existent plus.

Il y a un couple à partir du moment où il y a un projet partagé. L'idée de projet est essentielle. L'idée de « Nous » autour d'un projet. Les « moi » s'affirment souvent de façon exclusive dans le couple. La sous-culture américaine entraîne l'affirmation continue du « moi » et restreint le « Nous », qui ne se construit que sur un projet. L'idée de la complémentarité est devenue aujourd'hui anticulturelle, alors qu'elle est une réalité de base fondamentale qu'on ne peut pas nier. Les deux sexes n'ont pas la même finalité, la même vocation. Vouloir affirmer le contraire est affirmer quelque chose qui est contre nature. Jamais les hommes n'engendreront des enfants ! La nature dispose au départ d'une complémentarité qui doit s'exercer à tous les niveaux de la vie du couple. Deux entités identiques, voire non complémentaires, ne forment jamais un couple : deux « moi » exclusifs ne donnent jamais un « nous ».

Comment une nouvelle alliance de l'homme avec la nature transformerait-elle les relations des hommes entre eux (et donc les relations de couples) ?

Il est vrai que nous ne sommes plus environnés par la nature au quotidien. De ce point de vue, la rupture est totale. Les technologies modernes nous séparent complètement de la nature et, pour la majorité des gens, la nature n'est plus qu'une toile de fond mais pas le théâtre de leur vie. À partir de là, le caractère structurant de la nature disparaît et l'homme le remplace par sa raison. Mais cette raison a besoin d'être lestée et enracinée en permanence dans les grandes lois de la nature. Croire qu'on peut faire fi de ces grandes lois parce qu'on est rationnel est une erreur absolue ! Au contraire, c'est parce qu'on est rationnel que l'on doit mieux encore retrouver les valeurs fondamentales de la nature. Ça, c'est quelque chose qu'on a complètement oublié, c'est vrai. Et la nature ne joue plus son rôle d'environnement au quotidien. Est-ce que ça joue un rôle sur les mauvaises relations des hommes entre eux ?... Sûrement oui... parce que les gens qui sont proches de la nature la voient fonctionner. Ils sont dans les lois de la nature et ils les voient. Ces lois ne prétendent pas au couple monogame mais elles énoncent des structures qu'on ne peut pas enfreindre. Les animaux ont chacun leurs styles, leurs rythmes et leurs rites. L'homme, c'est la même chose, mais c'est un animal culturel. Et il faut que sa propre culture prenne le relais de la Nature, sans pour autant se couper d'Elle. Il y a une ligne de crête à trouver. Et je constate que lorsque nous perdons cette ligne de crête, tout peut basculer, et c'est vite la décadence...

Un extrait du dernier chapitre de votre livre Les Plantes : amours et civilisations végétales *complète très bien ce que vous évoquez : « Si la nature nous offre ses modèles, éclairant aussi nos propres comportements, elle ne nous livre pas pour autant des règles de conduite infaillibles ».*

Bien malin qui voudrait tirer une morale de la nature, car elle dépasse toutes nos morales. Elle remet en cause toutes nos certitudes, dément nos hypothèses, prend à rebours notre logique. Comme la vie, elle nous cache son mystère.
Car elle est d'une essence qui nous dépasse infiniment. D'une essence divine. Qui sait la contempler avec humilité médite ses leçons : il perçoit alors une invite pressante à poursuivre, avec l'intelligence du cœur, l'œuvre entreprise dès l'origine du monde ; à renouveler l'alliance immémoriale de l'homme avec la vie, la nature, l'univers ; unifier et pacifier, c'est jardiner la terre avec amour, comme au temps d'Eden... Car Eden pourrait être demain ; c'est, comme le disait Shakespeare, « façonner nos fins, si grossières que soient nos ébauches ».

Oui, je trouve que le délitage tel qu'on le voit maintenant, tant dans les relations de l'homme avec la nature que dans les relations des hommes entre eux, et dans les relations de couple, est quelque chose de très, très affligeant. L'évolution du nombre des divorces est une réalité très angoissante pour les enfants, pour les parents qui se séparent. Ce sont des constats d'échec ! Du point de vue des valeurs, on a fait de la séparation une valeur ! Elle est cotée en bourse ! C'est l'affirmation de l'indépendance, de la soi-disant liberté ! Il faudrait que la société, l'éducation, l'environnement aident les hommes et les femmes à entrer dans la vie de couple avec beaucoup de réflexion, de ténacité, de patience, de constance et de fidélité, bien sûr. Le sens de la responsabilité est une notion qui est très étrangère au monde moderne parce que la société dans son fonctionnement actuel stimule complètement les instincts de consommation de l'homme mais jamais la responsabilité de l'homme par rapport aux autres hommes et à l'univers. L'instinct de consommation et les désirs sont stimulés continuellement. Par contre, rien ne va dans le sens du mûrissement de l'adulte responsable. À la limite, les adultes deviennent responsables quand ils ont eu beaucoup d'échecs à leur actif, si tant est qu'ils en aient tiré les conséquences, ce qui n'est pas sûr du tout. Souvent les échecs sont répétitifs. Nous sommes dans un monde qui ignore totalement la notion de « responsabilité » et la notion de « personne », car il standardise tout ! C'est un monde standard qui crée des besoins, qui crée des désirs et qui ne respecte pas les personnes. Un monde qui nous fait courir en permanence vers des besoins artificiels qui faussent complètement la sphère du désir ! Ces désirs artificiels créent un écran entre les besoins profonds et la réalité, ils se substituent frauduleusement aux besoins essentiels qui sont l'amour, l'affection, la tendresse, le respect, etc. Nous vivons dans une société terriblement frustrante et radicalement fausse dans son mécanisme et ses motivations. Alors, bien sûr, le couple est le microcosme qui exprime cette décadence, cette grande distraction collective aux dépends des réelles et profondes nécessités de l'être humain.

Quelles sont, pour vous, les valeurs qui vous paraissent les plus importantes et les plus déterminantes à la réussite d'une vie de couple ?

La prise de conscience de soi, avec ses échecs et ses pauvretés. Une connaissance authentique de soi-même. Le jeu loyal de la fidélité autant qu'il est possible. Le « je » dans le sens de manque de respect de l'autre n'a pas sa place dans le couple. Ensuite avoir un projet de vie et, là, il est vrai que les valeurs écologiques peuvent beaucoup aider à construire un projet de vie. Et si tout va bien, une dimension spirituelle, car elle fait partie de l'homme. Elle est à la fois le moteur et la cerise sur le gâteau ! C'est les deux. *La vie spirituelle est au commencement et à la fin.*

> *Seul un formidable effort de dépassement, un immense élan spirituel pourraient arracher l'Homme au destin tragique qui le menace. Heidegger nous laissa, en guise de testament, ces mots prophétiques : « Seul un Dieu peut nous sauver. »*
>
> Jean-Marie Pelt

Au « chœur » des voies

La fête de la nouveauté

ENTRETIEN AVEC ARNAUD DESJARDINS*

L'union d'un homme et d'une femme pourrait être une fête permanente de nouveauté et d'émerveillement, mais cela demande un cœur d'enfant joint à la pleine maturité d'un adulte capable de comprendre, d'agir, de donner et de recevoir.

Arnaud Desjardins

Dans un de vos ouvrages vous dites : « Le gourou peut à ses heures faire office de conseiller matrimonial ou de sexologue... » Vous sollicite-t-on beaucoup pour des problèmes de vie amoureuse ?

Oui. Toutes les questions qui me sont posées ne concernent pas directement l'effacement de l'ego, la non-dualité ou les thèmes proprement spirituels. Il y a des questions concernant la relation avec les enfants aux différents âges, ou la vie professionnelle, et un très grand pourcentage de questions concernant la vie

* Entretien réalisé par Nathalie Calmé.

sexuelle, la vie amoureuse, le couple et éventuellement les relations homosexuelles.

Les rapports amoureux connaissent beaucoup de drames, de rebondissements, de ruptures qui ébranlent les deux partenaires... Aussi, d'après vous, quelles sont les questions fondamentales à se poser sur soi-même quand on entre dans une relation, et soulever ainsi le voile des illusions ?

Il y a deux aspects essentiels de cette illusion : une illusion concernant soi-même et une illusion concernant l'autre. Avant même que la rencontre ait lieu, on peut être mené par un certain nombre d'idées fausses qui ne correspondent pas à la vérité et que nous projetons sur la relation qui commence. L'idée la plus erronée est de croire que s'aimer c'est être en tout point, tout le temps, à chaque seconde, d'accord sur chaque détail de l'existence. Ce qu'on appelle classiquement une relation fusionnelle. C'est souvent le cas et je suis donc souvent amené à faire la remarque suivante : si nous regardons le célèbre diagramme du yin et du yang, nous voyons, entrelacées à l'intérieur d'un cercle unique, une forme noire et une forme blanche. Cependant, tout en étant ainsi enlacés, ces deux formes ne sont pas l'image d'une telle fusion. En effet, plutôt que de former une couleur grise uniforme, le noir et le blanc restent bien distincts. J'ai souvent observé que cette simple remarque attirait l'attention sur cette illusion. La célèbre formule : « Nous ne ferons plus qu'un » conduit à toutes sortes de souffrances.

La deuxième illusion est l'emprise de la fascination. Quand une rencontre concrète s'accomplit, les partenaires se laissent fasciner par un détail, que ce soit dans le physique, qui est l'aspect le plus superficiel, le timbre de voix, le sourire, les dons intellectuels ou artistiques. Un aspect de l'autre les attire et ils entament trop vite une relation dans laquelle ils investissent beaucoup, alors qu'ils ne se connaissent pas mutuellement. Autrefois, quand on mettait assez longtemps pour faire la cour à une femme ou quand on se fiançait avant de se marier, cela permettait de faire certaines découvertes, avant de s'engager complètement. En parlant d'une manière assez crue mais réaliste, je dirais : « Restons honnêtes et soyons clairs. » Il est préférable de se dire : « Je me sens seul(e) en ce moment dans l'existence, cette femme ou cet homme m'attire, il ou elle est disponible, nous nous engageons dans une relation qui n'aura peut-être pas de suite mais nous en garderons un souvenir heureux parce que nous l'aurons vécue dans la vérité et sans illusion. » Or, trop souvent, il y a une attirance et un investissement limité qui peuvent être justes, mais il n'est certes pas toujours justifié de proclamer : « Ça y est, j'ai trouvé l'âme sœur ! »

C'est peut-être vrai pour ceux qui ont une certaine recherche spirituelle, donc une certaine exigence, qui ne rêvent plus de conquête, de donjuanisme ou de faire « librement » l'amour, et qui veulent une relation profonde et un grand partage.

Mais le plus souvent, les êtres humains se lancent dans une relation alors qu'ils ignorent tout l'un de l'autre. Il m'arrive de connaître séparément un homme et une femme qui se rencontrent et qui m'annoncent tout d'un coup qu'ils s'aiment... Aussi suis-je facilement amené à savoir sur quelle base de non-connaissance de l'autre ils se sont engagés trop vite. Un des pièges est de confondre, comme je le constate trop souvent, la possibilité d'une véritable relation qui traverse les années et le désir d'une compagnie parce qu'on se sent trop seul.

Pour une relation durable, la première nécessité est d'admettre que l'autre est vraiment un autre. Que nous sommes deux. Que nous sommes différents. Et c'est seulement à partir de la reconnaissance parfaite de cette vérité que, peu à peu, une communion profonde pourra grandir et se stabiliser. Il faut admettre que l'autre n'est pas un *alter ego*. On ne saurait donc lui demander de vouloir tout ce je veux, d'aimer tout ce que j'aime, de critiquer tout ce que je critique et qu'il soit en face de moi comme si je me regardais dans un miroir — quand je souris, mon reflet sourit, quand je fais la grimace mon reflet fait la grimace. La souffrance de ne pas se sentir compris vient tout simplement du fait que nous tentons de nier cette différence entre l'autre et soi.

La véritable relation n'est possible que sur la base très claire de l'incontournable réalité de la différence.

Vous venez de dire qu'il vous est arrivé de connaître séparément un homme et une femme qui se rencontrent et qui vous annoncent qu'ils s'aiment, qu'ils veulent se marier, et avoir des enfants ensemble. Et, en tant qu'instructeur, vous constatez à quel point ils sont en train de s'engager trop vite, sur une base de non-connaissance de l'autre et sur la base d'un grand degré d'infantilisme et d'immaturité psychologique. Que faites-vous ? Quels conseils apportez-vous à ce couple ? Vous arrive-t-il, dans un tel cas, de désapprouver l'union de ces deux êtres qui disent s'aimer ?

D'abord il est difficile d'être sûr à 100 % des conséquences que va entraîner l'union de deux êtres, même si j'ai eu avec chacun d'eux des entretiens réguliers. Un facteur a pu m'échapper qui va jouer son rôle. Il peut y avoir dans certains cas des surprises. Un couple qui ne semblait pas posséder tous les éléments positifs en sa faveur peut grandir et croître. Tout dépend de la façon dont les amants vont assumer les inévitables difficultés. Certes, je considère qu'une relation approfondie est importante et beaucoup plus riche que la dispersion. D'autre part si un couple met des enfants au monde, il n'est jamais heureux qu'il y ait mésentente entre les parents, puis séparation. Mais, aussi précieuse que soit la réussite du couple, ce n'est pas le plus important d'une existence. Le plus important est que ceux qui ont une demande suffisamment sérieuse progressent sur le chemin de leur liberté intérieure, de leur réunification, de leur non-égoïsme et leur capacité à être un jour vraiment utiles à leur prochain. Donc, il se peut qu'un échec amoureux, même douloureux, soit une partie du prix à payer pour aller plus loin sur la voie de connaissance de soi et du détachement. D'autre part, une question fondamentale qui se pose quand des personnes viennent me demander conseil est : quelles paroles sont-ils susceptibles d'entendre ? Lorsqu'un homme et une femme sont convaincus qu'ils s'aiment, ils ne peuvent en aucun cas entendre : vous n'êtes pas faits l'un pour l'autre et ce sera un échec. Il est donc tout à fait inutile de le dire de cette manière. Je n'ai en aucun cas à intervenir pour leur imposer : mariez-vous ou ne vous mariez pas.

Essayer d'attirer leur attention sur certaines réalités flagrantes, oui, mais pas diriger un destin.

Dans Confidences impersonnelles *vous utilisez à plusieurs reprises l'expression « mendiants de l'Amour »...*

Oui... Nous sommes plus souvent des « mendiants d'amour » que des adultes aimants... L'homme va vers la femme avec une demande égoïste : « J'ai besoin que tu répondes à toutes mes demandes. » Et la femme va vers l'homme avec la sienne. Un adulte infantile ne peut pas supporter certains comportements qui lui apparaissent comme des trahisons et qui n'ont pourtant aucune gravité. Si la femme que j'aime remarque, en voyant un autre homme : « Quelle allure a cet homme ! Qu'il est beau ! » cela n'implique en rien que je dois être jaloux et souffrir. Mais pour le mécanisme habituel de l'émotion c'est un coup de poignard au cœur. J'ai vu des couples se détruire très vite à partir de cette impossibilité d'accepter la réalité sans être submergé par une émotion, et par les suites de l'émotion, c'est-à-dire par des conclusions erronées. Ce comportement aberrant est très souvent incompréhensible à l'autre : « Mais qu'est-ce qui lui arrive pour se mettre dans un tel état ! »

Il m'arrive de ressentir, parfois, de la jalousie. Après l'avoir observé plusieurs fois, j'ai parlé à mon mari de ce que je ressentais, de cette vulnérabilité encore présente. Je lui ai demandé d'accepter l'extériorisation de ces manifestations émotionnelles pour me permettre d'en prendre conscience quand elles surviennent à mon insu, et pour peu à peu les voir disparaître. Car malgré plusieurs années de travail intérieur, la non-confrontation à une vie de couple au quotidien ne m'avait pas donné l'occasion de ressentir de telles émotions et j'aurais pu croire encore longtemps en être exempte et débarrassée à jamais...

Ce que vous dites est très vrai. Quand un tel pacte existe au départ entre l'homme et la femme, le fait d'exposer librement son ressenti quel qu'il soit permet d'accepter plus intégralement l'autre dans sa différence et de progresser vers une plus grande maturité relationnelle.

Après quoi courons-nous tous à travers le rêve de la rencontre de l'âme sœur ? Qu'y a-t-il derrière ce désir ? Nous avons tous été plus ou moins confrontés à ce désir, même après de longues années de pratique spirituelle... Aussi quand nous portons en nous ce désir, ne portons-nous pas le pressentiment que cette expérience est un terrain fertile pour ressentir ce qu'est l'Éveil ? Car on n'a quand même pas tout faux ?

Il y a deux réponses. Une très banale et très connue, que mon expérience confirme et reconfirme : c'est la recherche profonde de se retrouver dans la situation du petit enfant aimé par sa maman, que cette relation heureuse ait vraiment existé ou non. Ceci relève plus de la psychologie que de la métaphysique mais c'est profondément vrai. J'ai fait plusieurs fois cette observation : un homme est attiré par une femme. Il lui fait la cour et se conduit d'une manière relativement adulte. Mais, du jour où la femme a répondu à son amour, voici qu'à l'étonnement de la femme l'homme change complètement. Il devient infantile, hypersensible, la moindre réflexion ou critique lui fait mal. Si la femme sourit à un autre homme, cela le torture.

Quand l'homme sent qu'il vient de rencontrer la

femme de sa vie, s'installe en lui un immense besoin de reconnaissance inconditionnelle : la femme doit le trouver merveilleux et l'approuver en tout. À ce moment-là, l'homme est submergé par le petit enfant encore vivant en lui. Ceci est un aspect de la réponse à votre question.

Mais en dehors de cette mendicité d'être aimé, une des grandes données est que toute la réalité manifestée est fondée sur la bipolarité. Pourquoi emploie-t-on dans le langage de la passion amoureuse des termes mystiques ? Pourquoi emploie-t-on dans le langage mystique des termes de la passion amoureuse ? Pourquoi les Upanishad majeures représentent-elles la réalité ultime comme un couple en union intime ? La division de toute la réalité en masculin et féminin est une donnée métaphysique et naturelle. La division de l'humanité en deux sexes est un fait majeur. Tout être humain avant d'être un homme ou une femme est d'abord être humain. L'être humain est à la fois féminin et masculin, avec des valeurs masculines qui prédominent chez les hommes et des valeurs féminines qui prédominent chez la femme. L'idée qui a toujours été exprimée dans les enseignements traditionnels est que l'être humain est appelé à devenir le plus complet possible, que la femme trouve l'homme en elle-même, et que l'homme trouve la femme en lui-même. Mais pour cet accomplissement, il est généralement nécessaire de passer par la femme au-dehors et par l'homme au-dehors. Et une femme particulière ouvre l'homme au monde de la femme et un homme particulier ouvre la femme au monde de l'homme.

Je voudrais prendre un exemple personnel. Je vis avec un homme plus âgé que moi. Si nous nous arrêtons aux définitions psychologiques hâtives et si nous portons un regard superficiel sur notre relation, et au vu de ces « symptômes extérieurs de différence d'âge », les apprentis diagnosticiens déclarent : « Elle a épousé son père ! » Et, ainsi confinés dans cette dualité père-fille, il devrait nous incomber à perpétuité ces deux uniques rôles ! Or, notre vie relationnelle est mue par une variété de rôles différents que nous jouons avec beaucoup de joie et de sérieux. C'est vrai, J. est parfois mon père. Mais le lendemain, je suis à mon tour son père, bien que j'aie l'âge d'être sa fille. Et, plus tard, je deviens la sœur, la maîtresse, la partenaire de travail, l'amie, la mère..., et J. devient lui aussi tour à tour l'amant, le frère, le père, l'assistant. Cette multiplicité des rôles enchante notre vie d'une réalité ludique et nous évite de trop nous identifier aux images stéréotypées du couple marié !

Je suis profondément d'accord avec ce que vous dites là.

Une femme peut jouer pour un homme tous les rôles que les femmes peuvent jouer dans une vie d'homme. Cette multiplicité des rôles favorise beaucoup la fidélité dans la vie conjugale. Dans un bloc opératoire un homme est chirurgien. Quand il joue au tennis avec un ami, il n'est plus chirurgien mais il est tennisman. Et quand il raconte Blanche-Neige à sa petite fille, il n'est plus chirurgien mais papa. C'est une des approches du Dharma. Notre existence comporte différents rôles que nous pouvons jouer le mieux possible, tout en comprenant que, parce que nous pouvons jouer tous ces rôles, nous ne sommes fondamentalement aucun des rôles en question. Et une vie de couple durable qui ne va pas vers une destruction ou une déception implique que la femme joue le plus de rôles possibles pour l'homme et l'homme le plus de rôles possibles vis-à-vis de sa femme. Et, accepter de jouer ce jeu de rôles sans identification à aucun d'entre eux est un excellent apprentissage vers l'érosion progressive de notre ego...

Y a-t-il des éléments caractéristiques de la Sagesse qui peuvent contribuer à une vie amoureuse plus épanouie, et vice-versa, des éléments de la vie amoureuse qui peuvent enrichir la nature sensible de la Sagesse ?

Dans les deux cas c'est vrai. La sagesse est forcément un atout dans une vie à deux. Quel que soit le sens que nous donnons au mot sagesse, et même un sens aisément accessible, celui avec lequel tout le monde sera d'accord : égalité d'âme, égalité d'humeur, pas d'émotions par lesquelles on est emporté et qui entraînent des comportements compulsifs allant à l'encontre de nos intérêts, plus de lucidité, de vigilance, de maîtrise de soi... Il ne fait aucun doute que tout cela ne peut être que bénéfique à la relation entre un homme et une femme. Mais ce changement intérieur peut prendre bien des années. Alors, s'il faut attendre d'avoir cinquante ans pour fonder une famille, les enfants n'auront que de vieux parents !

La relation de couple comprise dans une certaine lumière est un véritable yoga. Elle demande une déontologie ou, pour utiliser un mot plus ordinaire, un mode d'emploi.

Il y a actuellement dans notre société un accroissement du niveau intellectuel. Qui s'arrête aujourd'hui au certificat d'études ? Plus personne !

Intellectuellement, l'information est de plus en plus poussée, tandis qu'émotionnellement c'est loin d'être le cas. Les adultes sont trop souvent des pseudo-adultes, émotionnellement puérils. Et avant de s'engager sur le chemin de la sagesse, exigeons de nous-mêmes que nous devenions normalement adultes avec ce que cela représente de solidité intérieure, de capacité à être seul, à accepter que l'autre ne soit pas la pure réplique de nous-mêmes, à vivre dans le monde tel qu'il est et non tel que nous voudrions qu'il soit. De même, avant de nous engager dans une relation amoureuse posons-nous la question : qu'est-ce que, selon moi, va être une relation de couple ? Il nous faut *apprendre*. Là intervient une différence capitale entre le monde actuel et ce que nous appelons les mondes traditionnels dont j'ai eu l'expérience pendant les quinze années de ma vie que j'ai partagées entre l'Occident et l'Asie. J'ai vécu dans l'intimité de familles hindous encore très imprégnées du karma, de familles bouddhistes et même de familles musulmanes, bien qu'il soit plus difficile, dans ce contexte, de connaître les épouses de ses amis. C'est la distinction, ô combien connue, mais qui n'en est pas moins capitale, entre *être* et *avoir*. Est-ce que j'ai une épouse ou est-ce que je suis un mari ? Là est le mode d'emploi. Si vous voulez rater votre couple, ayez une épouse. Si vous voulez le réussir, soyez un mari. J'ai souvent raconté une histoire qui m'a immensément frappé :

Je me trouvais il y a trente ans à l'ashram de Ma Ananda Mayi. Une petite fille de douze ans, toute contente de parler avec un étranger, vient me faire la conversation :

« Uncle... » — c'est la manière dont on s'adresse aux

étrangers en Inde. On échange quelques propos habituels puis elle m'explique :

« Quand je serai une épouse je ferai... » Elle me raconte tout ce qu'elle fera quand elle sera une épouse. Et je me suis tout d'un coup rendu compte que tout était fondé sur le verbe être, le dharma d'épouse. Comment, en tant qu'épouse, elle se situera par rapport à son mari. Elle ne me racontait pas les rêves de tout ce que son mari ferait pour elle, mais les rêves de tout ce qu'elle serait pour son mari, de tout ce qu'elle ferait pour son mari. Étant bien entendu dans son esprit que son mari serait un époux et jouerait parfaitement le rôle qui incombe à un époux. Ce n'est pas une idée originale mais une idée n'a pas besoin d'être originale pour être véridique.

Je vous écoute... et pendant que vous parliez, j'étais en train de penser qu'il n'y a finalement que les sages ou les éveillés qui auraient une aptitude immédiate à vivre une vie de couple harmonieuse et paisible ! Alors que ce sont eux, finalement, qui n'en ont plus besoin ou qui y renoncent... Pour la plupart d'entre nous, la rencontre amoureuse, même la plus profonde, entraînera inévitablement des souffrances...

Ce que vous dites est juste. Toute femme n'est pas en droit d'espérer qu'elle va épouser le Bouddha lui-même. Nous épousons un être humain qui n'a pas franchi tous les degrés de la liberté intérieure et nous devons l'admettre à l'avance.

Maintenant, l'expérience montre aussi que l'engagement sur un chemin spirituel, s'il n'est pas vécu très sérieusement et en profondeur, augmente encore certaines difficultés lorsque les deux conjoints sont engagés sur la même voie. En cas de mésentente, de contradictions, de discussions, chacun des deux partenaires, au lieu de constater qu'il est emporté par son émotion et le jeu de son mental, accuse l'autre de ne pas mettre en pratique l'enseignement en question. Les querelles stériles sont alors émaillées de paroles de sagesse, des propos du gourou répétés tout à fait mécaniquement, ce qui augmente encore la confusion. C'est un piège souvent revenu à mes oreilles et dont j'ai même été parfois témoin. Se réclamer d'un enseignement n'est pas la même chose que de le vivre ici et maintenant. Pour que le mariage soit un yoga, une voie, il faut avoir une certaine préparation, un commencement de liberté et de maturité et certaines clés de compréhension — ce que j'ai appelé tout à l'heure un mode d'emploi. Quand c'est surface contre surface, émotion contre émotion, complication psychologique contre complication psychologique, qu'est-ce qui pourrait être simple ? Un être non unifié qui ne se connaît pas vraiment lui-même rencontre un autre être non unifié qui ne se connaît pas lui-même, comment leur relation pourrait-elle être toujours simple, aisée et détendue ?

Les hommes et les femmes vont inévitablement continuer à s'unir...

Oui et heureusement, mais hélas, trop souvent par ignorance, méconnaissance ou illusion. Oui, les hommes sont attirés par les femmes et les femmes par les hommes mais à partir de grandes frustrations affectives remontant à l'enfance. Les hommes et les femmes vont continuer à s'attirer et à attendre l'un de l'autre la diminution de leurs tensions. Les êtres humains qui ne sont pas complètement unifiés et pacifiés ont besoin de détendre leurs tensions, quelles qu'elles soient et quelle qu'en soit la cause, tensions non seulement physiques mais émotionnelles et mentales. L'attirance aura lieu. Alors qu'est-ce qui peut faire que ces rencontres aident à progresser en expérience, en compréhension, et soient une voie de maturation ? Comment tirer le meilleur parti de nos circonstances extérieures et de nos vécus intérieurs, c'est-à-dire de ce qui reste de confusion, d'illusion et d'émotion ?

Certaines traditions de l'Inde parlent de conversion de l'énergie sexuelle en énergie spirituelle. Doit-on en déduire que l'éveil est réservé à ceux qui font abstinence sexuelle ?

L'expérience montre que certains sages et maîtres spirituels ont eu une vie sexuelle ou parfois même poursuivent leur vie sexuelle et mettent des enfants au monde tardivement, après qu'ils ont atteint l'illumination, qu'ils ont été reconnus par leur propre maître et par leur entourage comme véritablement transformé de l'intérieur. Sur certaines voies, cette transmutation de l'énergie sexuelle est exigée mais elle ne l'est pas obligatoirement. Ce qui est impliqué obligatoirement est une vie sexuelle de plus en plus épurée des tensions, des émotions et de l'égoïsme. Une vie sexuelle aisée, naturelle, détendue. Car il est rare que la vie sexuelle soit vécue sans éléments psychologiques perturbateurs. Un point faisant partie de la confusion actuelle est tout ce que nous mettons en Occident sous le nom de « Tantra ». N'importe quelle forme ordinaire de sexualité est affublée d'oripeaux mystiques ; ceci ne correspond absolument pas à ce que dit la Tradition. L'utilisation ritualisée de l'acte sexuel comme acte de méditation s'adresse à des disciples véritablement qualifiés. L'intensité de la demande sexuelle, au moment où elle se présente, peut être un point d'appui pour une expérience spirituelle. Cette ascèse ne s'adresse qu'à de véritables disciples et demande des concours de circonstances qui ne sont jamais réunis dans le contexte ordinaire. Si la demande sexuelle érotique est intense de part et d'autre, préparée par une longue période de méditation et d'abstinence, au moment où la demande est la plus forte, il peut y avoir un lâcher-prise momentané de l'ego individualisé. Cette expérience d'abandon total est difficile car c'est le moment où l'ego veut le plus être là pour vivre cette intensité et cette satisfaction de l'accouplement. Mais si l'ego peut lâcher prise au cœur de cette intensité de l'union sexuelle, ce n'est plus une personne individualisée qui la prend en charge, c'est l'expérience elle-même du lâcher-prise qui emporte les deux amants unis vers une autre réalité. Mais c'est plus facile d'en parler dans un entretien que d'imaginer le vivre réellement. Il suffit de ne pas mélanger les niveaux et de ne pas vivre dans une confusion qui ne permettra jamais une progression. En vérité, plus la sexualité est heureuse, simple, spontanée, sans recherche d'états extraordinaires, mais en considérant que ce qui est extraordinaire est justement cette simplicité, plus elle sera favorable à la croissance intérieure et à la croissance de la liberté.

Un « sacré » quotidien !

JEAN LETSCHERT

Qu'elles soient d'Orient ou d'Occident, toutes les grandes traditions s'accordent à dire que toute forme de vie est à son origine dans un état initial fait d'innocence et de pureté. Tout ce qui touche intimement à cet état suprême, soit par sa forme et la présence qui s'en dégage, soit par sa place cruciale dans un carrefour de relations, ou encore par la puissance évocatrice qui en émane, appartient à ce que ces traditions ont communément appelé le Sacré.

C'est ainsi que l'enfance est sacrée de par son innocence et sa fragilité intrinsèques, le mariage est sacré de par sa pérenne immanence dans la continuité de la vie, étant le modèle initial de toute émergence et de tout devenir. La vie, dans sa globalité, est sacrée parce qu'elle est cet éveil de la conscience hors du sommeil indifférencié de la nuit cosmique, tandis que la mort, cet indicible gouffre en lequel tout disparaît, est certes la dimension la plus insondable du Sacré.

Tout ce qui, dans notre courte vie d'humain, peut miroiter une des qualités mystérieuses de l'Éternel peut être appelé Sacré et être digne de respect sinon d'adoration.

Le Sacré est ce qui perpétue l'acte originel de la Création, tout en élevant les consciences de ceux qui y participent. Il est une manière de vivre l'impérissable dans l'évanescence même de notre quotidien, de nos sentiments les plus fugitifs, de nos relations, même si elles sont souvent de courte durée.

La plupart d'entre nous admettent volontiers que la vie est un perpétuel changement. Comme la rivière d'Héraclite, rien ne revient jamais au même endroit. Cependant, au plus profond de notre être, nous sommes tous plus ou moins à la poursuite de l'une ou l'autre forme de constance, de stabilité. En deçà des bouleversements de notre vie professionnelle et affective, nous chérissons des idées ou des aspirations que nous rattachons souvent à l'immuable et à l'intemporel et dont la disparition soudaine mettrait en péril jusqu'à notre raison d'exister.

Sans elles l'être humain se débat dans le flot de la vie avec le sentiment de vivre n'importe quoi ; il ne se sent plus relié ni à son âme ni au Tout. Or, le Sacré est ce qui relie l'âme au Tout. Le Sacré est le contraire du n'importe quoi ! L'amour véritable, lui non plus, n'est jamais n'importe quoi, et dans son vécu, même à l'échelle du quotidien, il s'ouvre naturellement sur la perception la plus immédiate et la plus tangible du Sacré. De l'Amour ou du Sacré, il est très difficile de dire lequel des deux découle de l'autre. Le Sacré est cette dimension verticale tout intérieure à l'homme et la femme ; et entre l'homme et la femme il y a un amour vertical et aussi de multiples amours horizontaux.

Qu'est-ce que l'Amour ?

Dans le mot amour il y a *âme*. Sans jeu de mots, nous pouvons dire qu'amour est le substantif d'âme et, en termes plus philosophiques, nous n'hésiterons pas à dire que l'amour est « substantiel » à l'âme, à l'opposé de lui être accidentel. Une âme sans amour tombe malade, se dessèche et s'atrophie, et finit par périr dans l'ombre du chagrin. L'amour est la dynamique essentielle de l'âme, son mouvement spontané vers les autres âmes qui l'entourent. Son moteur. L'amour est une propagation de l'âme, une dilatation, et c'est en cela qu'il est si immédiatement contagieux. La haine, par contre, est un resserrement de l'âme, son rétrécissement et son durcissement.

Aimer ? « Aime ton prochain comme toi même ! » L'amour du prochain et l'amour de soi participent substantiellement l'un de l'autre au cœur de notre être, et c'est dans ce partage de notre verticalité subjective et intime et de l'horizontalité relationnelle qui gravitent autour de notre âme que nous pouvons, à chaque instant, communier avec l'essence profonde du Sacré.

L'âme sœur et la face cachée de l'individu

L'amour de soi et l'amour du prochain ! S'il y a Amour, où est la différence ? L'amour est essentiellement énergie de vie, une combinaison de l'énergie affirmative de notre âme en éclosion et de l'énergie participative de notre prochain et, par extension, de l'Univers dans sa globalité. Mais ce mouvement de l'âme, cependant si naturel et si innocent, est justement celui qui semble conduire bien des hommes et des femmes vers les difficultés les plus insolubles et les tourments les plus déchirants. Très vite — trop vite en vérité — l'homme se précipite dans son prochain avant même de s'être penché, ne fut-ce qu'avec un rien d'attention, sur sa propre intimité, sur ce « soi-même » que, sans le connaître, il déversera sans cesse avec incontinence dans l'autre. Son débordant besoin d'être aimé l'emporte presque toujours sur sa capacité d'aimer, cette capacité de dilater les vertus cachées de son âme dans le monde qui l'entoure. Cette capacité de recevoir l'âme d'autrui.

Toute entité vivante abrite en son sein une ambiguïté originelle. La plupart de nos tiraillements viennent de notre difficulté de concilier les polarités initiales de cette ambiguïté, d'autant plus que rien dans notre culture et dans les schémas mentaux qui en découlent ne nous donne des repères ou des références nous permettant, en grandissant, de vivre en harmonie avec les antinomies souvent conflictuelles qui forment la texture complexe de notre individualité. C'est ainsi que la plupart des grandes traditions spirituelles insistent sur la réconciliation des contraires au sein de l'individu lui-même comme étant la condition essentielle pour accéder au bonheur, et connaître l'harmonie et la béatitude qui en résulte, et ainsi pouvoir les partager avec son prochain ou avec l'âme sœur.

Cependant, la recherche de l'âme sœur aussi peut devenir un champ de découverte de la nature des polarités qui nous animent en secret. L'âme sœur peut, en quelque sorte, se révéler le véritable « chaînon manquant » qui nous permet miraculeusement d'être en phase non seulement avec l'univers autour de nous mais, plus étrangement, avec nous-mêmes, avec notre propre globalité intérieure. Nous avons tous jusqu'à un certain degré une plus ou moins grande partie de nous-mêmes que nous ignorons complètement, qui nous est bien souvent inaccessible. C'est la face cachée de notre âme. Comme la face cachée de la Lune, elle fait l'objet de bien des interrogations tout en s'entourant volontiers de mystère. En fait, les aspects les plus subtils et les plus déterminants de notre individualité se cachent bien souvent dans cette pénombre de nous-mêmes.

Que nous le voulions ou non, cette face cachée de nous-mêmes nous est souvent révélée indirectement par la présence de l'âme sœur, et plus précisément par la nature de la relation que nous établissons avec elle. Les Grecs nous ont familiarisés avec l'idée que le premier mouvement naturel vers la connaissance et l'Esprit se trouvait dans l'attirance de l'âme vers l'autre. C'est le mouvement de l'Éros vers le Logos.

Le premier mouvement que la nature nous donne est ce mouvement vers l'autre : la compagne pour l'homme et le compagnon pour la femme. L'âme sœur ! Celui ou celle qui va apporter provisoirement — ou définitivement — le « chaînon manquant » qui rétablira le contact intérieur avec nous-mêmes et qui deviendra, le temps qu'il faudra, le pôle magnétique de la face cachée de nous-mêmes afin qu'elle devienne de plus en plus réelle, de plus en plus présente, de plus en plus visible et rayonnante. En un mot, de plus en plus consciente. Toute soif de connaissance contient implicitement la soif d'être reconnu, et la rencontre de l'homme et de la femme constitue un acte symbolique de la complétude de tous les contraires qui sont à la base de ce vaste univers, à la base de toute forme de vie. Dans le désir profond de se connaître et de s'accepter, il y a une dynamique d'élévation, un transport naturel et spontané vers la complétude et le dépassement.

Sexualité et spiritualité : alpha et oméga de l'homme

Or, rien dans le monde moderne matérialiste ne favorise une notion spirituelle, voire sacrée, de la relation de l'homme et de la femme. La consommation horizontale et unilatérale d'un objet par un sujet semble être le modèle relationnel le plus répandu dans notre société court-circuitée par la compétition et les loisirs. D'autre part, dans le monde de la spiritualité aussi, l'acceptation de la sexualité comme un reflet du Sacré a été de tout temps une question délicate et subversive. Peu nombreux, d'ailleurs, sont les aventuriers de l'esprit qui ont osé affronter ce problème de front, au risque d'être considérés pervers, possédés ou hérétiques. Faire l'amour avec d'autres objectifs que celui de la procréation fut et reste encore dans de nombreuses traditions sujet au blâme, à l'excommunion, à l'exil. Non seulement le mythe du Péché Originel a été détourné de sa signification authentique, mais l'acte sexuel a été confusément associé avec la perte de l'innocence et précipité sans rémission dans le tournis incontrôlable des pires perversités. L'exil de la cellule originelle en dehors des limites étincelantes du paradis ne favorisa certes pas le rappel à notre esprit de la sacralité initiale de leur union « sur la Terre comme aux Cieux ». Les zélateurs du dogme se gardèrent bien ne nous préciser que si Dieu tira Ève directement de la substance d'Adam, c'était avant tout afin que ce dernier prenne conscience de la double nature qui vibrait en son sein, comme en chacun de nous. Cette consubstantialité qui lie secrètement le masculin et le féminin depuis l'origine de la manifestation. Afin qu'il découvre cette partie de lui-même, celle-ci assuma sa forme et eut une âme en dehors d'Adam, lui donnant ainsi une chance supplémentaire — paradoxalement plus immédiate et plus accessible, charnelle et sensuelle — de connaître sa globalité. En pénétrant Ève à l'extérieur de lui-même il lui était donné de se connaître avec plus d'intimité, plus d'intériorité. Mais, dupe de sa masculinité fortuite et somme toute provisoire, le pauvre homme n'y vit que du feu, et au lieu de réaliser l'ambivalence de son humanité véritable, il parcourut le désert pendant des millénaires, repoussant continuellement son Divin Créateur de plus en plus loin dans la Transcendance, tout en refoulant sa moitié dans l'ombre de son sillage. Il refusa dès lors de voir en elle le signe divin le plus proche de sa chair pouvant le conduire vers sa complétude, son épanouissement spirituel sur Terre, ici et maintenant.

Cette notion de complétude transparaît magnifiquement dans un rite nuptial décrit dans l'Atharva Veda.

Lors de la cérémonie rituelle des noces, l'époux adresse les paroles suivantes à son épouse tout en invoquant, au travers elle, l'Être Suprême, Brahman :

En cet Absolu lumineux qui brille au faîte de ton être
J'offre en oblation mon intelligence ;
En cet Absolu éclatant qui m'inonde de derrière tes yeux,
J'offre en oblation ma contemplation ;
En cet Absolu mélodieux qui chante au creux de ton oreille,
J'offre en oblation mon écoute ;
En cet Absolu sans limites qui vibre dans tes narines,
J'offre en oblation mon expir et mon inspir ;
En cet Absolu d'incandescence qui enfle imperturbablement ta langue,
J'offre en oblation mon acquiescement ;
En cet absolu qui se tait dans sa gorge,
J'offre en oblation ces mots d'éloges ;
En cet Absolu qui est le temps brillant au cœur de tes seins tels le soleil et la lune,
J'offre en oblation ma soif de l'intemporel ;
En cet absolu infinitésimal qui bat comme un pouls au cœur de ton nombril,
J'offre en oblation tout le devenir de moi-même ;
En cet Absolu de l'éternel retour qui attend, disponible et ouvert, au creux de ton sexe,
J'offre en oblation ma disparition et ma renaissance ;
En cet Absolu impérissable qui refleurit sans cesse de la poussière de tes pieds,
J'offre en oblation mon immortalité.

Dans ce sublime ode à l'amour, nous remarquons surtout le cheminement vertical de haut en bas. Depuis « l'Absolu lumineux qui brille au faîte » de l'être de son épouse jusqu'à « l'Absolu impérissable qui refleurit sans cesse de la poussière » des pieds de celle-ci, l'oblateur masculin offre toute sa conscience en une prière d'amour. Faisant face à l'épouse, l'époux entre en symbiose avec celle-ci par un processus rituel dans lequel une succession de métaphores sont utilisées pour susciter des coïncidences subtiles entre les deux partenaires à différents niveaux de leur conscience. Par la voie poétique de l'offrande poétique, l'être aimé est en quelque sorte consacré, sacralisé de la tête aux pieds par l'amant. L'état visé par ce genre de rituel est celui de la « participation mystique » des deux âmes dans les différentes sphères de leur dynamisme psychophysiologique.

Ce texte a environ trois mille ans et appartient au codex ritualiste du Veda le plus tardif, l'Atharva Veda. Ce Veda attache une importance toute particulière à cette dimension rituelle que l'homme moderne semble de plus en plus oublier, non seulement dans sa relation avec le monde et les êtres qui l'entourent, mais davantage encore avec l'être aimé qui partage sa vie de tous les jours, sans parler bien entendu de sa relation avec lui-même. La redécouverte de la synchronicité des rythmes profonds qui relie les êtres et les choses, et l'exercice d'une dynamique relationnelle intégratrice et cohésive entre l'homme et la femme, voilà certes un apport totalement ignoré et cependant indispensable à l'harmonisation du climat psychologique et affectif de la majorité des couples dans la société moderne. Vu dans une optique transformatrice, le sens profond du rite apparaît comme une nécessité essentielle dans le contexte désacralisé de notre monde matérialiste.

Indépendamment de sa nature esthétique et poétique, tout rituel cache des facteurs thérapeutiques insoupçonnés, et dans beaucoup de cas il peut même guérir et réharmoniser des situations relationnelles là où des années de psychanalyse n'ont apporté que de maigres progrès. Une ritualisation adaptée de la vie amoureuse et relationnelle entre l'homme et la femme peut effectivement purifier, clarifier, virginiser même, le terrain affectif et émotionnel d'un couple, bien plus en profondeur que maintes discussions à bâtons rompus ou des analyses sans fin concernant les syndromes respectifs qui font « qu'un couple ne s'entend pas ».

Dans certaines écoles mystiques d'Orient et d'Occident, il est dit que la prière suffit pour permettre à l'âme de s'épanouir. Lorsqu'elle est pratiquée avec tout le recueillement nécessaire et toute la dynamique corporelle qui se doit d'y participer, la prière suffit effectivement pour nettoyer toutes les impuretés qui encombrent l'âme d'un individu.

En amour, et particulièrement en amour dit profane, on dit aussi que toutes les disputes se résolvent sur l'oreiller. Tous les griefs peuvent se dissoudre par l'enchantement érotique de la fusion charnelle de deux corps. Entre ces pôles apparemment exclusifs, il y a cependant une relation profondément spirituelle, un axe vertical avec un alpha et un oméga. Au pôle instinctuel de notre être, l'alpha de notre conscience, nous avons l'acte sexuel ; au pôle supérieur de notre conscience il y a la prière, ce recueillement au faîte de notre âme, cette oraison secrète, notre oméga spirituel. Entre ces deux pôles un perpétuel flux vibratoire circule inlassablement à notre insu.

La ritualisation de nos actes et de nos états d'âme a pour but de nous rendre conscient de ce flux vibratoire et d'avoir « prise sur lui », c'est-à-dire de pouvoir le faire passer dans les moindres détails de notre vie quotidienne. Contrairement à ce qu'en pense le scepticisme obstiné de l'homme moderne, le rituel est tout le contraire de la banalisation, il en est même l'antidote le plus effectif. Le rituel resacralise ce qui a été banalisé, il restructure le n'importe quoi. Il réintègre l'individu à l'universel.

La banalité peut être vue dans tout ce qui dévalorise l'essentiel. La banalisation contemporaine de la plupart des actes primordiaux qui constituent les fondements de la nature humaine est certes une des pires profanations historiques de l'évolution de la conscience. La sacralité inhérente à l'acte sexuel en est malheureusement la première victime. La banalisation et la dépoétisation de tous les aspects de la vie, n'est-ce pas là l'essence même du véritable Péché Originel ?

C'est dans ce sens que, dans notre période de grands bouleversements, la question du péché originel doit se reposer avec un regard neuf, dans la lumière d'une nouvelle liberté.

Le mariage va-t-il réellement à l'encontre de l'épanouissement et de l'affirmation de l'individu, ou n'en est-il pas tout simplement la plus concrète et la plus universelle des confirmations ? En d'autres termes, la traversée en solitaire ne conduit-elle pas paradoxalement à l'ultime rencontre de l'âme sœur, à la reconnaissance que, quelque part en ce monde manifesté, existe une âme incarnée qui porte en elle les germes de notre complétude ?

Chacun de nous est un couple

Le mythe de l'Immaculée Conception remonte certes plus loin qu'Ève elle-même, pour aboutir à chacun d'entre nous, faisant du Péché Originel la simple résultante de notre faux regard sur la virginité inhérente, sur l'innocence de tout ce que le Divin Créateur fit à sa propre image.

La neurobiologie contemporaine vient de nous édifier récemment sur les fonctions à la fois autonomes et complémentaires des deux hémisphères du cerveau humain. Nous avons deux cerveaux spécialisés — l'un visuel et tactile — l'hémisphère droit — et l'autre verbal et conceptuel — l'hémisphère gauche. Les répercussions de ces spécialisations se déploient en quinconce à différents niveaux de notre structure psychosomatique. Autrement dit, chacun de nous est un couple qui s'ignore !

Tout dans notre structure psychocorporelle relève de l'une ou de l'autre forme de cette ambivalence, et la plupart de nos carences et incomplétudes physiques et affectives, sentimentales et psychologiques, intellectuelles et spirituelles, peuvent être métaphoriquement comprises comme autant de disproportions des fonctions masculines et féminines de notre conscience à différents niveaux de notre personnalité, de notre ego, de notre âme.

Adam et Ève, c'est chacun de nous ! Le couple primordial qu'ils symbolisent est l'archétype de cette extériorisation existentielle du principe binaire qui pulse au centre de la conscience humaine. C'est ainsi qu'une des premières fonctions du couple — et c'est ce que nous enseigne l'extrait védique cité plus haut — est de miroiter dans la conscience des deux partenaires les disproportions respectives de féminin et de masculin aux différents niveaux de leur être ainsi que dans leurs divers comportements. Ce miroitement peut devenir une véritable catalyse et rétablir en chacun des partenaires l'harmonie intérieure par la ritualisation des lois de synchronicité, réciprocité, compensation, complémentarité et synergie. Ces lois constituent la dynamique intrinsèque de l'amour authentique, cet amour qui est « médiateur d'âme ».

Si au début d'une relation l'être aimé incarne ce que nous attendons de la vie, il deviendra naturellement le filtre par lequel la plus grande partie de notre relation au monde pourra se purifier progressivement jusqu'à ce qu'elle se transforme en l'expression fidèle de notre épanouissement intérieur. Car l'être aimé est aussi et surtout « l'autre nous-mêmes » — notre face cachée faite chair —, celui ou celle que nous aimons à l'extérieur de nous afin de nous réconcilier avec les parties de nous-mêmes que nous n'avions jamais osé vivre pleinement, que nous n'avions jamais osé aimer. L'être aimé nous enseigne en silence que nous avions surtout oublié de nous aimer nous-mêmes.

Dans la symbiose du couple, le masculin et le féminin, le yang et le yin, peuvent être vécus comme une succession ininterrompue de fondus enchaînés. L'un devient sans cesse l'autre par le miracle d'une complicité invisible mais imperturbablement engrammée dans la conscience de chacun des partenaires. Les rôles deviennent interchangeables, comme si le couple avait une seule et même garde-robe psychologique. Lorsque tout est vécu comme une offrande, comme une disparition et une redécouverte de soi dans le miroir de l'autre, les blocages et les fixations, les syndromes pères-mères, les fantasmes de tout genre, tout s'estompe, se volatilise dès que nous cessons de nous raconter cette sempiternelle histoire de notre moi complaisant et narcissique, dès que nous sommes de plain-pied dans l'acte rituel pur qui n'a ni début ni fin, qui est hors de toute histoire. Dans cette présence rituelle, nous recevons l'autre dans ces parties secrètes de nous-mêmes qui semblent être éternellement en vacances parce que nous nous octroyons le temps et l'espace pour fluctuer l'un dans l'autre à tous les niveaux.

Il est une très belle image de la tradition tantrique qui dit que le dieu Shiva n'accepte de créer le monde que s'il s'y reconnaît. C'est ainsi que la déesse-mère Shakti devient son miroir en lequel le Seigneur de l'éternel Sommeil dépose son immensité.

Deux types de sexualité

La qualité de notre conscience se reflète dans notre manière d'aimer, de même que l'évolution spirituelle de notre âme transparaît dans le contenu et l'intensité de tous les jours. La façon de vivre notre sexualité est révélatrice quant à notre relation subliminale avec les êtres et la nature autour de nous, à tel point que nous pourrions donner un corollaire au célèbre adage et dire : « Dis-moi comment tu aimes, et je te dirai qui tu es. » Nous avons énormément à apprendre sur nous-mêmes par la manière dont notre conscience, par le biais de notre corps, entre en communication avec une autre conscience qui a pour corps celui du sexe opposé. Notre façon de faire l'amour peut être bien plus éloquente sur nos profondeurs psychiques que des années de bavardage sur le divan d'un psychiatre. Une sexualité spirituellement vécue est le premier pas vers la connaissance de soi.

Évidemment, la question majeure qui se pose ici est : qu'est-ce qu'une sexualité spirituellement vécue ?

S'il est vrai que, comme le disait Plotin, la vie spirituelle est « un envol qui va du Seul au Seul », il est parallèlement tout aussi vrai que deux solitudes bien consenties fortifient la confiance en soi, tout en exaltant la verticalité spirituelle de la nature humaine.

Comme nous le mentionnions déjà au début de cette réflexion, nous pouvons distinguer deux types de sexualité chez l'être humain : la sexualité horizontale et la sexualité verticale.

La sexualité horizontale englobe presque tout ce que l'homme ordinaire comprend et vit de la sexualité, depuis l'acte primaire de procréation jusqu'à la pornographie, en passant par toutes les gratifications libidineuses et fantasmatiques de l'ego, les objectifications obsessionnelles de notre insatiable besoin d'être aimé et de jouir, les jeux de pouvoir intersexuel, etc. Tout ce qui déforme la subjectivité — la conscience — de l'autre en objet de consommation ou de comparaison exprime toujours l'une ou l'autre forme de sexualité horizontale. L'amour-objet est ce qui qualifie le mieux ce type de sexualité. L'autre est toujours en dehors de nous, nous le consommons, il est un objet usager, une chose qui nous maintient constamment dans l'attraction ou la répulsion, dans la gratification ou le reproche. L'autre est toujours l'objet de notre plaisir ou de notre déplaisir, de notre réussite ou de notre malheur. L'autre devient l'incorporation de l'ombre que nos manques et nos incompétences jettent impudiquement sur notre univers relationnel. Dans la sexualité horizontale, le corps reste le premier et le dernier pôle d'attraction en lequel l'homme et la femme trouvent les quelques éléments fusionnels leur permettant d'encore se rencontrer ne fut-ce que quelques instants.

La sexualité verticale, par contre, est le domaine privilégié de la rencontre des âmes, de leur confrontation, leur interpénétration et leur fusion, leur mutuel épanouissement. La sexualité verticale aboutit dans la plupart des cas à l'intégration de deux solitudes en un projet d'éveil spirituel commun. C'est l'amour sujet.

Ici, l'autre n'est plus l'objet de notre désir, il n'est plus l'objet de notre réussite ou de notre échec, de notre malheur, ni même de notre bonheur, « la chose » en dehors de nous ; à laquelle nous nous mesurons sans cesse. L'autre cesse tout simplement d'être « l'autre ». Il ou elle existe en soi, par soi et pour soi, dans une intériorité dilatée et indéfiniment extensible et cependant de plus en plus intime et impénétrable. Deux âmes partagent leur solitude telle une nourriture essentielle et l'individualité de chacun constitue un des deux montants de l'échelle de Jacob qui les élèvera, lentement mais sûrement, vers la plénitude. Libres mais interdépendants.

L'image la plus évocatrice de la sexualité verticale est celle du Yab-Yung tibétain ou du Maithuna shivaïte. La divinité masculine (un aspect du Bouddha ou du dieu hindou Shiva) est assise dans la position du lotus, le corps parfaitement droit comme si l'être tout entier était en érection. Assise à califourchon sur ses cuisses, tout en lui faisant face, se trouve sa parèdre, la Shakti. Les deux corps face à face semblent transportés par un fluide ascensionnel mystérieux qui tend tout le mouvement vers un point de fuite surplombant imperceptiblement leur diadème. Leur visage est transfiguré, immobile et extraordinairement ancré dans l'éternel. Ils sont à la fois la fusion la plus indissoluble et l'autonomie individuelle la plus inébranlable, et cependant ils sont toutes les ambiguïtés autant réunies que transcendées. Ils sont divinement seuls ensemble.

Il est évident que ce second type de sexualité est rare et que ceux qui la vivent aujourd'hui ne se rencontrent pas à tous les coins de rue. Au contraire, nous vivons à une période où l'exacerbation de la sexualité horizontale bat son plein, expression pour le moins normale du règne de la quantité qui envahit tous les aspects du monde moderne, contaminant même les critères les plus intimes du bonheur. Nous sommes en effet loin de l'érotisme qualitatif du Cantique des cantiques, où la sexualité est comprise comme étant la chaste et pure consommation de la vision contemplative de l'androgynie éternelle du principe divin. La libération sexuelle aura sans doute posé les questions relatives au bien-fondé des appartenances, des obligations et des exclusivités physiques et psychologiques imposées arbitrairement par des systèmes de pensée autoritaires, elle aura mis un terme à l'asservissement sexuel au nom d'un contrat souvent unilatéralement intéressé et dominateur. Mais elle aura aussi contribué à banaliser davantage, jusqu'à le désacraliser, l'acte sexuel, le réduisant chaque jour un peu plus à une attraction publicitaire, une pitance pour voyeurisme galopant ou, pire, un dépucelage insidieux, mais commercialement exploité, d'une enfance à peine éclose.

Vers un art d'aimer

Mais ce qui est l'une des causes de la perte de l'homme peut, fort heureusement, être aussi le moyen le plus direct de son émancipation et de sa réconciliation avec sa véritable nature humaine. La sexualité et la spiritualité ne sont pas deux contraires mutuellement exclusifs, comme on a rarement cessé de nous le faire croire. La sagesse et l'érotisme se sont constamment côtoyés depuis les traditions les plus antiques jusqu'à nos jours. Les exemples ne manquent pas où ils fusionnent littéralement en une panacée spirituelle.

Dans divers courants mystiques, le dialogue amoureux est pris comme paradigme du dialogue de l'âme avec Dieu, comme chez saint Jean de la Croix, sainte Thérèse d'Avila, les grands poètes soufis et les fous de Dieu de l'Inde, qu'ils soient chrétiens, musulmans ou hindous. Le but de toute voie spirituelle est l'épanouissement totale de la conscience, ce qui, dans les diverses traditions, est appelé la réalisation du Soi et, plus près de nous, dans la psychologie des profondeurs, le processus d'individuation. Dans ce processus, C. G. Jung souligne l'importance de la texture archétypale de l'inconscient, voire de l'âme individuelle, qui est de nature féminine chez l'homme (l'*anima*) et de nature masculine chez la femme (l'*animus*). L'épanouissement spirituel ne peut donc en aucun cas être envisagé sans une prise de conscience de notre relation profonde, archétypale avec la sexualité, fut-elle vécue intérieurement par quelque méthode de sublimation, ou consommée extérieurement dans une rencontre amoureuse. Le refoulement sexuel est dans bien des cas un obstacle majeur dans l'évolution spirituelle des prétendus ascètes qui confondent continence et chasteté.

Le couple est la première cellule qui se démarque dans l'évolution de l'un vers le multiple. Il est antérieur à la famille, antérieur au groupe, à la tribu, antérieur à la nation, antérieur à tout peuple. Le couple est la continuation, à un niveau plus subtil, de l'individualité dans le processus du devenir existentiel. L'aventure du couple offre dès lors une opportunité exceptionnelle de vivre une des plus déterminantes épopées humaines : celle du passage initiatique de l'Unité à la Trinité, de l'indifférencié au différencié.

L'expérience du couple est aussi le terrain le plus propice pour s'exercer à l'art de vivre, et ceci 24 heures sur 24. La tradition indienne parle de 64 arts de vivre, dont 16 concernent uniquement la vie amoureuse. L'étude assidue de ces 64 arts introduit l'être humain à la présence du Sacré dans toutes les dimensions de la vie quotidienne, depuis l'art culinaire jusqu'à la musique et l'art oratoire. L'apprentissage de ces arts particuliers est exclusivement destiné à ouvrir la conscience à l'inspiration divine, la Grâce — s'il faut l'appeler par son nom. L'inspiration de l'amour vient d'en haut, de la sphère des archétypes, où tous les états d'âme de l'humanité règnent depuis la nuit des temps dans leur condition originelle, leur dimension sacrée.

Lorsque la substance même de la vie est perçue comme sacrée, tout ce qui constitue la trame vitale de la montée humaine vers les hautes cimes de la connaissance ne peut qu'être perçue comme sacrée. C'est dans ce sens que les traditions de l'Orient ont aujourd'hui plus que jamais un précieux héritage d'enseignements divers à offrir à l'Occidental en manque d'inspiration spirituelle. Pour l'Inde, par exemple, l'éducation culinaire et l'éducation sexuelle ne sont nullement considérées comme profanes. Elles font partie intégrante de l'éducation spirituelle de l'individu. L'érotisme est vu comme un art de vivre l'amour et ne doit en rien être confondu avec ce que nous entendons trivialement par sexualité. L'érotisme indien est véritablement un art sacré de la conscientisation des dynamismes profonds de la libido humaine. La libido est ici comprise comme un support de transformation de l'âme et non comme un foyer pathogène, source de tous les maux existentiels.

Tout ce qui conduit l'être humain vers un devenir meilleur et plus harmonieux appartient sans nul doute à l'Esprit et d'une certaine manière peut être vu comme sacré, digne d'être perpétué dans le temps. Les archétypes sont des modèles relationnels dont la nature profonde ne change pas avec le temps ni dans l'espace. C'est pourquoi les seize arts érotiques de la tradition indienne nous enseignent sur l'art de devenir le père de l'être aimé, de devenir la mère de l'être aimé, de devenir le frère, la sœur, l'amant, l'ami, le conseiller, le maître, ou encore l'esclave de l'être aimé. La relation amoureuse est le théâtre idéal où le grand spectacle de la vie peut se jouer de façon ininterrompue et où les deux interprètes ont le privilège inouï de pouvoir jouer tous les rôles de la grande comédie humaine dans le décor immuable de l'amour. Dès que l'homme et la femme ont appris à jouer les différents rôles sans pour autant s'y identifier, ils peuvent y découvrir la dimension ludique de toute forme de relation. C'est à partir de là que la conscience relationnelle des deux partenaires entre dans une tout autre dynamique. La responsabilisation de l'autre s'évanouit et une incroyable légèreté s'installe ; le scénario relationnel se déroule sur un fond de liberté et de détachement, et ni l'un ni l'autre des deux partenaires ne se cramponne à un rôle spécifique comme s'il endossait une armure ou se réfugiait dans un schéma. Au contraire, tout devient pneumatique comme une respiration sans fin. L'art d'aimer, c'est aussi apprendre à percevoir le dynamisme vibratoire de l'âme aimée, percevoir ces moments où l'autre a besoin d'un père, d'une mère, d'un enfant ou d'un amant et pouvoir instantanément devenir ce père, ce fils ou cet amant. L'art d'aimer c'est se rendre complètement disponible.

Dans la spiritualité indienne, la vie de couple devient l'école de l'androgynie puisqu'elle est la manière la plus simple et la plus naturelle de réconcilier les contraires au sein de la cellule dont fait partie notre individualité. L'affrontement des contraires devient alors une conjugaison des différences. Se mettre à l'écoute quand l'être aimé est dans un état de réceptivité et s'enquérir de la forme de créativité qui correspond à cet état du moment, en cela réside tout un apprentissage. Le couple devient ainsi un véritable laboratoire de découverte de soi, et un terrain tout aussi propice à la réalisation du Soi que le désert ou le monastère.

Cependant, il n'en reste pas moins vrai que tout art exige des aptitudes et le perfectionnement d'un talent de base ; d'autre part, tout jeu a ses propres règles sans lesquelles, paradoxalement, les joueurs éprouveraient peu de plaisir. Parmi les premières lois naturelles de la vie de couple, il y a l'incontournable loi des compatibilités. Toutes les formes d'art sont soumises à des règles de compatibilités souvent strictes et rigoureuses. On ne fait pas d'omelette en jetant un œuf battu dans de l'eau bouillante, de même qu'on ne fait pas de l'aquarelle en diluant la couleur avec de l'huile de lin. Tout art comprend l'étude et l'exploitation des compatibilités et des incompatibilités. L'âme sœur ne nous attend pas à tous les coins de rue. Si nous avons un œuf mais pas un gramme de beurre, il est inutile de s'aventurer à vouloir réaliser une omelette ; tout au plus pourra-t-on se faire un œuf à la coque.

Les traités érotiques indiens, comme les Kamasutras par exemple, vont très loin dans la spécification empiriques des effets positifs ou pervers des compatibilités et des incompatibilités entre un homme et une femme. Les exemples touchent même à des considérations plus qu'intimes telles que la relation entre la grandeur des organes sexuels et le type de relation des deux partenaires. Il y aurait ainsi trois types de relation sexuelle de base déterminante de trois catégories de comportements relationnels particuliers.

Le premier cas est celui où la femme a le sexe plus large que son partenaire masculin. Cette incompatibilité physique conduira inévitablement à des frustrations de part et d'autre, produisant une relation où l'inertie et le manque de créativité prédomineront. Le deuxième type d'incompatibilité est celui où le sexe de l'homme est disproportionnellement plus grand que celui de sa partenaire. Ce type de relation couve le duo tragique de l'oppresseur et de l'opprimé et aboutit très vite à l'amour objet où le masculin est le dominant et le féminin le dominé. Le troisième type est bien sûr la rencontre compatible où les deux organes sexuels sont d'égale grandeur. Voilà le terrain sur lequel une relation harmonieuse peut se construire naturellement. Cet exemple paraîtra sans doute un peu cru à beaucoup de lecteurs, mais il est indéniable qu'il laisse entrevoir un large spectre d'analogies, vérifiable dans notre vie relationnelle de tous les jours. Puisque l'harmonie est le but essentiel de l'aventure du couple, il est certain que les lois secrètes de la compatibilité et de la proportion doivent être prises en compte dès le début de notre quête de l'âme sœur.

L'art de se relier à l'âme sœur peut ainsi devenir une ascèse, c'est-à-dire une discipline spirituelle. Dans cet art, dans cette discipline, nous sommes confrontés à un véritable dédoublement de personnalité. D'un nous sommes devenus quatre, en passant par le deux ; nous commençons à prendre conscience de la tétralogie initiale de la conscience humaine. Ce que nous n'avions jusqu'à présent pu voir en nous-mêmes, l'âme sœur nous le fait découvrir en elle, et par contagion ou par symbiose, tout rentre dans l'ordre, et chacun se sent vraiment bien chez soi tout en vivant simultanément en l'autre.

Curieusement, ouvrir la porte du cœur de l'âme sœur, c'est en même temps trouver la clé qui ouvre la porte de notre propre inconscient. En apprenant à se reconnaître en l'autre, à s'y retrouver et à s'y accepter, il y a un processus de vases communiquants qui fait que simultanément nous apprenons à notre sujet une foule de choses qui seraient restées dans l'ombre si nous nous étions obstinés dans notre errance en solitaire endurci.

Hélas, répétons-le, l'âme sœur ne nous attend pas à chaque coin de rue, parce que l'autre nous-même est aussi seul que nous le sommes, et il ou elle est unique comme nous. Cependant, il est un coin de rue en ce vaste monde, un seul coin de rue perdu au bout de l'inoubliable, où l'âme sœur est là et nous attend.

La reconnaissance se fait souvent après bien des trébuchements, bien des tentatives hasardeuses, avec d'illusoires rencontres, tant « d'essais non confirmés ». Ce qui fait que, dans bien des cas, l'âme sœur se manifeste alors qu'on avait baissé les bras, qu'on était en train de renoncer à y croire, envisageant presque à terminer sa vie en solitaire malgré soi.

Mais lorsque la reconnaissance s'est faite et qu'il y a cette ultime certitude : « C'est toi, c'est *vraiment toi !* », on sait que tout devient possible et chaque mot échangé, chaque geste, chaque regard est une noce. On ne peut plus se tromper. Le grand transvasement peut enfin prendre place, nous ne serons plus débordés. Nos lèvres peuvent s'embrasser, nos bras s'enlacer et nos sexes s'interpénétrer, à chaque fois ce seront deux âmes qui se touchent, deux âmes qui ensemble ont entrepris le grand pèlerinage vers la transparence. Il n'y a plus de doute, le grand rituel peut enfin commencer.

Connaissons-nous le grand amour ?

ENTRETIEN AVEC BERNARD LEBLANC-HALMOS*

« Qu'est-ce que le bouddhisme vous a apporté dans votre vie de couple ? » Ma vaillante intervieweuse m'a prévenu : « Surtout mettez bien en valeur la différence pour les lecteurs entre avant les lamas et après. » Il y a quelque chose d'indécent à parler de « progression personnelle ou spirituelle ». Surtout en couple. Dire : « Avant, nous étions vieux, bornés et ignorants... Voyez, maintenant nous sommes bourrés de fraîcheur d'âme, d'infinie sagesse et d'humilité grâce à la lotion magique garantie pur bouddhisme tibétain *», serait contraire non seulement à la modestie, qui est le résultat le plus immédiatement accessible de ces précieux enseignements, mais aussi à l'humour des maîtres, qui consiste avant tout à ne jamais se prendre au sérieux. La preuve, micro à l'appui, c'est que le magnétophone a refusé d'enregistrer les belles paroles que Nathalie avait recueillies. Les bandes magnétiques sont restées vierges comme l'esprit lorsqu'il s'est dégagé de tout a priori, Vierge, nature, libre...*

---

* Entretien réalisé avec Nathalie Calmé.

D'ailleurs cette virginité, ce naturel, cette liberté ne surplombe pas la vallée des larmes du haut des cimes immaculées du « Pays des Neiges » et n'est nullement l'apanage d'un peuple ou d'une tradition. Cette pureté intérieure, cette sagesse éternelle demeure au service des êtres sans distinction d'espèce, de race, de sexe, de culture, de tradition dans tous les coins du monde. Elle s'exprime sans sectarisme, sans frontière et sans réserve au fond du cœur de chacun. Si par malheur le mot bouddhisme signifiait qu'il y ait des limites à poser dans l'esprit de l'un par rapport à celui de l'autre, le mot Bouddha serait empoisonné, la vérité souillée, l'esprit mutilé.

Les maîtres de Sagesse, hommes et femmes qui, autrefois, voyageaient au Tibet et qui, aujourd'hui, sillonnent le monde, appartiennent au cœur pur de la grande famille de nombreuses traditions authentiques qui célèbrent cette essentielle liberté d'esprit. Un Patriarche a dit à ce sujet : « Pénétrer au plus profond de l'expérience du Bouddha, c'est aller au-delà des bouddhistes et des non-bouddhistes. »

S'avancer seul ou en couple à la conquête de cette liberté commence par une cessation des hostilités, une amnistie généralisée. Finies les luttes de chapelle, dénonçons les tendances restrictives profondément enracinées en chacun, conscientes ou inavouées, et toutes les formes de purification ethnique du genre : « Ma tradition est bien meilleure que la tienne parce que moi je vaux mieux que toi et que *mon* Dieu à moi lave plus blanc que le tien ! » La paix créative à la croisée de tous les chemins nous amène à réaliser que partout où les pieds se posent, l'espace est déjà libéré et le temps ne fait que commencer. Vive la virginité ! Telle est la devise des accouplés.

Hommage au couple débutant

Pour en revenir au couple que nous formons M. et moi, ni bouddhiste ni non-bouddhiste, ayant, grâce au bouddhisme, redécouvert sa chrétienté, sa judéité, son soufisme, son hindouisme, son taoïsme, son athéisme, son scientifisme, son expérientalisme... et aussi, au-delà des *ismes,* toutes ces racines qui dansent dans le ciel pour rejoindre quelque chose de véritablement Unique ; voilà peut-être un des points les plus profonds de cette transformation. Un voyage à deux et à plusieurs, jusqu'à l'infini, de l'intérieur vers l'intérieur, de part en part. Nous nous sommes retrouvés grâce au ciel, aux enseignements très pragmatiques et très expérimentaux des lamas et surtout grâce à la pratique quotidienne qui consiste à nous marier un peu plus religieusement chaque jour.

« Religieusement. » Entendons-nous bien sur ce mot. Cela signifie en premier lieu accepter de se relier à l'humour de la situation au jour le jour qui ne manque jamais de nous surprendre et parfois de nous désarçonner. Mais le but du jeu ne consiste-t-il pas à regarder les choses avec un esprit moins restrictif, plus réceptif, plus détendu, plus accueillant, plus débutant ?

Pour ma part, en tant qu'« apprenti-accompagnateur » pour tout le monde, je suis à la fête tous les jours. Le couple est une excellente école. Quotidiennement, dès le réveil, j'apprends à nous aimer, c'est-à-dire à nous aider (c'est le sens que ce mot avait en vieux français). Se reconnaître, se découvrir, s'apprécier et simplement s'accepter sinon se soutenir, s'épauler, se ressourcer, c'est-à-dire développer le minimum *minimorum* des qualités nécessaires à la disponibilité d'esprit par déférence au vaste monde. N'est-ce pas cela, l'enseignement du Bouddha ? D'abord ne pas nuire. Ensuite s'épanouir. Enfin, tout faire pour délivrer la bonté d'esprit qui ne demande que ça. Vous voulez un bon conseil, parole de Bouddha : « Débrouillez-vous ! »

La nature de Bouddha nous sourit. Quelle chance !

À y bien regarder, pour répondre à la question, vu de l'extérieur, il n'y a pas de différence bien marquée entre dix ans de vie commune avant la pratique du bouddhisme et dix ans de vie commune *après*. Mais vu du dedans quelque chose a évolué en profondeur, un sourire, une certaine candeur, un respect grandissant, un certain répondant — Tout autre.

Prenons la question qu'au fond toute femme et tout homme se pose : « Est-ce que je connais le Grand Amour ? » Quelle est la réponse ? Supposons que vous la posiez plusieurs soirs de suite lors d'une tournée de conférences sur le couple, devant des salles combles : la réponse sera toujours la même, l'assistance vous répondra en chœur : « Non ! » Non ? De la même manière si on interroge sa propre conscience, une foule encore plus nombreuse d'habitudes de pensées et de mauvais souvenirs nous portera à confirmer ce sondage d'opinion : « Je ne connais pas le Grand Amour. »

« D'ailleurs je ne supporte pas que tu laisses le tube de dentifrice toujours ouvert, ni ta sale manie de laisser tes affaires traîner partout. Tu me persécutes avec tes façons de... C'est comme ta mère ! » Mon Grand Amour bat de l'aile. Mon Grand Amour est mort. Prématurément...

Néanmoins, au regard de la Scienta Sacra en général et de la Tradition Intérieure en particulier (nom indigène donné à cette Science Expérimentale de la Connaissance de l'Esprit, qu'on nomme vulgairement Bouddhisme tibétain), la réponse est : oui. Nous connaissons le Grand Amour. Pourquoi ? Parce que si nous n'avions pas, chacun d'entre nous, le pressentiment du Grand Amour, si nous n'en devinions la présence imminente, nous n'irions jamais à sa recherche. « Tu ne me rechercherais pas si tu ne m'avais pas déjà trouvé. »

Le grand amour ?

Avant d'étudier la réponse dans les livres sacrés ou de se gargariser de savantes paroles en faisant des conférences sur le sujet, en écrivant des livres ou en répondant à des interviews à propos d'avant et d'après, il m'est demandé de me reporter personnellement à ma vie de couple telle qu'elle est. Sans faux-fuyant. Ni faux-semblant. Ni grandes idées et autres glorioles.

Voici donc une liste de questions auxquelles j'aimerais répondre sans vraiment oser me les poser. Pas vous ?

— Ai-je trouvé chaussure à mon pied ?

— Ai-je déniché l'âme sœur qui convient exactement à mon genre de beauté ?

— Suis-je satisfait(e) de ma situation actuelle ? Seul(e) ? À deux ? Un peu, beaucoup, passionnément, à la folie, pas du tout.

— Suis-je toujours en attente (un jour mon Prince viendra) ?

— Avec tout ce qui m'arrive, suis-je arrivé à quelque chose ?

— Est-ce que je dois continuer à faire comme avant ?

— Qu'est-ce que j'ai de spécial ? De moins bien ? De mieux ? Par rapport à moi-même ? Par rapport aux autres ? De différent ? Qu'est-ce qu'on me trouve ? Qu'est-ce qu'on me veut ?

— Cette vie commune m'aura-t-elle servi de leçon ?

— Est-ce que vivre seul c'est mieux ?

— Est-ce que je me trompe ou non ?

— Faut-il tout quitter ? Le (la) plaquer ? Faire semblant ?

— Comment ne plus créer des sacs de nœuds ?

— Que me réserve l'avenir ?

— Est-ce que la chance va me sourire, oui ou non ?

— ... (écrire vos propres interrogations ici !).

À toutes ces questions et à beaucoup d'autres, il y a deux façons différentes de répondre, et donc deux hypothèses de vie.

La voie non bouddhiste (ce terme est employé ici

pour la nécessité de l'article et à la demande expresse de Nathalie, mais s'il vous dérange vous le remplacez par celui de votre choix : ...). Réponse avoir-avoir : je veux t'avoir rien que pour moi. Avoir une femme (je la veux, je l'aurai). Avoir un mari (il m'a voulue, il m'a eue). Avoir des relations sexuelles (on ajoute : harmonieuses). Avoir un bon couple, un bon équilibre, une bonne santé, des beaux enfants, de l'argent de côté, du répondant... Réponse être-être : je veux être rien qu'avec toi... (mon amour). Être que tous les deux... (le reste du monde m'indispose). Ne jamais être l'un sans l'autre. Être heureux, satisfait, beau, au mieux de la forme, sportif, bien sous tous rapports, à la fête, au septième ciel ou s'imaginer l'être.

L'autre réponse : la voie du milieu. « Le bouddhisme, c'est du nudisme », prévient un maître plein d'humour. Se dépouiller peu à peu, pas à pas, s'extirper de l'avoir comme de l'être. On n'a pas ce qu'on veut. On n'est pas ce qu'on croit. Qu'est-ce qui reste ? Le Grand Amour ? Comment le cultiver ? Au fil des jours petit à petit. Par quels moyens ? Avec les moyens du bord et par la grâce spéciale des aléas de la vie, les hauts, les bas, les petites choses au jour le jour.

Par exemple le tube de dentifrice qu'on referme tendrement sans en faire une maladie. Tombent les masques, et sonne l'heure. La situation s'avère être ce qu'elle n'est déjà plus... Notre âme sœur s'étend bien au-delà de Toi et Moi, par une involontaire façon de ne pas s'habituer, ni à l'un, ni à l'autre, ni au monde, ni à la tournure des événements, ni à Dieu sait quoi... Un étonnement sans pareil ! Une vie qui n'est jamais ni vraiment commune, ni aucunement banale. Une expérience de tous les instants !

Nous sommes tous à la noce

Le mariage de noce ne date pas d'hier, il a lieu tous les jours car nous sommes en toute humilité mariés à trois. Il y a la nature de Bouddha, toi et moi. Personnellement je porte la nature de Bouddha en tête de liste car j'aurais la fâcheuse tendance à l'oublier.

Que veut dire Bouddha en sanskrit ? Bodhi : intelligence initiale de l'esprit tel qu'il est. Bouddha : être illuminé par cette intelligence du cœur, cette clarté originelle, cette immensité de l'esprit tel qu'il est, l'Éveil. Si l'un ou l'autre, ou mieux les deux, se souvient de plus en plus souvent de s'en remettre corps et âme à cette intelligence supérieure, la bonté d'Esprit qui nous habite déjà, nous offrant en action, en parole, en pensée à ce royaume des cieux qui est au-dedans de nous, alors toutes nos relations changent. Notre vie change. Notre ciel change.

Imaginez, ne serait-ce que quelques instants, que vous êtes investi d'une intelligence supérieure, une bonté à toute épreuve, respectez-la et voyez ce qui se passe. Vous nous en direz des nouvelles ! Non seulement pour votre vie de couple, mais pour tout, même pour les relations interpersonnelles (de vous-même à vous-même). Il y a plein de choses que vous ne penserez plus. Par exemple : « Je me sens incapable de réaliser ceci et cela. Ce n'est pas possible ! » Entraînez-vous à prendre refuge en cette Nature Illuminée de votre esprit initial (Nature de Bouddha). Habituez-vous à l'infini. Entraînez-y et entraînez-y encore et encore votre esprit. Et non seulement vos relations de couple évolueront mais de proche en proche cela aura des répercussions sur le plan international et aussi intersidéral ! Vous n'y croyez pas ! Essayez toujours. Satisfait ou remboursé. Vous éviterez peu à peu de retomber dans les mêmes écueils, les mêmes querelles, les mêmes vieilles histoires, les mêmes guerres de clan, de famille, de religion, les mêmes drames d'une actualité brûlante, avec en figure de fond ces perpétuels retranchements sur des positions, des insatisfactions et des manques, et toutes les formes d'errance de la vie moderne, de la solitude, seul ou à deux ; et de la désespérance...

Première clé : des zones de Nirvana

Toute vision du monde est élaborée à partir d'une croyance. Aussi, si nous nous mettons à croire individuellement ou à deux que nous allons régler nos relations de couple en fouillant dans nos antécédents (inquisition, discussion, régression) ou en s'imposant une direction (la mienne-domination) ou par force (agression)... En termes savants (pour ceux qui aiment ça), cela se nomme la « querulence » : la tendance morbide à rechercher querelle et à revendiquer des droits imaginaires.

En termes bouddhiques, on l'appelle *samsara* : cette ronde effrayante des existences névrotiques, cette tourmente auto-entretenue. Et que veut dire nirvana ? Nir : non, vana : vent. Non-vent. Ne plus faire de vagues. À deux il est très utile et très agréable de s'offrir le nirvana. Cessez le feu. Cessez la tourmente ! Cela s'appelle méditer.

Le credo de la Nature de Bouddha (ou de Christ-le-vivant ou de l'Esprit Saint ou du « Sans Nom » ou du Tao ou de Shiva...) est indispensable à la survie du couple tout autant que de l'espèce. Sans intelligence transcendante ? Nous sommes foutus. Au contraire, si on ouvre un œil neuf, on ne voit plus la vie du même œil. Ça n'a même plus rien à voir. Un couple n'est plus un couple. C'est le temple du Dieu vivant. Non, nous ne sommes pas mariés pour le meilleur et pour le pire mais pour l'Éveil de tous.

C'est une philosophie d'action passionnante, très efficace et pleine d'ébahissements. Le mot « muni » qui dans le Bouddhisme équivaut à moine (Sakya-muni, le Bouddha) signifie en sanskrit impulsion, ardeur, enthousiasme. Dans ce cas, les deux artisans du couple valent bien un moine ardent à eux deux. Une fulgurance !

Mais tout ceci n'est en rien affaire de mot ou de conviction mais de pratique effective de la méditation. C'est-à-dire d'un mode d'accès à cette conscience élargie.

Toi, la deuxième clé

« Quelque chose ne va pas. — Oui, mais quoi ? » Réponse ordinaire : « Toi. C'est de ta faute ! »

Le propre d'un esprit bouché est d'en vouloir aux autres d'être mal embouché. Puisque je suis mal, les autres doivent l'être. À commencer par le conjoint. Pourquoi la communication ne passe-t-elle plus ? Tout simplement parce que le tuyau du vase communiquant est obstrué.

Avez-vous remarqué que l'existence n'est pas un long fleuve tranquille ? C'est fort heureux. Le couple est peut-être conçu comme une indispensable embarcation en vue d'une traversée, afin de se déboucher l'embouchure et de se dépouiller de toutes les entraves à la navigation en eau profonde, somme toute, entrer en contact avec ce fond de santé mentale cosmique, le grand large.

D'abord toi !

Telle est la devise du naviguant. Car si l'un n'apprend pas à faire attention à l'autre, le bateau sombre.

Le mariage est un embarquement à quatre : les deux côtés masculins et les deux côtés féminins de chacun doivent s'entendre et donc s'écouter.

C'est la grande jonction, le grand voyage, le yoga du couple. La sagesse des féminins à bâbord, l'intuition, la vacuité plus infinie que l'infini, et, à tribord, les parts masculines de chacun, l'ingéniosité, l'habileté, la mise en œuvre au service de cette vastitude, de cette ouverture...

Si, par malheur, le masculin de l'un ou de l'autre veut prendre la barre à lui seul et que, par ce simple fait, il méprise comme souvent la dimension féminine, nous assisterons comme d'habitude au naufrage des deux. Le divorce est déjà consommé.

Non-moi, la troisième clé

« J'aime, donc tu existes. » Le Bouddhisme au quotidien périme peu à peu dans le couple comme ailleurs : je pense donc je suis. Il ne s'agit plus de moi comme un clou fiché dans un mur où sont accrochés ma respectabilité, mon érudition, mes panoplies de savoir-faire, mes opinions arrêtées ainsi que mes problèmes, mes histoires, mes ennuis, ma névrose personnelle, mais d'une relaxation, d'une libération de ce corps d'emprunt en faveur du corps-espace, embarrassé de rien, débarrassé de tout. L'amour dépasse ce qu'on pourrait en dire. En penser. Les mots, une fois l'encre séchée, sont aussi bêtes que les oiseaux empaillés.

La pratique quotidienne en vue de cet affranchissement est donc celle de la méditation silencieuse. C'est cela qui est vrai. L'espace libre intérieur. Et c'est vrai que c'est vrai !

La seule raison valable de vivre en couple, c'est d'expérimenter jour après jour que la femme et l'homme et tous les êtres avec eux sont un même et unique être invisible et multiple à la fois. Un être qui prend forme humaine (et d'autres formes) pour qu'on puisse se rencontrer et enfin faire connaissance. Une conscience au-delà de la conscience. Bien au-delà des apparences ou des manigances habituelles.

En conclusion : qu'est-ce qui est le plus important pour vous ? Choisissez : la révélation de l'amour ou la réalisation de la liberté de l'esprit ? Autant répondre à la question : « Qu'est-ce qui est le mieux, la lune ou le soleil ? » et de choisir la lune sous prétexte que sans elle on ne verrait pas clair la nuit ! Un Grand amour s'expérimente dès à présent en présence de cette liberté. L'un ne va pas sans l'autre. Qu'on se le dise !

Le chemin de l'éveil. Aidons-nous les uns les autres

La voie de la libération de la confiance — qu'on appelle communément le Bouddhisme —, si on s'y engage à deux, est un remariage journalier. Non seulement à deux mais surtout à un mariage avec l'au-delà et l'en dedans de l'au-delà, avec l'insoupçonné et tous les temps (même les temps méconnus en deçà du passé, du présent et du futur, les temps incertains, indicibles...).

Pour résumer en quelques mots :

Le refuge, d'après Lama Jigmela, consiste tout simplement à se souvenir de notre triple origine : l'esprit initial (le Bouddha), les moyens d'accéder à cet esprit initial (le Dharma), tous les êtres qui nous aident à réaliser l'Esprit initial (la Sangha).

« Puissions-nous être éveillés promptement pour le bien de tous », car l'obturation à deux est pire encore que l'égoïsme seul. Le couple peut donc être un intense monastère, un sacré pétrin, un bon terreau pour des éveillés en herbe.

Le mode d'emploi du couple

Il ne faudrait pas croire que cela se réduit à quelques petits trucs, quelques petits tours de passe-passe et hop ! tout va bien. Les recettes de cosmétique mentale, de maquillage psychologique, de pensée positive ou de renforcement de la personnalité risquent à terme de s'écrouler et de nous décevoir. Le couple est un long travail, cent fois sur le métier, patience et longueur de temps, petit à petit l'oiseau fait son nid. Donc courage ! Les bodhisattvas, ceux qui prennent l'engagement au nom de tous de se vouer à l'éveil, sont d'ailleurs appelés « les êtres de courage ». En un mot : couple !

À l'origine, le mot couple provient du latin *aptus,* « apte à », et donc couple signifie à proprement parler « *co-apté* ». À l'inverse, *ineptus* veut dire inapte. Sommes-nous co-apte ou inapte ? Inepte ? ou ad-apté ? Savons-nous seulement nous ad-apter l'un à l'autre, nous adopter les uns les autres, la nature de Bouddha ? Développons-nous cette fondamentale aptitude « adoptative » non seulement entre nous deux mais entre nous tous ? Trait d'union garanti ? Sommes-nous suffisamment éveillés ?

Tous les chemins spirituels (les bons) proposent non pas de nous persécuter, de nous monter la tête, de nous fanatiser, mais de nous marier, de nous ouvrir. Un mariage en profondeur et dans les grandes largeurs. Un mariage à l'infini. En profitant de l'existence à deux pour apprendre à vivre à l'amiable avec tous. L'exploit d'un couple consiste alors à dédier ce jour d'aujourd'hui au Grand Amour (autre façon de dire Bouddha), non pas un amour partiel, partial, parcellaire, ou un amour placentaire, mais un amour métamorphoseur, universel, un Amour qui n'est que Liberté et une Liberté qui n'est qu'Amour.

Pratiquer l'amour

Un homme et une femme
se rencontrent chaque jour
pour s'éveiller pour le bien de tous.

La pratique quotidienne de l'amour délivre le sens de la création par la dévotion envers celui qui aime aimer, par l'éveil de la compassion que fait naître la souffrance, et par l'ingéniosité et l'aptitude que font naître toutes les difficultés, toutes les défaillances, toutes les frustrations. C'est un raffinage journalier, un affinement qui développe l'esprit de finesse peu à peu grâce à la méditation silencieuse et la capacité à retrouver ses bandes magnétiques vierges.

Comme il n'est temps que d'aimer, veuillez ne considérer, s'il vous plaît, dans ces quelques lignes que la page blanche, le vide entre les mots, la marge de liberté et la passion de la compassion qui vous guide.

Qu'un être humain aime un autre,
voilà le critère ultime
la dernière preuve,
l'œuvre auprès de quoi
tout autre travail n'est que préparation.

Rainer Maria Rilke

L'union spirituelle

PÈRE MICHEL LAROCHE

Je suis très heureux que l'on ait mentionné que mon épouse était là, car je n'aurais pu ni vous parler ce soir ni écrire le livre Une seule chair, ou l'aventure mystique du couple, *si nous ne vivions pas ensemble cette dimension spirituelle du couple. C'est véritablement un livre qui est fondé non seulement sur notre vie commune, mais aussi sur cette base qui existe dans l'Église d'Orient où un prêtre n'est pas un être à part, en dehors de la vie des personnes dont il est le pasteur spirituel, mais qui partage les mêmes difficultés, qui connaît les mêmes faiblesses, les mêmes disputes... Il connaît personnellement le chemin de la réconciliation et peut, ainsi, conseiller un couple à partir de son propre vécu. Il n'est pas un homme au-dessus des autres. Il est pleinement prêtre dans son couple et pleinement prêtre avec les autres.*

Le mariage est une expérience spirituelle à deux et une voie mystique pour notre temps

Il est tout à fait essentiel, dans un temps où le mariage s'est laïcisé, de définir des lois spirituelles. Le mariage a un tel contenu social qu'il est vidé de son essence première qui est d'être une voie mystique, au même titre que celle que va suivre le moine dans son monastère ou l'anachorète dans le désert. Ces voies ne sont que des moyens mais le but est le même ! Et le danger est de voir dans le mariage des buts secondaires : le but du mariage par exemple n'est pas d'avoir des enfants. Cela fait partie de la condition du mariage mais pas de son but. Dans le mariage, tel que l'Église d'Orient le conçoit, l'idée essentielle est que chacun est là pour aider l'autre dans sa réalisation personnelle. Chacun devient en quelque sorte le guide spirituel de l'autre et chacun est aussi celui qui sera changé par l'autre.

Une parabole explique d'une manière merveilleuse la condition du couple dans le mariage : c'est la parabole du bon Samaritain.

Un homme est assailli par des brigands qui le laissent à demi mort au bord du chemin. Et quand passe un prêtre, puis un lévite, ils ne s'arrêtent pas. Enfin, survient un Samaritain. Les Pères de l'Église disent tous que le Samaritain représente le Christ lui-même. Que fait le bon Samaritain ? Il voit cet homme à demi mort, il le hisse sur sa monture, le soigne, met de l'huile et du vin sur ses blessures, et le conduit à l'auberge. Il le confie à l'aubergiste en lui disant : « Je te remets deux talents et ce que tu dépenseras en plus je te le rendrai à mon retour. »

Deux choses concernent le mariage ici. La première est que nous sommes chacun l'aubergiste de l'autre dans le sacrement du mariage ; la seconde est que nous recevons quelqu'un qui n'est pas en très bon état dans le but de le soigner, de le guérir, c'est-à-dire de le faire progresser vers la santé spirituelle. C'est ce que les Pères de l'Orient appellent l'hypostatisation (du grec *hypostase* : personne). Qu'est-ce que l'hypostatisation ? C'est l'idée, très importante chez les Pères, que nous avançons vers notre personne que nous ne connaissons pas encore. Nous ne pouvons donc pas dire : je suis ceci, je suis cela. Nous allons vers « La Personne ». Plus nous allons vers Dieu, plus Dieu révèle le Nom caché qui est en nous. Et le mariage donne cette grâce d'aider l'Homme dans ce devenir de sa personne en quête de l'union amoureuse avec Jésus-Christ. Chacun est à la fois l'aubergiste de l'autre et, en même temps, celui qui n'est pas en très bon état. Nous sommes confiés à notre conjoint par le bon Samaritain, c'est-à-dire le Christ, qui remet à chacun de quoi « dépenser en plus ». « Dépenser en plus » est la phrase importante de cette parabole : c'est l'idée dynamique du sacrement.

Le sacrement de l'amour

Le sacrement du mariage est le sacrement de l'amour. Il faut avoir conscience que ce sacrement n'est pas quelque chose que nous allons regarder dans son album de famille avec les photos qui ont été prises : l'épouse vêtue de blanc, l'époux avec un beau costume, les petites filles d'honneur... Puis on regarde l'album et on dit : « C'était le jour de notre mariage ! » Comme si le mariage faisait partie du passé. C'est un aspect du mariage, mais le mariage, comme tous les sacrements, est aujourd'hui et demain, pas seulement hier. Le sacrement est un acte vivant, un don de l'Esprit Saint qui vient dans notre vie. L'Unité du Mariage est le Christ lui-même. Pourquoi rappelle-t-on que les noces de Cana ont vu le premier miracle du Christ ? Jésus aurait pu choisir un autre moment pour faire son premier miracle public. Il choisit des noces parce qu'il est lui-même l'époux qui est venu épouser l'humanité. Il porte en lui dans une unité parfaite la totale humanité et la totale divinité. Le mariage est le reflet exact du mystère de l'incarnation, car l'époux a pris l'épouse en lui, il l'a portée en lui. Ils sont devenus un seul être. Le Christ est totalement homme, totalement Dieu en étant la seconde personne de la Sainte-Trinité. C'est du Christ que le mariage prend sa réalité charismatique, cette unité parfaite que le Seigneur accomplit avec l'Humanité et qu'Il porte dans le mystère trinitaire. Cette Unité charismatique toute Divine, nous avons, nous, vous, couples mariés, l'immense privilège de l'avoir reçue dans le sacrement du mariage. Il ne faut pas par égoïsme voiler cette unité qui est réellement synonyme d'amour. C'est vraiment l'amour divin qui accomplit cette unité dans le Christ.

Le mariage nous offre la possibilité de vivre une grande expérience charismatique.

Les lois de Jésus Christ

Tout d'abord le mariage est l'accomplissement possible des lois de Jésus-Christ. Quel est l'essentiel de ces lois ? « Tu aimeras ton Dieu de tout ton cœur, de toute ton âme, de toutes tes forces, de toute ton intelligence », et « tu aimeras ton prochain comme toi-même ». Ce sont deux commandements qui n'en sont qu'un et qui résument selon Jésus-Christ toute la loi et les prophètes. Mais qui est mon prochain ? Le Christ y répond en racontant la parabole du bon Samaritain. Le prochain, c'est l'autre ! Et curieusement, il existe des conditions de couples où l'un des deux, ou les deux, aiment plus les autres que leur conjoint. On est patient avec les autres mais avec son conjoint on est impatient. On supporte beaucoup de choses des autres et de son conjoint on ne supporte rien, on n'espère plus rien, on l'enferme, on le juge. Où est l'amour ? Le seigneur ne nous a pas confiés l'un à l'autre dans un état de perfection absolue.

Il nous confie quelqu'un qui était à demi-mort, qu'il a commencé à soigner, et il nous donne de quoi dépenser en plus pour parachever sa guérison spirituelle. C'est cela, le mariage. Et il faut l'accepter. Cela n'est pas compris lorsqu'on fonde sa vie sur les images de papier glacé qui nous sont données aujourd'hui ! On reçoit même des menus : « Faites du tennis, du golf, jetez-vous dans le jacuzzi bouillonnant », et l'on voit des jeunes couples toujours en forme, d'une tranche d'âge très bien calculée, de 25-40 ans et surtout pas 50 ! Ils paraissent avoir une santé extraordinaire et même être immortels ! Tout, dans ces stéréotypes, est conditionné par le plaisir. L'humanité aujourd'hui est sollicitée par des images excessivement fortes qui donnent à l'homme des impressions puissantes de non-effort, des tendances à chercher la facilité et l'entente superficielle. La société est enfermée dans un moule aussi pernicieux qu'était le moule communiste. Nous nous trouvons face, en quelque sorte, à un communisme nouveau, celui des plaisirs et des modèles stéréotypés dans lesquels l'homme est enfermé et d'où Dieu et la spiritualité sont absents.

Comment surmonter cela ? Je vais revenir à des exemples pratiques.

Les couples, en général, vivent une expérience qui est la suivante : chacun voit l'autre revêtu de qualités merveilleuses qui disparaissent lorsque commence la véritable vie conjugale. Et bientôt chacun dit de l'autre : « Je me suis trompé sur lui. » On s'aperçoit que c'est une catastrophe : « Comment ai-je pu le voir avec de telles qualités ? Qu'est-ce que je vais faire ? Je ne vais pas rester avec lui ; je ne vais pas rester avec elle ! »

Et pourtant cette vision première est vraie ! Elle est vraie parce que, au moment de la rencontre amoureuse, nous recevons de Dieu un regard qui dépasse le temps et qui permet de voir l'autre dans ses plus belles qualités réalisées ! Et puis soudain, nous nous retrouvons comme ce pauvre aubergiste qui reçoit quelqu'un qui est finalement très imparfait, mais avec la grâce de l'aider à se transformer. Et chacun dépensera en plus pour que cette vision devienne réalité. La vision première est vraie et se confirmera si nous avons la patience de supporter les imperfections. « Supportez-vous les uns les autres », dit l'apôtre Paul ; cette réalité *sine qua non* dans toute vie communautaire est la grande difficulté de la vie conjugale : à la fois recevoir la vision juste de l'autre et en même temps être soumis soi-même à ses propres imperfections. C'est dans le regard de l'autre, lorsqu'il est charismatique, que nous pouvons nous dépouiller nous aussi de nos faiblesses. Chacun devient l'accoucheur de la véritable Personne de son conjoint.

Prenons la parabole du « Fils Prodigue » : un fils demande à son père son bien et sa part d'héritage. Son père le lui donne. Le fils s'en va. Puis il dépense tout avec des prostituées. Quelque temps plus tard, il a très froid et très faim et se souvient qu'il était bien nourri, au chaud dans la maison de son père. Et enfin il revient. « Et là, dit la parabole, de loin (il s'était passé peut-être vingt-cinq ans) le père voit son fils à l'horizon, court, se jette dans ses bras, lui fait retirer ses guenilles et le revêt d'habits merveilleux, parfumés, de toute beauté et l'introduit dans le Royaume. »

Si le père, à l'instant du départ de son fils, n'avait pas maintenu dans son regard la certitude qu'il reviendrait, et imaginé de quelle beauté il revêtirait son fils, jamais celui-ci n'aurait pu revenir ! Dieu a sur chacun de nous un regard qui nous sort des passions humaines, de ses égoïsmes, de ses attachements aux plaisirs et aux soucis de ce monde. Dieu nous voit dans l'amour, dans le regard de l'amour, dans notre plus haute possibilité hypostatique. Il nous voit achevé dans notre possibilité spirituelle la plus élevée. Dieu communique ce regard dès l'origine d'un véritable amour. Nous voyons l'autre vêtu de beautés et de qualités extraordinaires vers lesquelles il a la potentialité d'aller dans son libre arbitre mais aussi dans notre regard, et de devenir ce qu'il n'est pas encore ! C'est très important. Voilà une base ascétique et pratique basée sur le non-jugement. Dans le jugement nous stratifions la personne. C'est un assassinat spirituel. Le non-jugement est « l'autre regard », *le regard de l'amour.* Nous pouvons demander à Dieu ce regard pour regarder l'autre. C'est un charisme spirituel. Il est vrai que, d'instinct, nous l'avons au départ de notre vie conjugale, mais très vite vient le stade de la déception. Mais derrière le stade de la déception nous avons la possibilité de demander à Dieu : « Montre-moi mon conjoint comme Toi Tu le vois. » Et « aimer son prochain comme soi-même », c'est aimer l'autre comme Dieu nous aime et voit dans cet amour tous les autres y compris notre premier prochain. Ce conjoint que Dieu a planté comme un arbre dans notre jardin, en face de nous. Le couple peut être soit un nouveau paradis ou, s'il n'est pas réalisé, un enfer.

« Dieu est amour » et ce n'est pas un concept, ce n'est pas une philosophie. C'est d'abord un acte en nous-mêmes. « Ce n'est plus moi qui vis, c'est le Christ qui vit en moi », s'exprime l'apôtre Paul, en parlant de cette expérience.

Le mot « amour »

Le mot amour est ambigu. Lorsque nous lisons le nouveau testament, nous avons affaire à une traduction du grec. En réalité, dans l'Évangile, nous avons pour le même mot français « amour » trois mots grecs très différents. Deux m'intéressent aujourd'hui.

Par exemple, lorsque le Seigneur dit : « Qui aime plus que moi, son père, sa mère, son fils et sa fille n'est pas digne de moi », et lorsqu'il enseigne par ailleurs : « Tu aimeras ton Dieu de tout ton cœur, de toute ton âme, de toutes tes forces, de toute ton intelligence et ton prochain comme toi-même », nous avons l'impression que le Seigneur se contredit. En réalité, Il utilise deux mots très distincts qui existent bien entendu en araméen, et que les évangélistes inspirés par l'Esprit Saint ont traduit. Et on va mieux comprendre le mot « philéo » et le mot « agapé » pour l'amour Divin. Pour les sentiments humains : « qui aime (mot grec *philéo*) plus que moi son père ou sa mère, son fils et sa fille, n'est pas digne de moi » ; il s'agit là des sentiments humains un peu exacerbés et égocentriques. Mais, par contre, « aimer Dieu ou aimer son prochain comme soi-même » est le mot « agapé ». C'est l'« agapé » divin. Lorsque l'apôtre Jean, dans l'une de ses épîtres, dit « Dieu est amour », il nous dit que Dieu est « agapé ». L'hymne à l'amour de saint Paul est également l'hymne à « l'agapé ». Il y a donc, réellement, dans l'Écriture Sainte, la compréhension de deux amours, d'une part l'amour sentimental, affectif, passionnel, égocentrique, qui peut devenir étouffant, et d'autre part l'amour de Dieu. Nous comprenons alors que cet amour humain n'est pas suffisant. Il existe, il est légitime. Mais il devient légitime s'il demeure dans sa non-perfection. Il a besoin d'être enrichi, je dirais même transfiguré, par l'amour incréé divin.

Qu'est-ce que la vie spirituelle conjugale ?

La vie spirituelle conjugale, c'est tout ce que je viens de dire : ne pas juger, ne pas enfermer, être patient, espérer. Il y a des pratiques très concrètes par lesquelles nous pouvons atteindre ces dimensions, tout d'abord : *parler*. Vous ne pouvez pas savoir combien de couples au bout d'un certain nombre d'années arrêtent de parler ensemble, de dialoguer sur des choses essentielles. On parle de beaucoup de choses, des soucis, des enfants, mais on oublie de parler l'un de l'autre, de sa vie profonde, de dialoguer ensemble sur l'intériorité.

La nécessité de la progression spirituelle est indispensable au couple mais trop souvent s'y opposent de nombreux pièges tels que, par exemple, les sorties avec des amis. Lundi on va chez Pierre et Jean, mardi chez Jeanine et Paul, mercredi soirée théâtre, et tous les autres jours : la T.V. ! Nous oblitérons le temps parce que nous avons peur de nous rencontrer nous-mêmes et de rencontrer l'autre.

Et peu à peu s'installe entre l'homme et la femme une rupture profonde. Ces activités prises individuellement sont justes, mais leur addition est mortelle pour l'âme. Un couple a besoin de temps, de moments nécessaires pour résoudre les problèmes de communication, pour affronter les difficultés, et le faire dans la prière. La prière ce n'est pas seulement se mettre seul devant Dieu, c'est se tenir consciemment, ensemble, face à Dieu et dire : « Seigneur, aide-nous à voir clair l'un pour l'autre », c'est trouver ensemble les solutions, et terminer une conversation douloureuse, par une prière d'aide. Le couple doit privilégier la prière du couple. La prière du couple permet de demander à Dieu sa grâce. Elle nous permet de recevoir ce qui est illimité de la part de Dieu : un discernement spirituel. Après une violente dispute : ne jamais s'endormir avant de s'être réconciliés. La réconciliation est déjà l'exercice du pardon. Le Christ réconcilie toujours quand nous disons : « Seigneur, j'ai fait telle erreur », Il nous pardonne. L'exercice du pardon est un exercice essentiel dans la vie conjugale. Il ne s'agit pas seulement de dire : « Je te pardonne », mais de réellement faire circuler en l'autre l'amour de Dieu. La circulation de l'amour passe par cette patience envers l'autre. « L'amour espère tout, l'amour supporte tout... » ; c'est l'hymne à l'amour de Saint Paul, et nous, dans notre amour conjugal, nous ne sommes pas patients, nous ne nous supportons pas, et nous désespérons. L'important est d'avoir dans son cœur l'espérance. C'est l'une des conditions de la réussite du couple. J'insiste beaucoup là-dessus parce que c'est quelque chose de très difficile, et même impossible si nous n'acceptons pas le regard de Dieu sur l'autre. Parfois nous recevons ce regard et on se dit : « Il (le conjoint) ne deviendra jamais comme ça ! » Ou « Est-ce que j'aurai la patience d'attendre aussi longtemps ? » Mais Dieu sait qu'il va se transformer. Dans ma vie pastorale j'ai vu des couples aboutir à cette dimension où l'un devenait ce que l'autre avait vu spirituellement pour lui. Ce sont des couples magnifiques.

L'ascèse de la vie conjugale est d'accepter, dans un provisoire assez long, des situations parfois inconfortables, pour donner du temps au temps. Je donne un exemple d'un couple formidable. Lui, entrepreneur carré : « Les femmes ne travaillent pas, la femme c'est au foyer. » Elle, médecin, ayant envie d'exercer un métier. Ils tombent dans les bras l'un de l'autre. Ils se marient. Cette femme a eu l'intelligence de diminuer ses heures de travail parce qu'elle savait que son mari n'accepterait pas la totalité de ce qu'elle voulait faire. Mais dix ans après, il lui construit son cabinet de médecine. Il a fait un chemin et dit aujourd'hui réellement « oui ». Et c'est ça ! Si nous exigeons tout tout de suite, nous tuons l'autre dans son élan. Si on accepte de vivre une situation injuste aux yeux des autres : « C'est une femme dominée, elle a perdu sa personnalité... » Non, elle a réussi une vie spirituelle conjugale exceptionnelle et elle a permis à son mari à la fin de faire le Trajet. Voilà la vie spirituelle et affective du couple.

Que nous dit le Christ pour être son disciple ? « Qui veut être mon disciple doit renoncer à soi-même, prendre sa croix chaque jour et me suivre. » Et il ajoute : « Il n'y a pas de plus grand amour que de donner son âme pour ceux qu'on aime. » Le Christ nous donne son âme et il nous apprend à donner notre âme pour que l'autre vive. C'est dans ce don réciproque de l'âme à l'autre que se réalise le vrai don de soi, c'est-à-dire le véritable amour. Il n'y a pas d'amour sans don de soi. Et souvent, l'homme veut prendre dans l'amour et il n'envisage pas de donner.

Tout cela est parfaitement exprimé dans le rituel de l'Église orthodoxe qui consiste à célébrer le mariage en un couronnement. Le prêtre dit, en prenant la couronne : « Le serviteur de Dieu, Michel, est couronné à la servante de Dieu, Béatrice, au nom du père... » « Est couronné » signifie que symboliquement chacun devient la couronne de martyr de l'autre. Et pour que le symbolisme soit parfait, on chante « Ô saint martyr... » (martyr veut dire témoin).

À sa maturité, le couple découvre sa dimension spirituelle

Quand un couple atteint sa maturité, il développe une personnalité particulière et unique, signe que l'unité du couple est trouvée. Avec l'Unité vient toujours la Personne.

Le couple a son identité personnelle, sa vocation personnelle. Le couple spirituel a une personnalité spirituelle unique et une vocation spirituelle unique. Celles-ci permettent à chacun des membres du couple, qui jusqu'à présent ont vécu pour se trouver, d'aller à la rencontre des autres. Le rayonnement et le don de soi sont alors cultivés. Le couple a un ministère qui lui est propre et qui, dans l'Église orthodoxe, est considéré comme aussi important que le ministère du prêtre. Je ne dis pas que le couple du prêtre est supérieur à ceux qui ne sont pas prêtres. Chaque couple est sacerdotal et royal et chaque couple a une mission dans l'ecclésialité. Je ne parle pas de l'Église comme institution mais comme organisme vivant, vibrant, comme organisme qui doit répandre de l'amour et se porter vers les autres. Le couple a une vocation mystique et une mission particulière. Le couple a son identité. Cette réalisation ne peut pas se produire quand l'une des deux personnes écrase l'autre. Dans ce cas, même s'ils restent mariés jusqu'à la fin de leurs jours, aux yeux de Dieu ils ne forment plus un couple, il n'y a plus qu'un sacrement mort. Le couple n'a de sens que dans l'amour, dans le don de soi. Il n'y a pas dans l'Église d'Orient d'idée administrative. On est marié à l'Église mais on accepte l'idée de la rupture de l'union quand elle devient une union morte. On ne reste pas enchaîné. Le sacrement du mariage est basé sur le don de l'amour et dans l'absence de ce don il n'y a plus sacrement. Notre conception du sacrement est vivante et non fondée sur un formalisme. Pour qu'il y ait épanouissement du mariage il ne faut pas qu'il y ait écrasement d'une personne par l'autre, réduction à l'esclavage d'une personne par l'autre. Ça, c'est l'anti-amour. Et celui des deux qui est dans cette grande faiblesse commet une sorte de crime. Il ne vit pas l'amour, il vit un asservissement. Je disais que l'anachorète dans le désert cherchait l'union avec Jésus. Le couple, à un moment donné, sent que cette union avec le Christ est le ferment, la réalité même de l'amour.

La vie intime du couple

En Occident nous avons réduit la chasteté à la continence. Sont chastes ceux qui n'ont pas de relations intimes. Dans l'Église orthodoxe, l'union de l'homme et de la femme bénie par Dieu dans le sacrement du mariage est considérée comme chaste. Nous sommes devant un gouffre de différence, entre ces deux conceptions des relations intimes de la vie conjugale. J'ai cité, dans mon ouvrage *Une seule chair* qui traite dans un chapitre de ce sujet particulier, de très nombreux Pères de l'Église qui considéraient l'union charnelle dans le mariage bénie par Dieu. Par exemple cette parole de l'apôtre Paul : « La femme ne dispose pas de son corps mais le mari ; pareillement le mari ne dispose pas de son corps mais la femme. » Saint Jean Chrysostome commente ainsi cette phrase : « Cette parole exige des époux qu'ils ne se refusent point l'un à l'autre des plaisirs qui, loin de viser la procréation, ne cherchent qu'à assouvir le désir qu'ils ont l'un de l'autre. »

Que nous sommes loin ici de cette notion culpabilisante dans laquelle certains membres de l'Église enferment les fidèles, en réduisant l'acte de l'union charnelle dans le mariage à la seule reproduction ! De là, l'idée même du plaisir partagé en dehors de ce but paraît être un péché. Le plaisir devient alors quelque chose qu'il faut soustraire de la dimension spirituelle. Mais les plus grands mystiques ont affirmé dans leur vie une notion de plaisir spirituel, celui qu'ils ont connu lorsque l'Époux de leur âme, Notre-Seigneur Jésus-Christ, les a visités. Alors pourquoi, dans l'union de couple, lorsque celle-ci est vécue dans la beauté transfigurante de l'amour incréé de Dieu, dans le don de soi à l'autre, dans le « donner » au lieu du « prendre », la chasteté ne présiderait-elle pas dans ce partage du plaisir ? L'apôtre Paul dit, en parlant de cette mystérieuse rencontre de l'homme et de la femme : « La couche nuptiale est chaste », affirmant clairement ici que, si l'élan de l'amour Divin présent dans le sacrement du mariage inspire cette union, celle-ci est chaste. Lors de la célébration du mariage, le prêtre orthodoxe prononce cette prière qui témoigne qu'il ne s'agit pas d'une union uniquement charnelle (ce qui est une défiguration de l'amour conjugal), mais d'une union dont la profondeur spirituelle réunit deux âmes : « Accorde-leur, Seigneur, un parfait accord de l'âme et du corps. » C'est l'Union des âmes dans la grâce de l'Esprit Saint qui accorde les corps. C'est une union qui a une base spirituelle, qui vibre jusque dans le plan corporel. La couche nuptiale est chaste, elle est le signe de l'unité des trois plans de l'être dont l'apôtre Paul parle dans l'épître aux Thessaloniciens : « Que votre être tout entier soit sanctifié Esprit, Âme et Corps. »

Nous sommes tous les enfants du désir

JEAN-MARC EYSSALET

Dans l'antique tradition chinoise, les mécanismes subtils qui régissent toute vie individuelle, qu'ils en suscitent l'apparition ou qu'ils en expriment le mouvement même, sont jeux et expressions multiples du désir, à commencer bien entendu par celui des parents. L'articulation secrète qui règle les passages entre vide et plein, forme et sans-forme, obscur et mise en lumière, mouvement et immobilité, est tout entière présente et symbolisée par les conditions de la première apparition de chaque être conscient.

Ce désir originel d'exister, dont la qualité est ainsi exprimée de la façon la plus complète dans les circonstances mêmes de la conception de chaque sujet, va tisser pendant toute la vie son espace dynamique en déterminant celui du corps énergétique, lui-même garant du corps de substance. L'ensemble porte à différents niveaux les empreintes et les mémoires des désirs passés qu'ont transmis les ancêtres.

À travers eux, au-delà d'eux, le sujet interroge son foyer créateur et cherche son expression propre.

Cheminement personnel

Quelle est, en quelques mots, la raison de mon intérêt pour le corps énergétique et sa relation au désir ?

La rencontre avec la médecine chinoise sous sa forme la plus chirurgicale, l'acupuncture, et les premières constatations de ses effets — inexplicables par les théories classiques — représentèrent un choc et une remise en question progressive de ma vision du corps et de ses troubles.

En pratique, les résultats concrets et reproductibles obtenus dans des troubles aussi variés que la colite, les crises d'asthme, l'insomnie ou les troubles gynécologiques demandaient que soit entreprise une investigation méthodique et comparative sur les différentes propositions de la médecine chinoise, en particulier sur sa conception du corps. Là résidait en effet la condition d'une utilisation des « points » dans une perspective de plus en plus personnalisée, donc adaptée et profonde.

Les livres canoniques, les « classiques de la médecine interne » (*nei jing — su wen* et *ling shu*) ne se présentaient pas comme des exposés systématiques et organisés ; seule leur lecture assidue et répétée pouvait à la longue révéler indirectement une image dynamique du corps et des techniques pour en aborder le traitement. Il fallait à la fois saisir l'image dans son organisation d'ensemble et recomposer la méthode dans sa réalité pratique. Il existait bien sûr des livres occidentaux précieux et indispensables pour fixer logiquement un certain nombre d'informations concrètes et de schémas sur l'organisation du corps énergétique, mais leur souci d'intelligibilité immédiate et d'application rapide les faisait invariablement dériver vers un exposé mécanique et sensiblement appauvri, dans lequel de nombreuses données des classiques, difficiles à intégrer dans cette construction, se voyaient minimisées, voire franchement éludées. On ne peut ni ne doit le leur reprocher, ils nous ont aidés et instruits. Le retour au texte d'origine s'avère cependant tôt ou tard nécessaire lorsque la recherche se poursuit et s'approfondit.

Collectionner puis classer les informations des textes anciens qui permettent d'esquisser puis d'ordonner les mécanismes subtils du corps énergétique, afin de rendre intelligibles à l'intérieur du système les formules utilisées pour le traiter, était indispensable mais insuffisant.

Certes, l'arborisation des méridiens décrivait un véritable corps de relations avec le monde, l'environnement, les fluctuations du climat, les saveurs des aliments, les émotions — et nous pouvions établir une lecture du dialogue entre les viscères profonds, tissage vital de l'individu, et les influences de l'univers qui le conditionnaient par le véritable « pont » que représentaient la peau, tous les épithéliums, et leurs circulations respectives sur lesquelles nous agissions par les aiguilles, les cautérisations ou les massages.

Pourtant, ce corps avait une origine, une histoire, une énergie ancestrale mentionnée dans les ouvrages occidentaux, tantôt avec le respect et le vague généralement accordés à ce qui nous touche de trop près, ou à l'inverse, avec la précision forcée des traductions hâtives, cette énergie ancestrale devenant synonyme de « capital génétique ».

Pour une vision globale : la nécessité d'interroger le chinois dans le texte

Approcher la question de l'énergie ancestrale (ou énergie-source, *yuan qi*), c'est collectionner tous les textes, c'est-à-dire au mieux les quelques phrases des classiques qui concernent la conception de l'être humain. À ce stade de recherche, moins encore qu'à ceux qui le précèdent, il n'est possible de se contenter de traductions.

L'étude de la conception de l'enfant, celle de la vie fœtale, puis celle des mécanismes de la naissance et des premières acquisitions du nourrisson, ont formé une suite logique reposant entièrement sur les textes et sur les caractères fondamentaux de la médecine chinoise. Les différentes étymologies des idéogrammes de base et la richesse de leurs corrélations n'a cessé d'en enrichir la compréhension et la portée, débouchant par exemple sur une perspective plus large, sur les notions de désir, de pouvoir procréateur, d'énergies innées ou acquises.

Ici donc, les mots chinois, en même temps qu'ils s'enracinent dans un graphisme aussi rigoureusement codifié dans son exécution que l'ordre de succession des énergies dans le corps, s'appuient sur des étymologies dont la puissance évocatrice le dispute au « surréalisme », à l'audace des images employées, invitant ainsi par la grande porte la pensée du rêve à participer à l'orientation du mot dit et écrit.

De ce fait, ils prennent à la fois — et sur un mode quasi physiologique — substance, articulation et saveur, telles que cela les rend particulièrement aptes à symboliser les différentes phases ou aspects du désir en action dans l'être humain dès l'origine. Ils se révèlent alors sans équivalents véritables dans nos langues devenues essentiellement conceptuelles.

Revenir au texte ne signifie cependant pas s'y enliser. Si j'ai — avec d'autres chercheurs — interrogé les idéogrammes fondamentaux de la médecine chinoise, c'est pour revenir à nos propres mots, mais en quelque sorte dépolarisé et transformé par la démarche même.

Notre commentaire devient alors à la fois plus prudent dans la traduction de la lettre, et plus audacieux dans la transmission de l'esprit. Nous y associons inévitablement l'influence de notre équation personnelle, ce qui, loin d'être considéré comme une pollution ou une dérive — à condition toutefois que la direction pointée par les mots et leurs rapports soit respectée —, représente l'invitation même de la pensée et du graphisme chinois : établir une relation personnelle, presque vitale avec les mots, les emplir de notre réalité dans l'instant même où nous les interrogeons.

Ici, pas de connaissance essentielle et véritable sans implication personnelle ; pas de savoir qui soit extérieur et figé. L'idéogramme appelle la projection du vécu individuel sans lequel il ne peut vivre et fonctionner ; il nous invite même à suivre aussi loin que nous le pouvons nos propres associations légitimes dans la direction qu'il propose. C'est en ce sens qu'il est non un concept, mais le signe indiquant l'orientation d'une intuition particulière, presque un *dao*, une direction intérieure.

La conception comme modèle de l'état désirant et du mouvement créateur individuel

Qu'il s'agisse des textes médicaux antiques ou de ceux de Lao zi et de Zhuang zi, l'origine et le pouvoir de surgissement de toute situation, toute énergie, tout être, représentent un thème fondamental d'interrogation et de discussion régulièrement soulevé au début ou à la fin de tout chapitre important.

Bien au-delà du procédé ou de la figure de style, il s'agit au contraire d'un surcroît de rigueur pour relier toute interrogation sur la vie — les attitudes, les énergies, les formes qui préoccupent les humains — à la globalité de l'être, ce qui signifie également la source de toute apparition-disparition dans la conscience et le discours.

Ainsi, chaque être à son origine est conçu par la pensée chinoise non comme une nouvelle vie, mais comme un nouveau point de vue sur la vie, à la fois surgissement de qualité unique, et système de relations dont la survenue a une source concrète, une histoire et un devenir.

L'unité d'expression sur laquelle repose le mécanisme de la conception, apparition à la fois ponctuelle, dynamique et globale d'un être particulier dans un contexte donné est l'énergie, le *qi*. L'énergie surgit d'une source, croît, décroît, disparaît pour surgir à nouveau ; sa nature est marquée à la fois par l'unité et par l'instabilité ; elle détermine toute fonction et régit à la fois l'espace (orientation), les mouvements et les formes.

Son mécanisme subtil est traditionnellement suggéré par le caractère de *hua,* la métamorphose, représenté par un homme vivant, debout face à un homme mort, renversé.

L'énergie n'est ni du vivant ni du mort, mais de l'intervalle qui les sépare, lequel n'appartient plus au vivant et pas encore au mort. Allant-devenant qui s'épuise en s'exprimant (ou qui s'exprime en s'épuisant), le *qi* est à la fois sillage dans l'espace et fibre de l'étoffe du temps, car le temps véritable de la pensée chinoise surgit à l'instant même où les spires du *qi* s'entrecroisent et se tissent : le point de la conception.

Interrogeons donc la situation la plus fondamentale, celle de la prise de vie ou conception d'un être déterminé, qui restera le modèle de toute ouverture spécifique de la conscience, de tout dynamisme particularisé et de toute relation centrée.

Le ciel antérieur ou substance du dao

Pour comprendre selon la pensée chinoise la notion de conception, il nous est possible d'utiliser les notions de ciel antérieur (*xian tian*) et de ciel postérieur (*hou tian*) prônées par le taoïste Shao yong (XIe siècle) et qui — bien qu'imparfaites dans leur formulation — nous permettront une approche du point de la conception plus parlante pédagogiquement pour le lecteur occidental.

Ciel antérieur (*xian tian*) symbolise la toile de fond qui contient et englobe à l'état latent et sous une forme indéterminée, tout ce qui produira les énergies, les formes, les noms et les destins des êtres particuliers. La vie n'en est pas absente, bien au contraire — le ciel antérieur en symbolise l'essence même, la trame incommensurable et subtile antérieure puis sous-jacente aux oppositions intérieur-extérieur, haut-bas, avant-arrière, droite-gauche, soi-même et les autres, et même avant-après.

Car le ciel antérieur n'est effectivement antérieur que par rapport à la manifestation, à la dualité sujet-objet ou ciel postérieur qui en quelque sorte s'y superpose.

Domaine de l'indistinct, initiateur du non-agir (*wu wei*), plan créateur — il constitue le fond généreux permanent et « maternel » qui porte les volutes du temps ; il est le ciel non seulement antérieur, mais de partout et de tout temps. En lui et de lui chaque être conçu reçoit la possibilité d'un point de vue particulier sur l'existence, et se trouve en même temps uni au plan de vie indéterminée.

Le ciel antérieur, plan du sans forme (*wu xing*) est nommé substance du *dao* par certains taoïstes. Ce terme nous rappelle tout à fait la conception d'Aristote : « La substance est l'être par excellence si elle est conçue comme cela qui est au-delà du monde sublunaire et du monde astral, c'est-à-dire hors du temps et du mouvement. C'est la transcendance de la substance qui, en fait, en constitue le caractère éminent et singulier, situant ainsi l'être, comme acte pur, au-delà de tout ce qui n'est pas lui, et dont il n'a pas besoin pour être. »

Cette proposition sur la substance trouvera sa culmination chez Spinoza : « Ce qui est en soi et par soi, n'ayant par conséquent besoin de nul autre que soi pour être et pour être pensé. »

Pour les anciens Chinois, le ciel antérieur, substance du *dao*, est le fond des choses, la condition *sine qua non* de notre apparition et le lieu de notre disparition ; c'est aussi le principe vital indéterminé dont nous nous nourrissons, dont nous tirons notre substance, nos rythmes, notre longévité et notre pouvoir procréateur.

Le ciel postérieur « fonction du dao » et surgissement de la multiplicité

Le ciel postérieur est le domaine de tout ce qui a pris forme (*you xing*), de tout ce qui se dresse sous le ciel, c'est-à-dire l'ensemble du monde tel que nous le connaissons, plan de manifestation de toutes les existences séparées.

Le ciel postérieur est donc le cadre du dialogue entre le ciel et la terre, le subtil et le dense, l'ensemble trouvant son cadre d'expression dynamique dans chaque être.

Cependant, le ciel postérieur ne peut apparaître et se manifester que sur fond de ciel antérieur ; il ne le supprime donc pas par sa survenue, et s'il nous est permis de parler d'un passage de l'un à l'autre sur le plan dynamique, le ciel antérieur demeure le support, l'écran sur lequel se déroule le ciel postérieur.

Le point de surgissement du ciel postérieur dans le ciel antérieur : appel à être ou trou noir

La conception peut donc s'exprimer comme le passage du ciel antérieur ou toile de fond et domaine du sans forme vers le ciel postérieur qui gère la multiplicité, le sujet et les objets, le morcellement infini des points de vue et des trajectoires. La conception ouvre le plan de l'être indéterminé (ciel antérieur) sur notre être au monde (ciel postérieur), sa localisation, sa prise de corps et son destin.

Ce surgissement créateur centré, d'où découleront l'individu et le monde vu par lui, se nomme *shen,* l'esprit individuel ou les forces formatrices individuelles ; il sera contemporain et quasi synonyme de la conception ; il en perpétuera le choc à chaque instant de l'existence.

Juste avant que ce point créateur ne se révèle et puisse être nommé, il se produit ce que nous pourrions appeler, faute de meilleure image, un creusement dans la toute présence du ciel antérieur, un vide, un manque, une carence — à la fois peur de ne pas être et désir d'exister, première irruption, mais à la façon d'une déchirure, du ciel postérieur dans le ciel antérieur.

À l'instant même qui précède la conception d'un sujet, ce qui deviendra son être au monde se manifeste donc comme négativement, c'est-à-dire comme un vide, un appel à être, une demande totale qu'on pourrait aussi qualifier de demande d'amour.

Ce creusement, ce vide, ce rien qui appelle, œuvrera

toute la vie au cœur de toutes les trajectoires d'énergie, au centre même de toute conscience dont il déterminera l'écoute, le pouvoir de laisser apparaître, l'état d'absorption en un lieu et en un temps donnés.

Cette tension d'appel est à la fois la plus universelle et la moins cernable : on peut la suggérer traditionnellement comme une tension dans l'obscur, un trou noir. Cet appel à être est pourtant aptitude d'être et c'est une absence qui se manifeste déjà comme l'essentiel d'une présence. Il conditionnera par la suite le versant féminin du désir d'être.

L'énergie inaugurale de la rencontre amoureuse

D'après la Tradition, c'est sur les prémisses de cet appel que va s'inscrire la rencontre amoureuse de l'homme et de la femme, du père et de la mère, seconde phase du surgissement à l'origine de toute existence.

Le désir est réponse secrète à cet appel, à ce creusement, et il s'inscrira dans le cœur et dans le corps du père et de la mère sous la forme d'une tension intérieure qui deviendra tension vers l'autre. Ainsi, par le biais des séparations (*seccare,* sexe) donc du rapprochement possible des sexes, cette tension fait retour à la source même de l'appel déjà transposée dans le corps.

L'homme et la femme deviennent à la fois les acteurs et les sujets d'un renvoi à une interrogation, d'un appel qui vient du ciel antérieur, c'est-à-dire du mystère et du fond obscur de l'être indéterminé se déterminant. Et c'est ainsi qu'au moment où ils vivent cette rencontre s'ouvre pour chacun d'eux et dans leur union la possibilité de devenir l'être même de la rencontre, l'imprévisible intensité qui se déploie au moment où ils se rencontrent au-delà de chacun d'eux, au-delà de l'un et de l'autre associés.

On peut proposer à la façon des textes traditionnels que l'homme et la femme dans le secret de leur rencontre se tournent du ciel postérieur (sujets sexués) vers le ciel antérieur (source des désirs, des énergies, des formes). On les dit représentants du ciel et de la terre dont ils portent les énergies et les substrats à travers leur masculinité et leur féminité conjuguées. De leur pouvoir conscient et inconscient de se donner à ce renversement de l'écoute vers la source de l'être, dépend peut-être la survenue et la différence des qualités de ce que nous nommons orgasme.

Il y a alors deux façons d'envisager cette rencontre ; elles sont données toutes deux par le même grand livre classique médical — le *Ling shu* (Classique du Pivot Spirituel) — et, bien que totalement associées, nous les envisagerons successivement pour plus de clarté.

Réponse à la vacuité : la rencontre fécondante des essences vitales

En chinois, le principe le plus raffiné et le plus impersonnel de toute vie se nomme *jing*. *Jing*, principe vital solidaire de la toile de fond du ciel antérieur en possède les attributs : ni énergie ni forme, il est à la fois la source des énergies et la condition directe de l'apparition des formes, du corps.

Ce principe métaphysique est concrètement impliqué dans la qualité de tout ce qui existe : il est, à substance égale, ce qui distingue un fruit, un poisson, ou une salade frais des mêmes produits conservés. Il est à l'autre pôle la qualité d'être qui distingue une rencontre vivante d'une rencontre terne ou ennuyeuse, et la différence pourra se lire par exemple à l'éclat des yeux, au teint du visage ou à la résonance de la voix des personnes en présence.

Jing, qu'on pourrait résumer par principe impersonnel de la vie ou qualité d'être, se trouve également impliqué dans la transmission de la vie, puisqu'il peut signifier dans son acception réduite les essences fécondantes de l'homme (*jing ye,* sperme) et de la femme (*jing xue,* essences du sang ou ovule).

Au chapitre 8, le *Ling shu* énonce : « Ainsi, ce d'où provient la vie se nomme *jing*, le principe vital. Quand les deux *jing* se rencontrent (établissent un échange mutuel), c'est ce que l'on nomme *shen,* l'Esprit (ou centre créateur et formateur individuel). »

Jing étant en lui-même solidaire du ciel antérieur, il ne peut présenter deux aspects (« les deux jing ») que du point de vue de la déchirure ou appelle à être immédiatement suivi du rapprochement des sexes dans un mouvement en deux temps que nous pourrions suggérer par les termes associés de séparation-réparation. Les deux aspects de *jing* opèrent un mélange intime et immédiat qui constitue à la fois la réponse minimum à l'appel à être, et la condition *sine qua non* pour l'irruption effective dans le ciel postérieur ou monde des formes de cet Esprit individuel centré. De ce pouvoir créateur en marche, en métamorphose dans tout être, découleront le corps, la personnalité et tous les attributs du sujet — témoin de lui-même et du monde vu et éprouvé par lui.

Résumons en disant que l'apport le moins personnel des parents porté par leur semence — véhicule et agent cosmique du désir sexuel, va par le choc de la rencontre des pôles cosmiques masculin et féminin donner une assise, un lieu de surgissement et d'expression concrets à *shen,* représentant les forces créatrices individuelles.

Ce choc des *jing*, s'il s'inaugure à la conception, se poursuit d'instant en instant pendant toute l'existence et jusqu'à la mort.

L'existence individuelle est entièrement fondée sur un choc créateur, une rencontre, une relation qui se perpétue

De ce point de vue, nous vivons depuis notre conception par le désir et la peur, l'écart dynamique et vertigineux entre notre appel à être et la réponse minimum qui ne cesse d'y être proposée par la rencontre des *jing* — ceux du père et de la mère toujours à l'œuvre en nous, mais aussi ceux de la vitalité innée (père-mère) rencontrant la vitalité acquise (sensations, respir, aliments). Nous sommes depuis la conception en état de conception permanente, inachevés, et dans le monde des formes (ciel postérieur) inachevables par définition.

La réponse à l'appel, ou trou noir, se fait en termes de rencontre des *jing* ou essences vitales que l'énergie, *qi,* constante métamorphose, véhicule : ce qu'il y a de plus essentiel, indistinct, immobile — le principe vital-*jing,* est mobilisé par ce qu'il y a de plus mouvant, actif, éphémère, l'énergie *qi,* source ponctuelle de toute distinction dans le temps et dans l'espace.

Jing résume les qualités du ciel antérieur, *qi* exprime et porte toutes les possibilités du ciel postérieur, *shen* — l'esprit créateur individuel — représente l'articulation mystérieuse entre les deux et pérennise le point créateur de la conception de chaque être.

À chaque instant, ces trois principes inséparables, à la fois distincts et mutuellement interconvertibles, résument l'existence dynamique d'un être donné en dialogue avec le monde.

Toute la vie, donc, ce vide actif obtiendra réponse sous forme de relations, de flux d'énergies conjuguées porteuses de principe vital, aussi orchestrées et harmonieuses dans leurs rencontres que les différentes partitions d'une symphonie. Ces énergies porteuses de vie peuvent être interprétées par exemple comme les énergies des deux lignées parentales et de l'espèce qui s'expriment dans les caractères héréditaires des chromosomes ; elles peuvent aussi représenter les qualités et les apports des sensations, de l'air respiré, des aliments ingérés, de tout acte s'intégrant dans la vie de relation et dont la cessation menace l'existence.

Ce creusement d'être appellera aussi bien la circulation des énergies dans la lumière des méridiens ou dans les cavernes des points d'acupuncture, que la conscience sensorielle et la répartition territoriale du corps par les neuf grands orifices. Il s'exprimera plus généralement par une écoute de caractère cosmique, spontanée et globale, à laquelle nous tenterons de nous rendre dans le recueillement et la méditation.

Cet au-delà du désir, source du désir, représente l'essence même de *shen,* point mystérieux, incompréhensible, exprimant ce qui en nous appartient au ciel antérieur et conditionne totalement l'organisation du ciel postérieur. Il résume à la fois notre conception, notre foyer créateur et organisateur, notre point de surgissement. Associé à notre qualité d'être et à la qualité secrète et essentielle de ce que nous vivons, il est l'autre manière d'invoquer la méditation. De son silence naît la parole véritable, et il est maître du nom.

Seconde qualité de la réponse à la vacuité : la rencontre des centres conscients, shen, conditionne le corps conçu

Le même classique, le *Ling shu*, énonce au chapitre 30 une autre proposition qui a de quoi surprendre : « Quand les deux centres conscients se rencontrent, ils s'unissent et forment le corps [du nouvel être créé]. »

Ici, le texte n'exprime plus le pur surgissement cosmique, le *jing* ou pouvoir procréateur quasi impersonnel dont les polarités énergétiques masculines et féminines se conjuguent pour produire un nouveau centre conscient. Il s'agit plutôt de deux Esprits individualisés, de deux consciences centrées organisées et organisatrices qui s'expriment entre autres par la pensée, l'affectivité et le corps, c'est-à-dire tous les plans où le désir et la peur se révèlent et se rejouent.

L'accent est mis sur la complexité même des facteurs en présence au moment de la conception si l'on considère les deux univers, les deux consciences, mais aussi les deux personnages masculin et féminin. Il est donc ici nécessaire de passer par un accord, une phase d'harmonisation mutuelle minimum, sans laquelle aucune conception n'est possible.

Cette phase intermédiaire que le texte souligne était absente de la proposition précédente qui se présentait comme une pure simultanéité : *shen* est la cause et la conséquence directe de la rencontre des essences vitales *jing*.

Ici, la conséquence indirecte de la rencontre des *shen* ou Esprits des géniteurs est l'élaboration du corps, lieu-mémoire de tout ce que les futurs parents y auront inconsciemment déposé au cours de leur tentative d'harmonisation.

Ainsi, non seulement les personnages du père et de la mère, mais aussi les désirs de ceux qui les ont précédés dans la lignée et dont ils sont porteurs inconscients vont représenter les racines et le matériel de ce qui va péniblement se chercher, se perdre, se retrouver périodiquement dans les énergies et dans la substance de notre propre corps, de notre propre psyché. Il faut entendre ici le corps comme recel de toutes les formes, qu'elles conditionnent l'apparence extérieure ou les modalités du psychisme et de la personnalité.

C'est un peu ce qu'évoque l'étymologie du mot *wo*, qui signifie je en chinois : figure de deux hallebardes entrelacées, deux armes enchaînées suggérant que

« moi, je » est aussi fondé sur le combat intérieur, la contradiction qui peut favoriser l'unification intérieure si on le veut, mais aussi si on le peut.

Le corps est donc le lieu où s'enregistrent et se transmettent au cœur même de notre expérience tous les legs de nos ascendants, toutes les articulations des polarités masculines et féminines qui nous ont préparés et qui demandent à être acceptées et transformées. Le corps représente en lui-même une sorte de Maison des Ancêtres, et l'on peut constater dans le vécu des rêves, par exemple, à quel point les images qui l'habitent et qui s'animent alors dans différents lieux intérieurs représentent la poursuite d'un travail d'intégration de ces deux centres désirants, dont nos parents ont été les transmetteurs.

Il s'agit ici du pôle terrestre et conditionnant de l'expérience individuelle. N'oublions pas que, du point de vue de la rencontre des *jing,* nous n'arrêtons jamais de nous concevoir à chaque instant et jusqu'à la mort.

Ainsi ne sommes-nous jamais totalement conditionnés par les formes que nous actualisons et subissons. Nous sommes toujours en mesure d'interroger si nous le désirons en direction du point de creusement, à partir duquel les énergies et les formes apparaissent et se transforment. Les techniques taoïstes de contemplation du respir à la source même de son surgissement jusqu'à ce qu'il perde toute manifestation extérieure (traité de la fleur d'or) procèdent de cette investigation.

Le pouvoir d'être, contribution céleste à l'existence individuelle

Nous allons interroger une nouvelle proposition sur l'origine des êtres, dont l'intention n'est plus cette fois d'évoquer le point de surgissement de la conception, mais plutôt d'approcher les grands principes à la fois célestes (métaphysiques) et terrestres (cosmiques) à l'œuvre dans la mise en place de toute vie. Il s'agit encore d'une citation du classique médical — le *Ling shu* — qui restitue de fait l'unité et un fil conducteur entre ces propositions par ailleurs si étonnamment diverses sur la mise en place de la vie. On lit au chapitre 8 : « Ce qui du ciel se tient en moi (*wo*) est l'efficace (*de*). » Surprenante affirmation, dans laquelle, ce qui est rare, le narrateur se met en scène à la première personne, en utilisant justement le mot *wo* — moi, je — représentant deux hallebardes en conflit. Et d'abord, que signifie le ciel ? Le ciel est dans le ciel postérieur ce qui est le plus proche parent du ciel antérieur : le ciel n'est pas le ciel d'en haut mais de partout, et il représente dans la manifestation à la fois l'espace disponible et le plan créateur porteur de tous les germes à venir. Il est donc le plan des principes premiers (créateurs) agissants mais invisibles, et qui le resteraient sans la terre.

« Ce qui du ciel se tient en moi c'est l'efficace. » Comment traduire ce mot, *de*, le *de* du *Dao de jing*- ou *Classique de la Voie et de la Vertu* ? *De* représente le pouvoir impersonnel émanant du *dao* — l'ultime réalité ou ultime orientation — et par ce pouvoir, cette vertu (*virtus*), cet Efficace — les situations, les choses, les sujets peuvent venir à être, un espace vacant, attentif et relié leur est ouvert.

Dans son étymologie, le caractère contient à la fois le sens de marcher et celui d'authenticité, c'est l'authenticité, la vérité, la réalité en marche, en action dans l'action. À ce niveau, c'est au fond la vérité dans les êtres et les choses avant qu'ils n'arrivent, ne se manifestent en tant qu'êtres ou choses. Le mot pointe donc vers une autre qualité essentielle à l'origine de l'existence, et c'est une qualité du ciel en moi, c'est-à-dire à la fois principielle, unifiante (ciel) et dynamique, spécifiée (moi).

Cet efficace reproduit d'un point de vue plus général et céleste ce que *shen,* l'Esprit individuel, symbolise d'un point de vue plus abrupt et strictement conditionné par l'histoire individuelle — un passage de l'ultime réalité à la dualité, du ciel antérieur vers le ciel postérieur, du *dao* vers le ciel en moi — c'est-à-dire le *de.* Rappelons pourtant qu'il ne s'agit encore ici que de l'aspect céleste de la dualité, c'est-à-dire en quelque sorte ce que nous qualifions dans la vie courante de présence, pouvoir d'être, rayonnement, charisme.

L'énergie ou expression de l'être, contribution terrestre à l'existence individuelle

Le *Ling shu* poursuit : « Ce qui de la terre se tient en moi est l'énergie (*qi*). » Nouvelle surprise, puisque l'énergie — *qi* — se trouve généralement placée en position céleste par rapport à la forme corporelle dans les textes médicaux. Ici, la notion de *qi* englobe donc toutes les réalités dynamiques qui prennent forme et la perdent tour à tour.

La terre symbolise ce qu'il y a de plus conditionné dans le monde conditionné que constitue le ciel postérieur. Elle en est l'image la plus saisissante, et les bouddhistes chinois en résumeront le contenu par le terme de poussière rouge (*hong chen*), qui symbolise la dualité et l'ignorance les plus extrêmes ensevelies dans les apparences et les illusions répétitives.

Nous renvoyons ici à la proposition du début : le moteur de l'énergie est bien la métamorphose, *hua*, intervalle entre deux états (vie — mort) dans lequel ni la vie ni la mort ne peuvent être affirmées ou bien niées. C'est bien là que gît le mystère de « la terre en moi » ; au moment où j'y prends appui, elle se dérobe pour m'offrir un nouvel appui. C'est ainsi que se produit la marche, bien sûr, mais aussi le mystère de l'assise. Rien dans le monde des formes n'est jamais statique, sinon dans le choix de notre regard, limité par le désir et la peur non assumés, c'est-à-dire par les agents de notre ignorance.

Tout point d'appui du corps est potentiellement et effectivement lieu privilégié de métamorphose (*hua*) et de respir (*qi*) : c'est ce que résume Zhuang zi en affirmant que l'homme quelconque respire par la gorge, mais que l'homme authentique respire par les talons.

Le corps énergétique des méridiens et des points d'acuponcture est tout entier respir — du ciel vers la terre (des doigts aux orteils pour les méridiens yang) et de la terre vers le ciel (de la plante et des orteils aux doigts pour les méridiens yin). Le même mot — *qi* — peut désigner l'énergie circulante ou le respir dans une perspective à la fois associée et distincte ; aucun mot de notre langue ne permet de restituer instantanément cette double fonction, et la traduction univoque par « énergie » entraîne inévitablement une dérive lourde de conséquences et source d'interminables malentendus. Il n'est qu'à constater la pauvreté de l'exposé « énergétique » de la fonction respiratoire dans les ouvrages occidentaux d'acupuncture, par ailleurs innombrables et fort diserts sur les méridiens et les « points ».

Ainsi, « la terre en moi » est l'énergie, le souffle qui noue, dénoue, renoue toute forme — elle-même recel d'énergie sous la forme provisoirement stabilisée des saveurs, mode selon lequel la Tradition envisage la matière.

Rappelons d'ailleurs ici que le mot chinois qui signifie désir, *yu*, utilise à la fois le signe d'une vallée qui se creuse ou plus exactement des pentes qui convergent vers un orifice, une bouche ouverte, et le caractère qui symbolise un souffle qui aspire, appelle, tend vers.

Le désir se rejoue donc au cœur des formes (des vallées), dans leurs vacuités même (la bouche) et par l'intermédiaire du souffle, de l'aspiration, de l'appel.

Le mariage du pouvoir d'être et de l'énergie, c'est la vie, sheng, l'homme est annoncé comme « possible »

Le texte associe alors les propositions précédentes : « La vertu s'écoule, les souffles abondent, et c'est la vie (*sheng*) ! » Le *de,* vertu ou pouvoir d'être s'écoule (*liu*) comme l'eau d'un fleuve céleste, du ciel vers la terre. Le *qi* — énergie ou respir — abonde et affleure du bas vers le haut comme l'eau d'une nappe phréatique, et voilà la vie, signifiée ici par le mot *sheng,* qui représente une plante épanouie qui fructifie. *Sheng* peut aussi se traduire par conception ou naissance : il est donc marqué à la fois par la notion de surgissement, de changement et de production cyclique (fruit), qui fait le secret même de l'existence.

La vie est conçue par la Tradition comme le résultat d'une contribution issue de deux provenances parfaitement complémentaires, donc inséparables et ultimement incomparables parce que impensables l'une sans l'autre. Le mystère de la vie est inséparable de celui de la rencontre, de la relation ; il est une réponse à chaque instant remise en jeu au désir de l'être séparé de sa source (ciel) qui s'unit à l'être séparé de sa source (terre). Toutes les étapes essentielles de la mise en place de la vie sont régies par la relation subtile de deux phases doubles interagissant sur le mode général de l'appel et de la réponse (du ciel et de la terre).

Nous trouvons ici au sens propre un écho dans l'exposé présenté par la psychanalyste Marie Balmary, et qui s'intitule *Maternité et prophétie.* Cet exposé se développe autour d'une citation de la Bible concernant la prophétie et son rapport avec l'enfantement d'un peuple :

« Je cherche à comprendre quelles lois régissent l'autre monde. L'enfant parlera, disais-je. Parce que sa mère lui parle. Et elle lui parle parce qu'elle croit qu'il parle. Déjà. Tout de suite. Ceci ne repose sur aucun fait préalable. Rien qui ne nous permette de savoir — de savoir — qu'un enfant, ce petit animal particulièrement immature et muet, parle.

« Nous ne pouvons que le croire.

« Et parce que nous le croyons, cela sera. N'est-ce pas là une loi de l'autre monde ?

« Dans le premier monde, des phénomènes ont lieu. Sans nous. Nous les observons, nous les comprenons, les prévoyons. Nous savons ensuite ce qu'il en est et ce qu'on peut en faire. Dans le second monde il en va tout autrement. Rien ne se produit sans que quelqu'un ne croie au phénomène. En ce second monde, le nouveau advient lorsque quelqu'un est assez fort pour croire sans voir. Sans cette force-là, il n'y aura en effet jamais rien à voir ni à savoir. La chose, tout simplement, n'aura pas lieu. Sans la force de la prophétie, l'avènement ne se produira pas.

« Il n'y a pas d'enfant humain si personne ne croit qu'il est humain. Il n'y aura pas non plus de mère si personne ne croit qu'elle est une mère humaine ; qu'elle a mis au monde non seulement un nourrisson, mais un fils, mais une fille.

« Nous sommes ici au tournant des rapports de la science et de la Vie. Nous sommes au passage des sciences du monde à la connaissance de l'humain. La science des objets, celle du premier monde, n'a rien à dire de l'humain en tant qu'humain.

« L'homme est ce qui ne peut pas être produit mais uniquement prophétisé. Non pas destiné par un oracle ou prévu par une science, mais annoncé comme possible.

« "Je serai qui je serai" est, au livre de l'Exode, le

nom du Dieu révélé à Moïse. Étonnamment, ce nom ne répond pas à la question Qui es-tu ? Mais en fait, d'abord, à la question Qui suis-je ? »

Voilà par une étrange boucle — qui saute d'une Tradition à une autre Tradition, fondamentalement différentes et si proches en même temps quant à l'essentiel. Voilà donc un retour à l'espace ouvert de l'écoute, la possibilité d'être qui non seulement annonce mais accompagne et suit toute existence véritable, en constitue à la fois le développement et le rayonnement.

Dans *shen* — l'Esprit créateur individuel, nous sommes en charge, responsables de l'humain, mais sommes-nous humains ? C'est peut-être dans cette question, dans l'espace à être d'où elle surgit et qu'elle ouvre, que résident le secret et l'essence même de l'humain.

Lorsque l'être se tourne du ciel postérieur en direction du ciel antérieur — de « ce monde-ci » vers « l'autre monde » de Marie Balmary — c'est vers ce mystère qu'il interroge, et le « qui suis-je ? » équivaut alors à l'écoute du passage, ultime orientation.

Évoquons maintenant à la lumière des données précédentes comment l'existence individuelle successivement ouvre son territoire d'expression par la nature intime qui traduit le mot *xing,* puis établit la trajectoire de son itinéraire par le destin personnel, le *ming*.

La nature intime, xing, terre pure de l'être

Étymologiquement, le caractère de *xing* évoque à la fois le cœur ou conscience de l'être (*xin*) et la vie (*sheng*) : cette vie dans le cœur est aussi conscience du mouvement vital, pouvoir d'accueillir l'existence comme rencontre et création du ciel-terre dans la vacuité du cœur.

Le cœur-conscience réactualise l'appel à être, le trou noir originel, et la vie exprime la réponse — à la fois rencontre des *jing* et contribution du ciel-terre en moi.

La nature intime — *xing* — d'un être représente la qualité même de sa présence, l'intensité de sa conscience et la richesse de son terrain ; elle résume le tissage dynamique mais de dominante spatiale qui fait l'étoffe de l'individu et qui résulte de la puissance de l'appel et de celle de la réponse du ciel-terre en lui.

Transmettant en quelque sorte par sa clarté et sa tranquillité un reflet de ciel antérieur dans le ciel postérieur, elle ne se révèle directement dans la conscience de la vie courante que spontanément et sur un mode imprévisible ; il en est ainsi lorsque notre conscience s'agrandit par l'appel d'un chant d'oiseau, par la rencontre d'un sourire d'enfant, d'un soleil levant ou simplement par la profondeur vertigineuse d'un silence. L'enfant qui « sourit aux anges » au cœur des circonstances les plus agitées est présent à sa nature intime et c'est aussi le cas du « ravi » de la crèche provençale, dont les bras montent spontanément au ciel.

C'est en principe à un retour et à une contemplation vers ce plan fondamental de nous-mêmes qu'invite le mot vacances — mise en disponibilité que favorise toujours un cadre naturel, le soleil et le grand air.

Le destin individuel, ming, séparation de la source, contrainte et source du dynamisme

Le *ming*, ou destin individuel, s'exprime étymologiquement comme un ordre solennel donné et un mandat remis : il s'agit d'une allusion à l'Empereur qui énonce une mission (bouche ouverte sous un grand toit), et qui coupe simultanément la moitié d'une pièce de jade brisée dont il garde en référence l'autre moitié.

Le destin est donc marqué à la fois par la rupture (mot ou signe) et par la trajectoire (itinéraire assigné). Il représente la ligne mélodique et le fil du temps individuel qu'il épuise en l'exprimant, un peu à la manière de la mèche enflammée d'une lampe à huile. Il est donc pour chacun le mouvement à partir duquel le ciel postérieur s'organise et se qualifie.

On dit dans certains textes que l'énergie est une branche du destin. Si le destin est l'arbre organisateur des énergies, c'est de lui que dépend directement la forme que prendra notre vie.

Ainsi, pendant la vie fœtale, l'ombilic est nommé *ming men,* porte du destin. Le même nom sera donné pendant toute la vie au pouvoir de mobilisation de l'énergie vitale qu'on qualifie de reins-yang en médecine chinoise. Et il existe même une utilisation taoïste de cette expression pour désigner les prunelles et l'éclair de vie qui en émane.

Destin et mouvement du yang associés au vaisseau gouverneur

Nature et destin sont inséparables et se conjuguent dans chaque être comme deux pôles complémentaires, associant pour la nature à la fois l'espace conscient, ouvert, qualifié d'essence féminine, et pour le destin, le temps individuel, concerté, actif, transformateur et d'essence masculine. Ainsi, chez l'homme, en principe le destin s'exprime de façon dominante : la prise en main de ses choix, de son action, les modalités de son expression face aux autres représentent les priorités de toute nature solaire où le yang prévaut.

Il existe un axe énergétique qui sort du bassin, passe au coccyx et suit la ligne médiane postérieure du corps jusqu'à la lèvre supérieure en passant par le sommet de la tête : il s'agit du méridien du vaisseau gouverneur, le *du mo,* nommé père des méridiens yang car il les coordonne.

Associé à l'énergie de la défense et de la vigilance ainsi qu'à celle des reins-yang, il est un lieu de coordination du système nerveux, de l'affirmation de soi par l'action vers le monde extérieur ; on a pu ainsi dans certains textes taoïstes en faire un lieu privilégié d'expression du destin, du *ming.*

Nature et mouvement du yin associés au vaisseau de conception

La nature ouvre la possibilité au terrain de se dire et de se transformer en accord total avec l'environnement ; elle domine en principe chez la femme et conditionnera en particulier son pouvoir de donner vie, lié aux énergies lunaires, au sang et au yin.

Il existe également un conduit énergétique qui, partant du bassin, passe par le centre du périnée, le pubis, la ligne médiane antérieure du corps, jusqu'à la lèvre inférieure ; il se nomme le vaisseau de conception. On le considère comme la mère de tous les méridiens yin dont il unit les trajectoires et synthétise les effets.

L'épanouissement de la vie est favorisé par ce méridien, qui coordonne les fonctions vitales de la respiration, de l'alimentation, de la sexualité et du rapport entre les énergies innées et acquises qui tissent notre terrain.

On établit donc un rapport indirect entre le vaisseau de conception et la nature intime (*xing*) qui sous-tend son organisation et son expression.

Mariage des énergies lunaires et solaires

On a vu que le vaisseau gouverneur ou canal de contrôle et le vaisseau de conception ou canal de fonction partaient tous deux du bassin, et par des itinéraires médians, postérieur et antérieur aboutissaient tous deux de part et d'autre de la bouche, aux lèvres et aux dents.

La bouche est en effet le lieu naturel de la réunion et du mariage des énergies lunaires et solaires, yin et yang. Chacun d'entre nous, homme ou femme, actualise dans son corps énergétique les trajectoires qui reproduisent à leur manière le modèle dynamique de la rencontre yin-yang, masculin-féminin à l'origine de notre propre conception. La seule différence est que le vaisseau gouverneur domine avec l'énergie chez l'homme, tandis que le vaisseau de conception et le sang dominent chez la femme.

C'est de la connaissance de cette disposition dynamique que provient la pratique taoïste de placer la pointe de la langue sur la voûte du palais afin de faire le pont au cours de certains exercices, et les pratiques d'avalement de la salive en trois, six ou neuf fois dans un état accru d'attention à l'énergie qu'on intègre n'ont pas d'autre origine.

Tous les exercices taoïstes, lorsqu'ils ont été réussis et qu'ils ont établi un accord entre l'environnement et nous-mêmes, sont susceptibles de favoriser un effet de réparation de notre propre corps de désir.

Dans ces conditions, le masculin et le féminin s'unissent et se fondent avec un troisième méridien qui encercle la bouche, le vaisseau du surgissement (ou *chong mo*). Ce méridien-synthèse est porteur de chaleur, de liquides et de principe vital qu'il distribue dans tous les territoires du corps, ce qui lui vaut l'appellation de mère des douze méridiens. Il est d'autant mieux nourri qu'en nous le masculin et le féminin, la nature et le destin, loin de s'opposer se conjuguent harmonieusement.

Cela signifie également que cette transformation ne peut se faire que si nous sommes pleins, c'est-à-dire si notre vitalité (*Hara* ou champ de cinabre) est enracinée, rassemblée et sans fuites.

Cœur et nature intime, reins, destin et vouloir-vivre

Il nous est possible de désigner dans l'organisation corporelle un pôle inférieur, centré par le bassin et par les reins, où dominent à la fois notre réserve de vie et la racine même de son expression, lieu de déclenchement du destin en marche.

De leur côté, l'ouverture, la réceptivité sensorielle, l'expression élaborée de soi dominent au pôle supérieur du corps, centré ici par le thorax. C'est un lieu qui exprime sur un plan de conscience subtile l'ouverture du Cœur, de la Conscience, et voit ainsi dominer l'influence de la nature intime.

Au chapitre 3 du *Dao de jing*, Lao zi énonce : « L'homme saint qui gouverne vide les cœurs et remplit les ventres », ce qui reste pour nous peu compréhensible, voire révoltant sans les explications qui précèdent : la vacuité du cœur est la toute-réceptivité de la nature intime, et la plénitude du ventre exprime la force rassemblée du destin.

La force du désir de nos parents au moment où nous avons été conçus ainsi que leur santé d'alors conditionnent l'un notre force d'animation, l'autre notre réserve de vitalité sous leurs aspects yin et yang. Ajoutons à ce premier aspect la vitalité que nous a transmise notre mère pendant les neuf mois de grossesse et nous obtiendrons le lot de vitalité dont nous disposerons pour toute l'existence à partir de la naissance.

Nous ne l'augmenterons plus dans les conditions courantes, nous pourrons tout au plus l'aider et en compenser certains manques par le respir et par la nourriture. De ce point de vue, la trajectoire de notre destin est fixée à la naissance, et c'est alors qu'on suture l'ombilic — porte du destin.

Dans la médecine et la pensée chinoises, on donne une importance primordiale à ce lot de vie, car sans lui rien n'est réalisable ; s'il n'est pas la condition suffisante, il est au moins la condition nécessaire à toute transformation de soi. Sous sa forme organisée on le nomme globalement le *zhi,* ce qui peut se traduire par volonté d'être, vouloir-vivre ou pouvoir-vivre. Là, à partir de notre bassin, de nos reins (entendre aussi la région sexuelle), se trouve la force du désir en marche. C'est à partir de ce centre, de cette force de nos reins que nous procréons et en quelque sorte invitons nos enfants.

Du pouvoir de rassemblement de cette énergie vitale dépend la qualité des conceptions à venir, ce qui concerne évidemment l'homme mais plus encore la femme, future hôtesse du nouvel être pendant neuf mois. Nous sommes à une époque où il est quelquefois inquiétant de constater à quel point le pouls des reins chez les femmes enceintes est faible. Pour elles comme pour beaucoup d'entre nous, cela signifie alors que l'énergie des reins, l'énergie du destin, le pouvoir de rassemblement de soi se trouvent menacés, bousculés par toutes sortes de désirs morcelés qui rendent les choix difficiles et usent la vitalité.

Or, une grande part de l'attention de l'écoute des futurs parents devrait être orientée vers ce nouvel être qui se prépare et qui demande.

Écouter et interroger l'espace du désir

Une autre signification du *zhi,* le vouloir-vivre des reins, est donnée par son étymologie même : une trace de pied sur une ligne de départ surmontant le caractère du cœur-conscience : il s'agit du pouvoir de démarrer, du début du surgissement de la marche, de l'impulsion de départ qui fait la force et la cohésion d'un projet.

Nous sommes une fois de plus ramenés à l'origine, au début de l'instant : cela nous rappelle la nécessité d'écouter notre vitalité et nos désirs à la source même de leur surgissement, c'est-à-dire au-delà de l'imagination corporelle, en direction du ciel antérieur. Nous réalisons ce renversement du regard si nous nous écoutons écoutant le monde ou si nous nous recevons recevant l'autre : nous sommes alors renvoyés de fait au mystère même du surgissement de ce qui arrive par soi-même, ainsi (*zi ran* en chinois), c'est-à-dire à l'essence-même de la spontanéité.

De toute façon, quelles que soient nos limites dans l'exercice de ce double regard, le problème de savoir si nous allons suivre ou inhiber le désir qui nous traverse perd instantanément de son urgence, et nous prenons alors le temps d'interroger le champ conscient qu'ouvre le Désir.

Cela signifie entre autres que nous apprenons à écouter les modifications de l'espace du corps vécu. Nous découvrons alors — par la manière dont les désirs travaillent en nous, par les images qu'ils réveillent, par les exercices réparateurs qu'ils suscitent — à quel point bien des désirs ne sont pas les nôtres, et combien de temps il faut parfois pour laisser la place aux plus légitimes et aux plus vivants, ceux qui nous révèlent à nous-mêmes.

Vivre en couple

ou comment vivre ensemble en acceptant d'être différent

JACQUES SALOMÉ

Qu'est-ce que c'est fondamentalement que vivre en couple ?

• Proposer une *intimité personnelle à* une *autre intimité personnelle,* pour tenter de créer *une nouvelle intimité,* celle d'un vivre ensemble, proche et dans une perspective de durée. J'appelle cette intimité nouvelle : *Intima,* suffisamment intime pour accepter les forces de cohésion et d'union et suffisamment ouverte pour respecter les forces d'autonomie et d'expansion en présence.

• Se proposer un projet de vie commune, qui respectera et renforcera l'intimité de chacun, du moins c'est l'espoir implicite des créateurs d'un couple, ou du moins l'espoir de l'un. Autour de cet enjeu de la création possible d'une intimité, vont s'affronter des forces parfois antagonistes :

— la capacité d'autonomie personnelle,
— la capacité de partages et d'échanges,
— la capacité d'évolution et d'engagements réactualisés.

• Vivre ensemble en couple c'est aussi avoir la capacité de différencier et de vivre chez chacun deux sentiments. Deux venant de moi et deux... venant de l'autre :

— L'amour que j'ai pour la personne choisie. J'appelle amour l'éventail des sentiments, parfois simultanés, qui m'habitent et me mobilisent vers un être (et non pour un être !). À l'expression j'aime, il conviendrait d'ajouter un qualificatif (amour de besoin, de peurs, de manque, de consommation, ou amour idéalisé... ou encore amour de désir).

— L'amour que me propose l'autre, qui me vient de l'autre (ou qui ne vient pas).

Et, au travers de cette double interrogation, je suis renvoyé à la nature, à la dynamique de la relation que je propose (impose) à l'autre ou qui m'est proposée (imposée ou attendue) par l'autre.

C'est donc la rencontre de ces quatre « amours » ou sentiments qui va dynamiser ou paralyser la vie d'un couple.

Quatre démarches vont être à l'œuvre pour créer un couple :

— *se rencontrer* : c'est-à-dire s'attirer,

— *se relier* : inscrire la rencontre dans le temps d'un projet,

— *s'allier* : réaliser le projet soit sur un mode formel (mariage), soit sur un mode plus informel (vivre ensemble...),

— *se lier* : c'est à dire s'engager, reconnaître l'autre comme bon pour soi et... en avoir la confirmation. Se sentir et se reconnaître comme bon pour l'autre... et en avoir la confirmation.

Une grande partie du travail d'ajustement relationnel d'un couple se fera :

— sur le dépassement (ou non) des *idéalisations et des mythologies* personnelles (ensemble des croyances sur l'amour, le couple, la famille, la fidélité...) ;

— sur le dépassement ou le maintien des *systèmes relationnels* installés dès les premières rencontres. Par système relationnel nous entendons la mise en place d'un jeu (au sens de répétition) fondé sur la complémentarité ou l'antagonisme des positions relationnelles respectives ;

— sur la clarification des attentes, des apports et des intolérances qui structurent l'essentiel des échanges implicites et quelquefois explicites de chacun des membres d'un couple ;

— sur la prise de conscience et le respect de quelques règles d'hygiène relationnelle susceptibles de favoriser le partage, l'échange et la croissance mutuelle.

Vivre en couple c'est, au-delà de la rencontre, tenter d'établir une relation dans la durée, avec le projet de partager un territoire, un espace de temps, un quotidien au présent et un avenir dont la durée malgré l'intentionnalité... reste incertaine pour la plupart de ceux qui tentent l'aventure de « vivre ensemble ». Vivre en couple c'est, tout d'abord, aller plus loin que la rencontre. La rencontre de deux êtres est fondée sur une attirance, qui même si elle est mutuelle, reste toujours asymétrique dans le sens où les enjeux, les investissements affectifs de chacun des protagonistes sont fondamentalement différents.

« Personne ne s'intéressait à moi jusqu'au jour où je l'ai rencontré. Je me suis attaché à lui, moi qui pensais que personne ne pouvait m'aimer. » Et lui dira : « Son admiration sincère et son adoration pour moi m'ont touché au plus profond. Je ne savais pas que je pouvais être si important pour quelqu'un. Au fond je me suis laissé aimer... sans m'interroger réellement sur mes propres sentiments, sur mon projet de vie à moi ! »

Beaucoup de rencontres vont se dynamiser chez l'un des protagonistes, à partir d'un manque, d'une carence, ou de la tentative, inconsciente, de restauration d'une relation antérieure blessée ou meurtrie.

La rencontre va se faire souvent à partir d'images proposées par l'un à l'autre ou inventées par l'autre sur le premier.

« Je croyais que c'est comme cela que je pourrais me faire aimer, en ne montrant ni mes failles ni mes faiblesses ou les doutes qui m'habitaient. J'ai choisi une femme que j'ai vue comme faible, déprimée. Quand plus tard elle s'est affirmée, qu'elle m'a montré toutes les ressources qu'elle avait, paradoxalement, je ne l'ai pas supporté dans un premier temps. Je me suis opposé à cette “nouvelle femme” qui vivait avec moi et je le comprends mieux aujourd'hui, c'est horrible mais je ne le voyais pas à l'époque, je voulais la remettre dans sa déprime. Quel chemin j'ai dû faire pour dépasser cela ! »

Ces images vont être l'objet d'une idéalisation ou

d'attentes implicites (jamais dites mais toujours présentes, ensuite dans le vécu quotidien) :

« Je n'avais jamais parlé de moi à personne, j'étais un homme timide, réservé, plutôt bloqué. Les premiers temps ? Je lui parlais de tout car elle savait écouter, sans jugement, sans me couper... Par la suite elle m'a reproché de trop parler, qu'elle ne pouvait rien me dire, que je ne l'écoutais pas. C'était vrai, mais moi j'étais loin d'imaginer cela. Je ne savais pas que c'était important pour elle, d'être écoutée. Je la voyais si à l'aise avec ses amis, si libre dans son expression que jamais, je n'aurais pensé qu'elle aussi avait besoin d'être entendue. Quand elle m'a quitté, je suis tombé des nues car j'étais vraiment bien avec elle. Je n'ai rien vu venir, j'étais aveugle et totalement allergique aux "relations humaines".

« Il m'est arrivé de dire souvent : la psychologie c'est des conneries, un attrape-gogos. »

Le temps de la rencontre est chargée de beaucoup d'illusions autour des attentes de chacun sur l'autre. Même si peu de ces attentes sont comblées, dans la réalité de la vie commune, il y a le mythe et l'espoir qui s'y rattache : « L'autre changera, je sais qu'il me comprendra, qu'il saura m'entendre un jour. »

Tout homme, toute femme qui s'engage dans une relation de couple s'engage en fait à un double niveau :

— À un niveau actuel, contemporain : « L'homme que je suis aujourd'hui s'engage avec la femme que tu es aujourd'hui, telle que je la vois. » « La femme que je suis aujourd'hui s'engage avec l'homme que tu es aujourd'hui, tel que je le vois. »

— À un niveau futuriste, lié à l'avenir et au changement de chacun : « L'homme que je suis aujourd'hui s'engage *pour* un homme en devenir dont j'ignore totalement ce qu'il deviendra à travers moi, par son évolution personnelle. » « La femme que je suis aujourd'hui s'engage *pour* une femme en devenir, dont j'ignore totalement ce qu'elle deviendra, à travers son évolution personnelle. »

À cela vient s'ajouter le mythe d'une évolution commune, harmonieuse. Sans comprendre et toujours accepter qu'une évolution en commun ne veut pas dire une évolution commune, semblable ou identique.

Le temps de la relation va être parsemé d'embûches et j'aurais même envie de dire de pièges. Le premier et le plus essentiel à mes yeux sera de découvrir que dans une relation de couple, il y aura en fait quatre sentiments en présence. Deux chez lui et deux chez elle.

Chez lui :

a. L'amour pour la personne, c'est à dire l'ensemble des sentiments dont il se sent porteur à l'égard de l'autre.

b. L'amour de la relation proposée car, au-delà des sentiments, il lui faudra aussi aimer la relation que l'autre lui propose.

Chez elle :

c. L'amour pour la personne...

d. L'amour pour la relation proposée...

Ce sera autour des sentiments ressentis en b et d que se joueront les plus grosse difficultés d'un couple. Car très rapidement vont apparaître des déceptions, des blessures, des incompréhensions.

« J'ai du mal à supporter tes remarques sur mes dépenses, la relation que tu me proposes je la ressens comme celle d'un pingre, toi que j'ai vu si généreux dans ta propre famille ! », ou encore : « Je ne supporte pas quand tu me compares à mon père et que tu me disqualifies devant les enfants en soupirant devant les autres. » « Oh, lui ! On ne peut rien lui demander en dehors de son travail ! »

La relation que nous proposons à un moment donné à l'autre peut se révéler frustrante, violente ou abusive.

« Quand il me dit d'une voix dolente : “il reste de la bière au frigidaire ?”, je peux me lever et lui offrir une bouteille sans la mousse car je sais qu'il n'aime pas cela. Mais quand cela devient un système, quand il ne lui vient même pas à l'esprit que je ne suis pas au service de ses besoins, ni de ses désirs... Cela devient insupportable pour moi ! »

Un autre enjeu qui va se révéler pernicieux, c'est « l'attachement » aux familles d'origine. Attachement non pas nécessairement physique mais plus subtil au niveau des missions à remplir, des injonctions, des fidélités à des systèmes de valeurs ou de références totalement différents ou parfois antagonistes : « Quand on a un enfant, on ne fume pas », « Quand on n'a pas d'argent, on n'emprunte pas ! On attend d'en avoir ! »

De même les chemins de chacun vont diverger, parfois, avec l'évolution de leur sensibilité, de leurs goûts : « Je ne comprends pas, au début, elle adorait la montagne, nous sortions tous les dimanches et passions nos vacances avec des amis passionnés d'escalade... Aujourd'hui elle refuse tout. Elle s'intéresse à des choses qui ne m'intéressent pas, moi ! »

Oui, il n'avait pas entendu, peut-être, qu'elle aimait non la montagne mais *lui aimant la montagne,* qu'elle le suivait, avec enthousiasme certes, mais que ses intérêts à elle n'étaient peut-être pas encore nés, au début de leur relation, qu'ils étaient en devenir. Et quand ils éclosent enfin... lui est perdu, désorienté. Il avait cherché un miroir, un amplificateur de ses passions. Il découvre un être vivant, qui lui semble étranger, lointain.

Beaucoup de crises inévitables et quasi prévisibles attendent les aventuriers du couple et cela n'est pas grave en soi car chacune de ces crises est porteuse d'une dynamique de changements, de stimulations vers un renouvellement de créativité pour intégrer des découvertes. Ce qui va manquer à la plupart des couples, ce sont les moyens pour justement mettre en commun. Ce qui va manquer, ce sont les quelques règles d'hygiènes relationnelles « favoratrices » d'un échange, d'un partage.

En voici quelques-unes* :

Quand je me dis, je peux parler dans trois registres différents :

— au niveau des faits : ce qui s'est passé, l'histoire ou l'événement,

— au niveau du ressenti : comment je l'ai vécu avec ma sensibilité, ma disponibilité ou mes intolérances du moment,

— au niveau du retentissement : qu'est-ce qui a été

* Voir Jacques Salomé, *T'es toi quand tu parles*, Albin Michel.

réveillé en moi par l'événement dans ma propre histoire, qu'est-ce qui est réactivé de mes blessures ou de mes ressources cachées ?

Et bien sûr je réclame ou j'attends de l'autre une écoute dans ces trois dimensions. La plupart du temps, il ou elle ne me donne pas cette écoute pleine et active. Soit il/elle fait un commentaire sur l'événement et développe son propre discours, sa propre histoire des faits. Soit il/elle supporte mal mon ressenti, surtout quand il ne correspond pas au sien. Il/elle a alors tendance à rejeter, à nier, à minimiser ce que pourtant j'ai ressenti.

« Quand je dis que j'ai froid et qu'elle me répond : "Mais le thermostat est à 24°", je ne me sens pas entendu. »

« Quand il me dit : "Si tu m'aimais tu aurais des désirs pour moi comme moi j'en ai pour toi", je me sens un peu piégée, sentant confusément que désirs et sentiments ne sont pas dans le même registre. »

« Quand je tente de dire mon imaginaire, que j'aimerais changer de travail, elle me répond que je suis bien payé, que j'aurais du mal à trouver un poste semblable. Elle n'entend pas que, justement, j'aimerais changer de poste. »

Ma conviction la plus profonde c'est que nous sommes les uns et les autres des infirmes de la communication, que nous arrivons sur le terrain de la communication intime avec un handicap incroyable, avec des conduites anti-communicationnelles dont la découverte au cours des ans va nous stupéfier ou dont l'aveuglement va nous conduire parfois dans des impasses désespérantes.

Beaucoup d'entre nous perçoivent les dérapages,

pressentent les malentendus et subodorent les deux pièges qui reviennent le plus fréquemment :

— L'accusation directe de l'autre : « C'est ta faute, tu as toujours raison, tu n'es jamais là, on ne peut jamais* discuter avec toi. » Ou l'accusation indirecte, implicite de l'autre par des silences, des bouderies, des oublis où des fuites.

— L'auto-accusation.

La dévalorisation, la disqualification de soi-même : « Oui, mais moi je n'ai pas fait d'études, mon père buvait, je n'ai jamais eu confiance en moi, j'ai toujours tout gâché. Je me demande ce que tu me trouves pour rester avec moi... »

Oui, sortir de ce double piège sera la première démarche pour accepter de rendre la responsabilité de l'amélioration possible, non de la totalité de la relation mais de la partie de la relation avec laquelle je suis en contact direct. C'est une véritable révolution relationnelle qui s'amorce quand l'un des protagonistes du couple découvre qu'il est « partie prenante » dans toutes les interactions de la vie conjugale.

Je suis « partie prenante » non seulement de ce que je dis, de ce que je fais, de ce que vis, mais aussi de la façon dont je reçois, amplifie, refuse, ou rejette ce qui me vient de l'autre.

Telle femme dira : « Pendant seize ans de mariage j'ai tout accepté de lui, tout en me révoltant intérieurement. » Telle femme ne se respecte pas en faisant cela, elle aura donc parallèlement à ses conduites de soumis-

* Le jamais et le toujours sont des poisons relationnels comme de véritables acides, ils détériorent la relation

sion des comportements plus subtils d'opposition, de mise en échec ou de sabotage relationnel.

Tel homme : « Je ne savais pas dire non, je croyais qu'il fallait toujours dire oui, pour faire plaisir, pour ne pas faire de la peine, pour être vu comme un bon mari, un bon père, un bon fils. »

Une femme : « Pendant des années je me suis laissé définir. J'allais dans le sens de ses demandes. J'entrais dans ses désirs, je répondais à ses besoins. Cela ne me coûtait pas d'ailleurs, je ne connaissais pas mes propres désirs, je ne savais pas faire de demandes. Je ne voulais pas en faire de peur de me trouver devant un refus qui m'aurait blessé. Cela jusqu'au jour où j'ai commencé à entendre mes propres besoins. À partir de ce moment-là, j'ai senti le besoin de me respecter. De ne plus me laisser définir. Ce fut une crise terrible. Chaque fois que je tentais de parler de moi, mon mari me traitait d'égoïste. Il avait une phrase qui me blessait terriblement : "Tu ne penses qu'à toi." Cela me paraissait la pire des injustices, moi qui m'étais en quelque sorte sacrifiée pendant dix-huit ans pour lui. Je l'invitais chaque fois à me parler de lui, à dire ce qu'il ressentait. C'était quasi impossible pour lui. Quand j'y repense aujourd'hui, ce fut une période pathétique, cruelle. Je me suis mise à haïr sa famille. Je leur en voulais de ne pas avoir appris à leur fils à se dire, à oser exprimer ce qu'il ressentait. Bien sûr que je le bousculais, il devait avoir le sentiment de découvrir une étrangère. Je sentais que c'était insupportable pour lui, intolérable même, et en même temps je me devais de respecter mon chemin. C'est vital pour moi, c'était mon existence de femme, de mère et d'épouse qui était en jeu. »

Chaque membre d'un couple aura à découvrir, puis à accepter qu'ils ont des ressentis différents par rapport à un même événement soit :

« J'ai trouvé ce livre super, à chaque page j'ai appris quelque chose de nouveau. »

« Moi je déteste ce genre d'ouvrage où on prétend enseigner la vie en douze leçons ! Comme si la vie pouvait s'apprendre... »

Mais il ne suffit pas d'avoir des perceptions et vécus différents, encore faut-il accepter de ne pas agir, influencer ou modifier le vécu de l'autre. Une des règles d'hygiène relationnelles la plus efficace en couple est la confirmation.

Confirmer que ce qui est dit, vécu, perçu, ressenti par l'autre est bien... chez lui. Et que je le laisse chez lui si je ne partage pas, n'éprouve pas le même sentiment. Cela va être difficile à mettre en œuvre car cela suppose de sortir du fusionnel, de l'amalgame proposé par l'un et l'autre des partenaires.

Le mode relationnel le plus dominant, le plus fortement implanté dans les structures familiales en Occident est celui du « parler sur l'autre et penser pour lui ». Ce mode développe un système relationnel incroyablement pervers qui vise à « définir » l'autre, à l'étiqueter, à le juger ou à le reconnaître au travers de nos attentes, désirs, systèmes de valeur propre.

« Quand vous viviez loin de chez nous c'était normal de ne pas se voir. Mais maintenant que vous êtes plus près... vous pouvez venir. Vous n'avez plus d'excuses pour ne pas venir ! »

« Avec le recul je comprends et j'accepte sa décision. Il avait demandé un poste à l'étranger espérant que je le suivrais et que je me retrouverais démunie et donc à nouveau soumise, dans un pays dont il connaissait parfaitement la langue alors que moi-même je l'ignorais. J'avais envie de faire encore un bout de chemin avec lui mais pas à n'importe quel prix, pas à n'importe quel prix, pas à n'importe quelle condition. »

Le changement personnel d'un des membres du couple se traduira le plus souvent par une mutation relationnelle touchant au système dominant-dominé. Dans tout couple va se créer un système relationnel soit par complémentarité, soit pas antagonisme des positions d'influences. Il y a parfois une répartition acceptable de l'influence soit dans des domaines différents, soit par négociation, ajustement. Mais le plus souvent nous observons une cristallisation des positions, l'un des deux confirme sur l'autre sa position d'influence qui sera acceptée (complémentarité) ou refusée (antagonisme).

Les jeux du système relationnel sont sans fin car tout événement, toute situation sert de combustible pour entretenir un système qui s'auto-alimente avec la participation des deux partenaires.

Les crises du système sont parmi les plus douloureuses, car elles ébranlent profondément celui qui voit sa position la plus menacée ou contestée par le changement de l'autre.

Le dominant, qui n'est d'ailleurs pas toujours conscient de sa position d'influence, a parfois, après quelques années de vie commune, le sentiment qu'il n'est plus aimé, qu'il ne vaut plus rien, qu'il n'existe plus dans le regard ou dans l'écoute de l'autre, quand celui-ci modifie sa position.

« Jusqu'alors, quand il avait un désir, j'acceptais pour lui faire plaisir. Je savais que la sexualité était importante pour lui. Un soir, j'ai compris que mes cystites à répétition étaient un appel de mon corps. J'ai décidé de respecter mon non-désir. Ce fut terrible. Je le sentais parfois prêt à me battre, quand je lui disais que je n'avais pas envie. C'était incompréhensible pour lui, vraiment incompréhensible. Il hurlait : “À quoi ça sert d'être mariés si on ne fait plus l'amour ?...” »

C'est une épreuve terrible qui suppose des ressources intenses pour se réajuster, une capacité d'introspection et surtout le désir de renoncer à pratiquer la relation klaxon*.

Quand un des protagonistes s'écrie en colère : « Bon, on n'a plus rien à faire ici, on n'a qu'à partir », il ne sait pas qu'il utilise une variante de la relation klaxon, la relation « orang-outang » à base de « on-on-on », relation dans laquelle un des protagonistes est amalgamé malgré lui à l'autre et donc censé ressentir ou éprouver la même chose que celui qui parle... en son nom. Quand l'un des deux dit : « On a passé un week-end formidable », j'invite à regarder la tête de l'autre.

---

* J'appelle relation klaxon celle où je parle sur l'autre et non à l'autre. C'est la tyrannie des « tu tu tu tu « à base d'injonctions directes ou indirectes, à base de diktats sur l'autre, par lesquels nous lui disons ce qu'il doit faire, ce qu'il doit sentir, ce qu'il doit penser.

Une autre dynamique que beaucoup de couples vont mettre des années à découvrir, c'est le décalage sur les notions de devoir et de plaisir entre l'homme et la femme. Les tâches ménagères, l'intendance de la maison, la confection des repas, la vêture, la prise en charge des enfants sont intériorisées par la plupart des femmes sur un mode apparemment oblatif mais fondé en fait sur des exigences, des injonctions irrépressibles, incontournables...

« Je ne peux quand même pas laisser la cuisine en désordre. » « Il faut que je fasse les chambres. » « Si la baignoire est sale, je dois la nettoyer. » « Je ne vais quand même pas laisser les enfants tout seuls, un après-midi entier. »

Ce sentiment d'obligation à base d'injonctions internes de « il faut que... », « je dois... » est vécu par les femmes, au début tout au moins, comme un choix personnel ou une destinée féminine.

« Après tout, je ne peux me plaindre à personne, je savais ce que je faisais en acceptant d'avoir quatre enfants. » « Ma mère me l'avait dit : “Ne te laisse pas avoir par un homme, ils ne pensent qu'à ça.” » Cela voulait dire : « Être à leur service, dans tous les domaines. »

Beaucoup de femmes vont vivre cette dynamique obligatoire sur la base d'une fausse acceptation, qui va peser lourd, soit par une accumulation de ressentiments, de plaintes directes ou indirectes, de petites somatisations chroniques — migraines, constipations, arthroses, soit par des exigences d'amour énoncées de façons directes ou subtiles :

« Après tout ce que j'ai fait pour toi, pour vous,

tu me dois de l'amour, vous me devez plus d'attention... »

Il va y avoir une « exigence à être aimé » pour compenser les sacrifices et même donner un sens à toutes les abnégations, à tous les refoulements que certaines se sont imposées.

L'homme, lui qui parfois participe activement à l'entretien, à l'amélioration, à l'agrandissement de l'habitat, et même aux tâches ménagères ou d'éducation, a intériorisé ses propres interventions sur un autre mode. Ce sera le mode du libre choix et du « plaisir à faire, du plaisir à réaliser, à construire ». Quand il décide d'arrêter ou de changer d'activité il le fait, libre de toute obligation : « Bon j'arrête, j'ai assez travaillé, je vais faire un tour au jardin, je vais aller jouer à la belote. » Lui, il décide seul le plus souvent de faire ou de ne pas faire, d'être là ou pas là.

Il y a entre ces deux systèmes de valeurs un fossé, un monde d'incompréhension. Pour l'un et l'autre, il peut leur paraître « naturel », « normal » de faire, de se donner à fond dans le ménage, l'éducation, l'amélioration du foyer sans comprendre que ce « naturel » et ce « normal » obéissent à des règles totalement opposées dans l'inconscient de chacun.

Si j'avais à résumer les quelques règles d'hygiène relationnelles qui me semblent vitales pour favoriser au-delà de la rencontre une relation dans la durée, voici ce que je proposerais :

Règles d'or du vivre ensemble :

Il ne suffit pas d'aimer, d'admirer ou d'apprécier une personne, il faut aussi *aimer* et *apprécier* la relation qu'elle nous propose et sentir qu'il reçoit et apprécie la relation que nous lui proposons. Vivre à deux c'est découvrir que nous sommes trois, Elle, Lui, la Relation.

Si la « relation » est maltraitée, malade ou niée, le projet du vivre ensemble tout en se respectant soi-même... est menacé.

Quatre autres règles essentielles :

— Introduire de la fantaisie, de l'improvisation dans la routine possible du quotidien.

— Ne jamais se coucher en gardant un contentieux... contre l'autre. Malentendus, rancœur, ressentiments doivent faire l'objet d'une *expression* (chez celui qui les vit), d'une *écoute* (chez celui qui les reçoit).

Ne pas confondre la mise en mots (« voici ce que j'ai vécu ») avec la mise en cause... de l'autre.

— Se rappeler que le plus important n'est pas la réalité mais le réel, c'est-à-dire la façon dont j'ai perçu cette réalité-là. Cela ne sert à rien de vouloir avoir raison sur l'autre, de se jeter des preuves à la tête. Communiquer c'est mettre en commun des différences et non des différents (oui, *différents*).

— Ne pas s'autoriser à parler sur le ressenti ou le vécu de l'autre. Chaque ressenti appartient à celui qui l'éprouve. Il doit être respecté surtout quand il ne correspond pas à notre propre ressenti.

Il appartient aussi à chacun d'inventer ses possibles, d'oser l'échange, de prendre le risque de se dire, d'inviter l'autre à se dire et à entendre. Le chemin que j'espère pour ceux qui entreprennent l'ouverture périlleuse de vivre ensemble est celui de l'échange au présent dans l'ici et maintenant de la rencontre.

Présentation des auteurs

Bernard Besret, ancien prieur de l'abbaye de Bocquen, docteur en théologie, conseiller auprès du directeur général de la Cité des Sciences et de l'Industrie. Auteur de *Confiteor, de la contestation à la sérénité, Du bon usage de la vie, Lettre au pape qui veut nous assener la vérité absolue dans toute sa splendeur, Manifeste pour une Renaissance*, aux éditions Albin Michel.

Nathalie Calmé, journaliste et auteur. Organise des colloques-spectacles à l'association Paradoxane dont elle est la fondatrice. A réalisé les ouvrages collectifs suivants aux éditions Albin Michel : *L'Enfant du possible* (*Question de* n° 88), *Le Couple intérieur,* en collaboration avec Paule Salomon (coll. « Espaces Libres »). A dirigé le *Question de* n° 112 : *Le Sens du sacré.* À paraître aux éditions Dervy : *Je peux changer : Rencontre avec Paule Salomon.*

Guy Corneau, analyste jungien. Se consacre maintenant à l'écriture et à l'enseignement. Enseigne au

Québec et donne de nombreuses conférences en France et dans le monde entier sur le couple et les rapports familiaux. Fondateur des Productions Cœur.Com, et auteur de deux best-sellers : *Père manquant, fils manqué* (traduit en neuf langues) aux éditions de l'Homme et *L'Amour en guerre* (éditions de l'Homme), également paru sous le titre *N'y a-t-il pas d'amour heureux ?* (éditions Robert Laffont). À paraître : *La Guérison du cœur.*

Arnaud Desjardins, réalisateur de télévision. Nous a fait découvrir l'expérience de la sagesse à travers des films tournés en Inde, au Népal, en Afghanistan et au Japon. Écrivain, il nous a donné les clés de cette sagesse dans sa triologie *Les Chemins de la sagesse*, dont la version intégrale vient de paraître (éditions de La Table Ronde). Disciple de Swami Prajnanpad, il dirige l'ashram de Hautevilles (Ardèche). Auteur d'une vingtaine d'ouvrages dont *Regard sage sur un monde fou*, avec Gilles Farcet, *L'Ami spirituel, L'Inde et Védanta* (coll. « Les petits livres de la sagesse »), *La Voie et ses pièges*, aux éditions de La Table Ronde.

Jean-Marc Eyssalet, médecin acupuncteur, écrivain. Poursuit un enseignement et des recherches dans le cadre de la tradition chinoise appliquée à la connaissance du corps énergétique. Fondateur de l'école I.D.E.E.S (Institut de développement en énergétique et sinologie). Auteur de : *Les Cinq Chemins du clair et de l'obscur, Chen ou l'esprit créateur, Le Secret de la maison des ancêtres, La Rumeur du dragon* (éditions Trédaniel), *Diététique énergétique et médecine chinoise* (collectif aux éditions Désiris).

Henri Joyeux, professeur de chirurgie et cancérologie à la faculté de médecine de Montpellier. Chirurgien au Centre régional de lutte contre le cancer. Auteur d'une vingtaine d'ouvrages. Parmi eux : *Prévention des cancers du sein, Changer d'alimentation : manger mieux et le meilleur*, aux éditions F.X. de Guibert.

Jacqueline Kelen, productrice à France-Culture et écrivain. A publié une vingtaine d'ouvrages consacrés essentiellement aux mythes occidentaux et à la symbolique. Parmi eux : *Marie-Madeleine, Un amour infini* (éditions Albin Michel), *Aimer d'amitié, L'Éternel Masculin* (éditions Robert Laffont), *Le Secret* (éditions La Table Ronde), *La Déesse nue* (éditions du Seuil).

Robert Kempenich, médecin diplômé en cancérologie, président de la Fédération des associations médicales anthroposophiques de France, président de l'European Council of Doctors for Plurality in Medecine (E.C.P.M.), président de l'Association pour la recherche et l'étude de la médecine antroposophique (A.R.E.M.A.).

Père Michel Laroche, Métropolite de Paris et de toute la France, membre du Saint-Synode de l'Église orthodoxe autocéphale d'Ukraine-Patriarcat de Kiev. Auteur de : *Une seule chair, Seconde naissance* (éditions Nouvelle Cité), *Mon fils est né au ciel* (éditions Fayard), *Secondes noces* (éditions Bayard Presses).

Bernard Leblanc-Halmos, praticien en santé sociale. Intervient en entreprise à la découverte et à la mise en valeur des talents de chacun. Trente années de pratique sur de nombreux terrains. Auteur de plusieurs ouvrages. Parmi eux : *Comment sortir de son trou, Ce que les mots veulent dire, L'Élan créateur, Où trouver le temps, Merci à tous les amis* (éditions L'Être Image), *Comment parfaire l'amour* (éditions Albin Michel).

Jean Letschert, artiste symboliste, pédagogue artistique, philosophe et écrivain. Relié depuis trente ans à la spiritualité de l'Inde. Disciple de Sri Nataraja Guru, instructeur védantin du Kérala, il crée en 1968 l'ashram de La Goutte d'Ambroisie dans les Montagnes Bleues de l'Inde du sud. Organise des pèlerinages en Inde chaque année. Ouvrages : *Le Temple intérieur* (éditions du Trigramme), *La Voie de l'essentiel, Les Upanishads hier et aujourd'hui* (éditions Dervy).

Jean-Marie Pelt, professeur émérite en biologie végétale et pharmacologie à l'université de Metz, président de l'Institut européen d'écologie. Auteur de nombreux ouvrages. Parmi eux : *Au fond de mon jardin, Les Plantes : amours et civilisation végétale, Plantes et aliments transgéniques, La Cannelle et le Panda* (éditions Fayard), *La Plus Belle Histoire des plantes* (éditions du Seuil).

Alexander Ruperti, philosophe, osthéopathe, physiothérapeute, enseignant et ami de longue date de Dane Rudyar et Yvan Othenin Girard (peintre et chercheur en astrologie). Ensemble et avec d'autres, ils ont fondé le R.A.H. (réseau d'astrologie humaniste), qui a pour but de diffuser la philosophie de Dane Rudyar. Auteur de nombreux ouvrages aux éditions du Rocher. Parmi eux : *Le Cycle du devenir, La Géométrie du ciel, La Roue de l'expérience individuelle* et *La Symphonie du ciel.*

Hélène Sallez, psychologue clinicienne et aptopsychiatre. A été formée à l'accompagnement pré- et postnatal par Frans Veldman, fondateur et président du Centre international de recherche et de développement de l'haptonomie.

Jacques Salomé, nous interpelle, à travers ses ouvrages, sur l'art de communiquer et la communication relationnelle. Auteur d'une trentaine d'ouvrages dont plusieurs best-sellers. Parmi eux : *Parle-moi... j'ai des choses à te dire, Si je m'écoutais, je m'entendrais* (éditions de l'Homme), *Pour ne plus vivre sur la planète Taire, Dis, papa, l'amour c'est quoi ?* (éditions Albin Michel), *Le Courage d'être soi* (éditions du Relié).

Paule Salomon, philosophe et thérapeute. Propose à travers tous ses ouvrages une analyse de la crise d'identité qui affecte les hommes et les femmes. Auteur de : *Corps vivant, La Femme solaire, La Sainte Folie du couple, La Brûlante Lumière d'amour, Les hommes se transforment* (éditions Albin Michel).

Annick de Souzenelle, écrivain, conférencière, elle écrit sur l'exégèse de la Bible. Auteur de nombreux ouvrages. Parmi eux : *Le Symbolisme du corps humain, Alliance de feu* (tomes 1 et 2), *La Parole au cœur du corps avec Jean Mouttapa, La Lettre, chemin de vie, Le Féminin de l'Être, Œdipe intérieur* (éditions Albin Michel).

« *Espaces libres* »

50. *La Psychologie de la divination*, de M.-L. von FRANZ.
51. *La Synchronicité, l'âme et la science*, ouvrage collectif.
52. *Islam, l'autre visage*, d'Eva de VITRAY-MEYEROVITCH.
53. *La Chronobiologie chinoise*, de Pierre CRÉPON et Gabriel FAUBERT.
54. *Sentences et proverbes de la sagesse chinoise*, choisis et adaptés par Bernard DUCOURANT.
55. *Vivre : paroles pour une éthique du temps présent*, d'Albert SCHWEITZER.
56. *Jésus fils de l'homme*, de Khalil GIBRAN.
57. *Les Chemins du Zen*, de D. T. SUZUKI.
58. *Le 3e Souffle ou l'agir universel*, de Jeanne GUESNÉ.
59. *Le Testament de l'Ange. Les derniers jours de Gitta Mallasz*, de Bernard MONTAUD.
60. *Confiteor*, de Bernard BESRET.
61. *Les Mythes de l'Amour*, de Denis de ROUGEMONT.
62. *La Place de l'homme dans la nature*, du père TEILHARD DE CHARDIN, présenté par Jean ONIMUS.
63. *Communiquer pour vivre*, ouvrage collectif sous la dir. de Jacques SALOMÉ.
64. *Accroche ta vie à une étoile*, de Stan ROUGIER.
65. *Du bon usage des crises*, de Christiane SINGER.
66. *Parole de terre. Une initiation africaine*, de Pierre RABHI.
67. *J'attends Quelqu'un*, de Xavier EMMANUELLI.
68. *Désert, déserts*, de Jean-Yves LELOUP.
69. *Le Graal*, de Jean MARKALE.
70. *Ultimes Paroles*, de KRISHNAMURTI.
71. *Moïse raconté par les Sages*, d'Edmond FLEG.
72. *Le Doigt et la Lune*, d'Alexandro JODOROWSKY.
73. *Thé et Tao, l'art chinois du thé*, de John BLOFELD.
74. *L'Égypte intérieure ou les dix plaies de l'âme*, d'A. de SOUZENELLE.
75. *L'Au-delà au fond de nous-mêmes. Initiation à la méditation*, d'A. et R. GOETTMANN.
76. *Le Soleil d'Allah brille sur l'Occident*, de S. HUNKE.
77. *Le Livre des prénoms bibliques et hébraïques*, de M.-A. OUAKNIN.

78. *Le Chant de l'Être*, de S. WILFART.
79. *La Parole au cœur du corps*, entretiens de J. Mouttapa et A. de SOUZENELLE.
80. *Henri le Saux, le passeur entre deux rives*, de M.-M. DAVY.
81. *La petite sainte Thérèse*, de M. VAN DER MEERSCH.
82. *Sectes, Églises et religions, éléments pour un discernement spirituel*, de J.-Y. LELOUP.
83. *À l'écoute du cœur*, de Mgr MARTINI.
84. *L'Oiseau et sa symbolique*, de M.-M. DAVY.
85. *Marcher, méditer*, de M. JOURDAN et J. VIGNE.
86. *Le Livre du sourire*, de C. de BARTILLAT.
87. *Le Couple intérieur*, ouvrage collectif sous la dir. de P. SALOMON.
88. *Nous avons tant de choses à nous dire*, de R. BENZINE et C. DELORME.
89. *Tous les matins de l'amour*, de J. SALOMÉ.
90. *L'Orient intérieur*, collectif dir. par M. de SMEDT.
91. *L'Évangile des quenouilles*, de J. LACARRIÈRE.
92. *Les Mémoires de l'oubli*, de J. SALOMÉ et S. GALLAND.
93. *Qu'est-ce qu'une religion ?*, d'O. VALLET.
94. *Science et croyances*, de A. JACQUARD et J. LACARRIÈRE.
95. *Nicolas Berdiaev, ou la révolution de l'Esprit*, de M.-M. DAVY.
96. *Dernier avis avant la fin du monde*, de X. EMMANUELLI.
97. *Jésus et Bouddha*, d'O. VALLET.
98. *D'un millénaire à l'autre. La grande mutation*, dir. par F. L'YVONNET.
99. *Un Juif nommé Jésus*, de M. VIDAL.
100. *Le Cercle sacré*, d'A. FIRE LAME DEER.
101. *Être à deux ou les traversées du couple*, collectif dir. par N. CALMÉ.

La composition de cet ouvrage
a été réalisée par Nord Compo,
l'impression et le brochage ont été effectués
sur presse Cameron
dans les ateliers de ***Bussière Camedan Imprimeries***
à Saint-Amand-Montrond (Cher)
pour le compte des Éditions Albin Michel.

Achevé d'imprimer en février 2000.
N° d'édition : 18857. N° d'impression : 000920/1.
Dépôt légal : mars 2000.